WIERA GRAN,
L'ACCUSÉE

DU MÊME AUTEUR

LES DISCIPLES DE SCHULZ, éd. Noir sur Blanc, 2001.
SINGER, PAYSAGES DE LA MÉMOIRE, éd. Noir sur Blanc, 2002.
UNE HISTOIRE FAMILIALE DE LA PEUR, Grasset, 2006.
EXERCICES DE LA PERTE, Grasset, 2009.

AGATA TUSZYŃSKA

WIERA GRAN,
L'ACCUSÉE

Traduit du polonais par
ISABELLE JANNÈS-KALINOWSKI

BERNARD GRASSET
PARIS

L'édition originale de cet ouvrage a été publiée en 2010
par Wydawnictwo Literackie, sous le titre :

OSKARŻONA : WIERA GRAN

Ouvrage traduit avec le concours
de l'Instytut Ksiazki©Poland

INSTYTUT KSIĄŻKI

©POLAND

Crédits photographiques :

Toutes les photographies : © Archives privées/Wiera Gran
Archives, sauf page 8 : © J. B. Dorys,
reproduite avec l'aimable permission de L. Dobrzynski

Photo de couverture :
© Archives Wiera Gran.
© Izabela Grzybowska/Makata/for VIVA MAGAZINE

ISBN 978-2-246-73041-5

Qu'est-ce que le destin ?
Ce sont nos propres pièges.
I. B. SINGER

CHAPITRE 1

Pour les mites, le mieux c'est les citrons

Pour les mites, le mieux c'est les citrons. Des demi-citrons. Des tas. Il faut les couper en quatre avec un couteau pointu et les mettre dans les armoires, sur les étagères, dans les tiroirs. Des citrons acides, juteux, jaunes comme le sable des bords du Świder. Insupportables au goût. Tueurs garantis.

Les journaux aussi, ça tue les mites, les vieux journaux. Plus lentement que l'acide mais c'est tout aussi efficace. Les lettres desséchées ont un pouvoir répulsif. La sueur des lettres d'imprimerie un peu passées, ça paralyse. Les mites, elles bougent plus, elles se figent, elles s'enfoncent dans le sommeil.

Elles font un peu plus de dix millimètres de long, elles n'ont pas besoin de manger, le lait qu'elles ont tété de leur mère ça leur suffit (le lait, je n'en avais pas, c'est une nourrice qui donnait le sein à mon fils, mon petit garçon, ça ne suffisait pas, la haine et le lait de la mère, on boit la peur). Les larves nous détruisent, produites par des individus adultes, sans cesse, sans cesse, ça fait des milliers d'œufs. En une saison, ils peuvent arriver à trois générations. La vermine, il y en a plein. Des cafards, des blattes, des tiques. Ceux-là. CEUX-LÀ. *Mes ennemis se multiplient, ils prolifèrent avec leurs injures, leurs accusations, leurs toiles d'araignées. Les mites elles, elles grignotent les vêtements. Des voleuses. Dans le ghetto il y avait des poux, des tas d'enfants pouilleux, à qui j'essayais de donner un abri. Je collectais de l'argent pour du pain pour les enfants. Personne ne me croit. Pour les mites, le mieux c'est les citrons. Vous les coupez en quartiers égaux et vous en mettez partout sur les étagères et dans les tiroirs. Pour les mites, le mieux c'est les citrons.*

Elle décroche le téléphone, mais ne parle pas la première. Elle respire. Plus difficilement, plus fort, à mesure que le temps passe. Elle attend les injures, les insultes. Elle attend, qu'ils la dénichent, qu'ils la retrouvent, qu'ils l'achèvent. Mais elle tient bon. Elle emploie toute son énergie à cela.

« Je voudrais vous voir, Wiera.
— Je ne peux pas sortir de chez moi.
— Je peux venir chez vous.
— Hors de question.
— Pourquoi ?
— Ils vont venir et tout embarquer.
— Qui ça ?
— Vous êtes folle ou quoi, ça aussi, il faut que je vous l'explique ? Non, mais d'où elle sort celle-là ?! Ça va pas la tête. Vous êtes cinglée. Chuuut... taisez-vous s'il vous plaît. Nous sommes sur écoute et ça enregistre. Vous savez très bien de qui je veux parler. Je vais vous casser la gueule si vous continuez à me provoquer. On m'espionne, on veut se débarrasser de moi. On me suit tout le temps. La gardienne est de mèche avec eux. Ils entrent sans cesse, quand je suis

dans la salle de bains et quand je m'endors. Ils embarquent ce qu'ils peuvent, ce qui a le plus de valeur, ce qui compte le plus pour moi. Ils volent, ils pillent, ils dévalisent. Sans scrupule. Il n'est pas question que je quitte mon appartement. On m'observe sans cesse.

Le plus dangereux, c'est LUI, celui dont elle ne prononce pas le nom. Parfois elle l'appelle – le Cogne. »

Après des semaines de négociations, au printemps 2003, devant la porte de son appartement.

Un quartier de Paris élégant, bourgeois, les environs de la tour Eiffel. (Tout près de la Seine !) Premier étage. Je frappe. (Une inscription en français sur la porte : *Frapper fort* !) Une vieille femme, pas très grande, en robe de chambre rose, entrebâille la porte. Elle n'est pas sûre d'elle, ni de moi. Un chignon gris hirsute, une lueur dans les yeux, la main droite appuyée sur une béquille.

Un interstice. Elle dissimule avec son corps un intérieur sombre. Une chaise est déjà posée sur le paillasson. Elle me regarde méfiante. Des mains molles, agiles. « Je fais du charme. J'adore faire du charme. » Dans ce geste, elle n'est pas pitoyable. Elle essaye de faire passer une deuxième chaise tout en écartant le moins possible la porte. L'intérieur du bunker, sombre, inquiétant. Une planque. Sur la droite on peut voir une inscription sur le mur, également en français : « *Voleur, voleuse – rends tout ce que tu as pris, surtout le poncho bleu.* » Je n'arrive pas à en lire plus du premier coup. Ses cheveux, les pans de sa robe de chambre et ses mains s'éparpillent. Elle s'assied. Nous nous asseyons.

Elle me donne un magnétophone, même si j'ai le mien. Une autre fois elle dira :

« Enregistre, sinon tu vas oublier ce qu'ils disent – ou pire, ce que tu dis toi-même ! ENREGISTRE ! »

Les confidences ont la couleur mate de la cendre. Régulièrement, la lumière s'éteint dans la cage d'escalier. Alors ma compassion grandit. Jusqu'à ce qu'on rallume. Un instant de lumière – des mots plus forts, plus mordants, plus sinistres, édifiants, jusqu'au moment du déclin poignant. Quelques rencontres comme celle-ci, à la frontière des ténèbres.

« Vous voulez remonter jusqu'à mon âme par le rectum. Juste comme ça. Vous trouvez ça normal et vous pensez que je devrais être d'accord. Parce que vous en avez envie. Parce que vous y songez. Vous n'avez pas de conscience, pas de cœur, vous, les écrivachiers. De la bienveillance, même pas pour un sou. Par le rectum. Jusqu'à l'âme. Abjects.

Vous, les Polonaises, vous êtes d'une insolence, c'est inné. D'une arrogance odieuse. La voilà qui se pointe et elle voudrait une interview. Et il y en a d'autres.

Je n'invite personne. Je ne reçois personne. Vous êtes la seule, et après je regrette toujours. Je regrette que vous voyiez ce que vous voyez. Je n'ai pas confiance. Vous avez une drôle de déformation professionnelle. De la cruauté, aucune compassion.

— C'est ce que vous pensez ?

— Oui. Insolentes. Insensibles et pas une once de compréhension pour votre vache à lait. Vous voulez me traire, vous prenez mon lait, et je ne peux même pas donner un coup de pied dans votre seau. Donner un coup de pied pour tout renverser. Reprendre mes trésors. J'aurais voulu, mais c'est déjà trop tard. J'ai déjà parlé. Pourquoi je me suis laissé faire ? Je ne sais pas. Par la solitude, peut-être ?

— Est-ce que je vous ai fait quelque chose, Madame ?

— Les autres, oui, et ça suffit. Il faut savoir tirer des leçons, peu importe le professeur. »

Nous passons une semaine à parler sur le paillasson. Tabourets blancs. Inconfortables. Tommettes au sol, peinture à l'huile sur les murs délavée.

C'est un endroit de passage. Nous nous tenons au seuil de la confiance. Devant l'entrée d'une relation possible.

Et puis un jour, j'ai frappé, comme toujours, et elle a entrouvert la porte. Timidement, presque en s'excusant, mais d'un geste décidé elle m'attira à l'intérieur. Je traversai de côté un couloir étroit jusqu'à une pièce difficile à décrire. Elle me fit un signe impatient pour m'indiquer une chaise. Je me souviens de peu de chose à part l'obscurité et l'air immobile et lourd.

« La poussière. Ça ne vous étouffe pas ?

— J'ai fait un pacte avec la poussière. Je ne la déplace pas, elle ne me dérange pas. Elle a pitié, elle. Mes ennemis sont infatigables. J'ai écouté récemment une émission de radio sur la Stasi. C'est ma vie. Depuis que je suis un cadavre, tout le monde m'aime, comme Arafat. »

Elle se déplace avec précaution, elle navigue entre les meubles, les amas de cartons et de journaux. A peine cinquante centimètres du lit à la table, de la chaise au frigidaire, un peu plus loin un sentier frayé parmi les colonnes de papiers (coupures de journaux, critiques, manuscrits...), jusqu'au couloir encombré de valises, de vêtements, de plantes toutes desséchées, de piles d'accessoires dispensables ou indispensables.

Le logement a la taille d'un bunker moyen dans le ghetto (quand cela cessera-t-il, prévoir l'argent pour une planque, le prix de la survie, l'argent extorqué par les maîtres chanteurs), si on le vidait on pourrait cacher plusieurs personnes. Les livres tombent des étagères, se poussent, grouillent dans une lourde masse d'air stagnant.

J'ai du mal à tenir ici même quelques heures. Cela fait des mois qu'elle ne quitte pas cette planque. Des années, à en croire son appréciation viciée du temps et de la réalité.

Sur la table, une lampe, l'abat-jour comme une fleur aux pétales transparents d'un arbre d'Israël. Fragiles, comme de petits morceaux de parchemin, ils avaient des allures de coquillages. La monnaie du pape, cela devait s'appeler comme ça – « monnaie du pape », elle aimait appeler ainsi et se les rappeler comme ses trésors du désert qu'elle avait trimballés jusqu'à Orly en passant par l'aéroport Ben Gourion. Elle en était tombée amoureuse. Elle tombait facilement amoureuse de tout ce qui ne sentait pas l'humain. Elle disposait laborieusement les petites tiges en couronne. La lampe, c'était la lumière. Apparemment, autrefois, elle n'y voyait pas de danger.

Aujourd'hui, il fait toujours sombre, les volets sont fermés.

Comment est-ce possible qu'une personne qui a passé la moitié de sa vie sur scène n'allume pas la lumière chez elle ? Qu'elle vive volontairement dans la pénombre ?

« C'est à cause d'eux, c'est eux. Parce qu'ils m'ont mis cette installation – j'ai dû liquider toutes les lumières. Et les ténèbres sont arrivées, j'ai dû m'y habituer. Leur lumière a une autre puissance. C'est spécial – pour mettre sur écoute et filmer. On ne peut pas rester tout le temps dans la lumière des projecteurs de tournage. Est-ce que vous comprenez ? »

Dans mon souvenir, j'ai l'image d'une lampe qui vacille dans le courant d'air des fenêtres soudain ouvertes après sa mort. Monnaie du pape ? Tu ne rachèteras personne. J'ai cherché des caméras. Il n'y en avait pas.

« Il ne s'agit pas de vous ! Vous êtes un outil. L'oreille et la plume, le prolongement de ma main et de mes yeux, vous tenez les comptes de mon passé. Ce rôle ne vous plaît pas, je le vois à cette grimace sur votre visage. Mais nous n'avons pas le temps. Nous n'avons pas le choix. Ou bien vous m'avez selon mes conditions, ou bien vous aurez le silence. »

Sur une feuille à carreaux de cahier à spirale, en 1978, elle écrivait :

1 – toujours emporter le petit magnéto (éventuellement dans un sac – il enregistrera)

2 – ne pas oublier qu'ils enregistrent

3 – PASSER AU TAMIS les mots

4 – FILTRER les pensées

« Sous mon oreiller, j'ai un couteau, un marteau et un tournevis. Je ne me suis jamais donnée pour rien. Jamais. Ils impriment leur forme dans ma nuque et mon dos. Je devrais me sentir coupable ? La culpabilité, la culpabilité, toujours cette culpabilité juive. Je ne suis coupable de rien ! De quoi on *gavarili*, déjà ?

— On disait que vous ne supportez pas les journalistes.

— C'est un bien grand mot, bien trop flatteur.

— Je veux écrire un livre sur vous.

— Je n'ai pas peur. On a déjà dit tellement de mensonges sur moi. Il faut que vous considériez que je suis ce monsieur K, celui de Kafka.

— Madame K...

— Madame, madame... !!! C'est de ma peau dont on parle ! Vous ne comprenez toujours pas, vous ne comprenez rien, tête de pioche ! »

Peu après :

« Wiera s'escuse. Beaucoup, beaucoup. Si vous plaît... S'il vous plaît, excusez-moi. Quand je pique ma crise, je deviens une petite vieille insupportable !

— Est-ce que votre vie est accomplie ?

— Je ne comprends pas ce que cela veut dire, une vie accomplie.

Il n'y avait pas de temps pour les rêves. J'étais portée par la vague, elle m'emmenait, cela a commencé par une réussite à laquelle je ne m'attendais pas. Et puis c'est allé plus loin, plus haut. Je me suis écroulée de nombreuses fois, mais je me suis relevée de cette tombe. Je ne sais pas pourquoi je me suis relevée. A quoi ça sert une vie si longue ? Je n'ai pas trouvé de soulagement à la Libération. On ne m'a pas laissé oublier. Je n'en ai pas le droit. Ils ont tous oublié et moi je ne peux pas. Moi, ils me font des reproches, ils m'enterrent vivante, parce que je sais quelque chose qui les effraie. Je sais. Ils se tiennent par la barbichette, comme disent les Français. Le relais de la calomnie dure depuis soixante ans déjà. Maintenant tout ça est déformé. La marchandise est avariée. On dirait que je suis engagée pour de bon chez Alzheimer.

Je connais une psychologue en Amérique qui m'a demandé un jour : "Qu'est-ce que tu ressens quand tu reviens dans ta loge après le spectacle et que personne ne t'attend ?" C'est la première fois que quelqu'un se rendait compte, comprenait que c'est comme si on m'avait creusé une tombe. Ce trou, dans lequel je tombe une fois la porte refermée. La plupart des gens ont quelqu'un avec qui partager leur sort ; ils ont un miroir dans les yeux d'un autre. Il y a longtemps, c'est ma maman qui jouait ce rôle. Mais elle n'est plus là. Cela fait des années qu'elle n'est plus là. Je reste seule. J'enlève ma robe, mon maquillage. Je jette mon boa. Je deviens raide dans le fauteuil. Après les feux d'artifice de bravos et de bis, le silence est glaçant. Je ne me reflète pas dans le miroir des yeux admiratifs – je n'existe pas. La différence est brutale. On tombe de haut. L'euphorie redescend. Ça fait mal. J'ai peur de la fin du spectacle, parce que je sais ce qui m'attend.

J'ai eu des tas de bonheurs. Je savais les apprécier. Je suis humble vis-à-vis du destin. Je sais dire merci. Je ne sais pas qui remercier, parce que je ne crois en rien, mais je dis merci. Il paraît que j'étais jolie, mais je ne m'en rendais pas compte. Ce n'est que maintenant, en relisant les critiques anciennes que je le remarque. Ça revient souvent : "elle est belle, belle." Mais est-ce que je suis intelligente ? J'ai cru comprendre que je n'étais pas bête.

— Qu'est-ce qui était le plus important dans la vie, pour vous ?

— Maman. Toujours. Je faisais tout pour ne pas la blesser. Je sais qu'elle avait tout le temps peur que quelqu'un me fasse du mal. Qu'on profite de son enfant. Elle avait l'intelligence de ne pas me le dire, mais elle était morte de peur. Je ne me souviens plus à quelle occasion je lui ai promis que je ne changerais pas de confession. Elle était croyante. Ce que je pouvais tolérer. Je la regardais avec émotion allumer les bougies, les entourer de ses paumes et prier tout bas. Je garde à jamais cette image d'elle les bras pliés et les mains ouvertes au-dessus de la flamme. Il y a longtemps, je me révoltais, je lui criais dessus, j'étais en colère. Les Juifs, la langue, la religion ! Et pourtant maintenant, ça éveille en moi de la tendresse. J'ai tenu ma promesse, même s'il n'y a pas une once de foi en moi. C'est maintenant que j'analyse tout ça. J'analyse et c'est triste. Ils voient tout. Et ils filment tout.

— Vous voulez du chocolat ?

— Je veux bien. Où j'ai encore mis mes lunettes ? Je ne peux pas lire sans mes lunettes. Je suis complètement déréglée – elle murmure –, je vais me plaindre, je vais lui dire qu'il m'a brûlé les yeux.

Elle chuchote encore.

— Qu'est-ce que vous avez trouvé ?

Elle tend son bras dans ma direction. Elle embrasse quelque chose.

— Une pince à épiler. C'est extra pour s'épiler les sourcils. J'ai toute une collection de pierres d'Israël. Je pourrais en faire cadeau à un cimetière juif, pour mettre sur les tombes.

— Et qu'est-ce qui était le plus important dans le chant, pour vous ?

— Je voulais provoquer une émotion. Je chantais pour les autres, pas pour moi. Je donnais mais je recevais aussi du public une grande part d'émotion, d'engagement.

— Vous vous aimiez ?

— Je ne sais pas. Je m'aimais et en même temps je ne m'aimais pas.

— Mais si quelqu'un décide de monter sur scène, il devrait s'aimer au moins un petit peu.

— Je devais être orgueilleuse. Ça va avec le côté irréfléchi de la jeunesse. Je voulais donner, offrir, j'avais tout à profusion. Je voulais aussi, ça je ne peux pas le cacher, être admirée. Je chantais depuis toute petite. Ça me plaisait qu'on s'intéresse à moi. J'avais hâte de monter sur scène. De travailler. Ils m'attendaient. Le public. Qui c'était ? Quoi, vous aussi vous allez me le ressortir ? Des richards du ghetto, des trafiquants, des types de la police juive, ceux à qui le destin avait donné une nouvelle chance, qui s'étaient battus pour, qui l'avaient gagnée, qui refusaient de finir en victime ou en savon. Je ne voulais pas devenir du savon. Je devais chanter. Pour connaître ma propre valeur, pour qu'ils la reconnaissent, pour que le jeu de la vie continue. On ne manquait de rien, c'est vrai, est-ce que je vais devoir toujours me justifier ? Je travaillais pour bouffer. Rien n'est gratuit. Je travaillais bien. »

Elle est assise sur son lit. Penchée. Comme en vigie, elle surveille sa peur. Elle a les mains croisées sur ses genoux. L'écran de télévision jette une lumière intermittente sur son visage.

Elle est chez elle. Dans sa cachette. Encore dans un ghetto cinquante ans après. Elle sait très bien qu'elle doit se cacher. Le danger est à l'affût, derrière chaque pas. Tout le monde est suspect.

« Tu n'es pas morte !?!?!? – j'entendais de l'étonnement et de l'effroi dans cette voix. J'arrivais de Babice, près de Varsovie, où je m'étais cachée après être sortie du ghetto. Tu n'es pas morte... Voilà comment m'a accueillie quelques jours après la Libération, en janvier 1945, mon accompagnateur à l'époque du ghetto, mon collègue du café Sztuka, Szpilman. Il refusa catégoriquement de me trouver un travail à la radio. *Ils disent que tu étais au service de la gestapo !*

— Il fait terriblement sombre chez vous. Difficile de faire des photos.

— Je fais quoi comme tête ?

— Celle-ci est jolie.

— Oh mon Dieu, quelle horreur. MAIS QUELLE HORREUR !

Elle se regarde dans l'appareil.

— Cette vieille peau, c'est moi ? Et ce sourire ! Immonde. Oh lala, mais qu'est-ce que je suis laide. Moi, ze veux pas, moi.

Elle minaude. – Et je me fais une petite crotte sur la tête.

— Et vous n'avez pas de miroir ?

— Je ne me regarde pas. (Réponse rapide, affectée.) A quoi ça servirait un miroir, pour une petite vieille comme ça ? Je ne veux pas la voir. Un jour, j'étais avenue de Versailles, il y a un nouveau magasin, très grand, et un énorme bâtiment en verre. Ils avaient installé une grande caméra. J'ai pris le passage piéton et en m'approchant, j'ai vu... le reflet... d'une vieille femme. D'une vieille. A côté, il y avait deux jeunes gens, je me suis excusée et je leur ai demandé en français : Est-ce que cette vieille, c'est moi ? Ils n'ont rien dit, ils avaient peut-être peur que ce soit de la provocation ? Je suis restée là un moment à regarder.

— Et alors, vous l'avez reconnue ? »

Elle hoche la tête.

« A quoi vous l'avez reconnue ?

— A ma gueule. C'est immonde, ne faites plus de photo. On allume une lampotchka ? »

Elle se débrouille bien en russe. Elle sait beaucoup de choses – *lampotchka, idi siouda* (viens ici, petite lampe), murmure-t-elle à sa lampe de poche qui est tombée.

« Tu photographies par en dessous ? Faut montrer son minou ? Mieux vaut que vous ne voyiez pas ce qui s'y passe. C'est pisseux et compagnie. Je ne vois rien. Je ne suis pas faite pour être aimée.

— Je pensais qu'une étoile était faite pour être admirée.

— Non, moi, je suis solitaire. L'inspiration de ma jeunesse – c'est ainsi que Tadeusz Konwicki m'a dédicacé son livre. Les hommes se souviennent encore de moi. Des vieux parfois me disent encore : oh mon Dieu, ce que j'étais amoureux de vous. Je ne citerai pas les noms.

— A votre place, je les citerais. Et si vous allumiez la lumière, Wiera.

— Il n'y a pas de lumière, je suis la lumière ! Pendant des jours entiers je n'ouvre pas la bouche. J'avais oublié que j'avais une voix. Je n'arrive pas à mettre le nez dehors. Des Juives curieuses me demandent comment je m'en sors. Comment je m'en sors ? Je me coupe en deux. La partie malade reste au lit, la partie saine se lève et s'occupe de la malade. Difficile pour l'une de suivre l'autre. J'ai essayé d'avoir des domestiques, mais ils n'arrêtaient pas de me voler. C'est un miracle que je sois en vie. Mais c'est le sort qui l'a voulu. Je vis longtemps, trop longtemps.

— Wiera, à quoi pensez-vous le plus souvent ? »

Silence.

« Que les gens sont mauvais, que je les déteste, que je suis seule. A ma maman. Le plus souvent à ma maman. En fait j'ai peu de souvenirs d'elle auxquels je pourrais me raccrocher. Je l'ai perdue jeune. »

Je fais des photos.

« Vous n'êtes pas du tout la même que la dernière fois.

— Petite cochonne. Je maigris, je n'ai que la peau sur les os. J'ai une nourriture riche, mais c'est les nerfs. Et puis je ne bouge pas.

— Vous écrivez dans cette pénombre ?

— Je dois enregistrer et quand j'aurai un moment je prendrai le temps de RETRANSCRIRE... Je ne sais pas encore très bien me servir d'un magnétophone. »

Elle l'allume, l'éteint. Des sons pas propres. Une voix.

« Là, j'étais curieuse de voir si on peut enregistrer dans un autobus. Si le bruit du moteur couvre mes mots même si je colle ma bouche à l'appareil. Un jour j'ai enregistré une conversation dans un café. Plusieurs fois. C'est insupportable comme ils cognent les assiettes et les tasses. »

Clic. « Un deux, un deux. Je vérifie le volume de l'enregistrement. Je ne peux pas parler plus fort, sinon j'attirerais l'attention, mais il y a de grosses interférences. Je parle, je parle. Je ne suis pas sûre du tout de pouvoir comprendre ce que je vais enregistrer. Mon Dieu, vivement que je rentre chez moi pour me faire des notes au propre.

— Où est votre robe de concert noire ? »

Elle chuchote sa réponse.

« Mais enfin – elle montre la porte d'un geste de la tête – elle ne comprend pas le polonais.

Merde, crie-t-elle, ils notent tout, tout, ils enregistrent et ensuite ils ont des Polonais qui leur traduisent. C'est pareil avec les lettres. C'est comme ça que le Cogne est au courant de tout. Non mais d'où elle sort, celle-là ?! Faut tout lui expliquer !? Vous pourriez me poser au moins des questions intelligentes, mon Dieu, ce serait le rêve... Souvent je les insulte, je leur dis des mots orduriers. J'y arrive. Mes lunettes sont en train de me lâcher, le verre va bientôt sauter.

— Je vais les tenir. On pourrait vous emmener chez l'ophtalmo.

— Et qui va garder la porte ? Une de mes copines veut m'emmener, mais je ne peux pas sortir d'ici. Je n'ai personne pour surveiller l'appartement.

— Vous vous coiffez toute seule ?

— Je me suis toujours coiffée toute seule. J'avais des cheveux magnifiques, épais, une masse énorme, jusqu'à la taille. Il n'y a que les Arméniennes qui ont une aussi grosse touffe sur la tête. Je me suis toujours coiffée toute seule. Une fois, je suis allée chez le coiffeur, parce qu'il n'y avait pas d'eau à la maison. Il ne voulait pas juste me laver les cheveux. Il voulait me faire une coiffure, mais je n'en avais pas besoin. Oui, toujours un chignon bien serré. J'ai beaucoup de mal maintenant à me faire à l'idée que je perds mes cheveux. Quand je me peigne en faisant ma toilette, je les ramasse pour un jour me faire avec une perruque ou un chignon. Mais elle a tout jeté. Mais je ne me suis pas laissé faire. Maintenant je range ces mèches grises dans un tiroir dans la salle de bains. J'aime bien leur couleur, ils sont doux. Je les ai lavés hier en pensant à vous. Ils sont jolis ? Je crois que j'ai déjà des poux qui se sont installés. Mais ça ne se voit pas.

— J'aimerais que vous me chantiez encore quelque chose.

— Vous savez, je ne chante plus du tout.

— Vous ne fredonnez rien, non plus ?

— J'ai trop souffert, et c'est tout ce qui reste en moi. Je suis ultra-amère, l'amertume m'a bouffée, comme la rouille.

— Vous avez maintenant beaucoup de temps, à quoi pensez-vous ?

— Je pense sans cesse. Malheureusement, j'ai des sales pensées.

— Est-ce que vous pensez à la guerre ?

— Non. Je pense à cette tragédie. Hier encore, j'étais en train de pleurnicher. Tout ce qui m'arrive ici, ça me tue complètement, ça me réduit le cerveau en compote. Il n'y a pas d'autre mot. Je deviens folle. Est-ce que vous vous imaginez rester en prison, dans un isolement total pendant quatre ans et demi ?! Pour une faute que vous n'avez pas commise ! Sans pouvoir se promener, prendre l'air. Sans ciel, sans lumière. C'est inhumain, même pour le pire des crimes. »

Quatre ans, ça fait quatre fois douze mois, quatre décembres et quatre avrils, quarante-huit cycles de saignement inutile, et en écho, quatre mars et les arbres en fleurs, les anniversaires de la mort de son petit garçon et des batailles qu'elle a dû mener, encore et encore, plus de mille aurores et crépuscules, qu'elle n'aura pas salués, sans lumière et sans univers, condamnée, isolée.

« Et qu'est-ce qui se serait passé si vous étiez sortie ?

— Je vous dis que ma concierge me vole. Dès que je m'éloignais, ne fût-ce qu'un instant, elle venait chez moi pour faire ses provisions à l'œil. Elle me coupe le téléphone, aussi. Je me souviens que je suis restée deux jours et deux nuits couchée par terre quasi inconsciente, toute seule, parce qu'elle m'avait coupé la ligne. Mon histoire, c'est une tragédie sans fin. C'est l'histoire de Dreyfus. Une concierge, c'est pire qu'un policier. Elle transforme tous les gens qui montent me voir en ennemis. Je n'arrive pas à l'accepter. Mais je n'ai pas de solution. Personne ne comprend. Ma vertu. Ma vertu dévêtue. Même un prisonnier sort derrière les barreaux, il respire l'air au moins un instant, il ventile ses poumons, aère ses pensées, allège sa conscience. Un court mais vivifiant instant ! Je ne me plains pas. Je veux juste vous faire prendre conscience de quelque chose d'inconcevable.

Je n'ai pas peur de la solitude. La seule chose qui me terrifie, c'est l'autre. J'ai des réflexes d'animal. Une façon de penser animale, aussi. Les animaux ont peur des hommes, ils les fuient, ils savent se défendre, mais ils les aiment tout autant. Ils luttent pour pouvoir se familiariser avec cet autre qu'est l'homme. Je suis comme ça. J'ai une passion pour les films animaliers. Je pense qu'on ne peut pas vivre sans connaître le monde des animaux. C'est là qu'est l'essence de la vérité sur le monde. Les animaux ne connaissent pas la jalousie. Ils tuent parce qu'ils ont faim, pas par plaisir. Ils valent le coup, ces films. Très loin de la Pologne, des Allemands, des Juifs.

Je vais me jeter dans la Seine. Cette pensée me soulage. Ou je vais mettre le feu et brûler avec tous mes papiers.

Ma chère, on va s'arrêter là, ça coûte trop cher. Et puis, ma chère, vous avez déjà regardé tout ce qu'il y avait à regarder !

Mon médecin m'oblige à faire des exercices pour la mémoire, ça consiste à apprendre chaque jour quelque chose – peu importe quoi. Je me suis accrochée à cette planche de salut pourrie et j'ai tenté de me rappeler les chansons que j'ai chantées pendant des années. Impossible. La faiblesse de mon corps et de mon cœur et surtout de mon cerveau a été plus forte que moi. J'ai dû abandonner.

Trente-deux chansons ? J'en ai enregistré tant que ça ? En plus de dix langues… Pas étonnant que je sois en train de crever. J'étais à bout de forces. Et à cause de vous, je fais remonter à la surface des souvenirs qui n'existaient plus du tout. Pour quoi faire ? Pourquoi je me laisse faire ? Un trou s'est ouvert, le gouffre de la mémoire. Je tombe. Je ne sais pas comment en sortir. Je ne sais pas. Maintenant je vais prendre ma plume et la tremper dans mon sang. Et vous allez m'écouter. Vous allez vous taire et m'écouter. Taisez-vous ! »

CHAPITRE 2

Elle m'avait promis sa robe

Elle m'avait promis sa robe après sa mort – la petite noire dans laquelle elle chantait si tendrement. Elle ne me l'a pas donnée. Elle l'a peut-être laissée, pour que je la trouve dans l'appartement vide, mais je ne suis pas sûre qu'elle ait alors pensé à moi.

La robe se recroqueville, comme dans un geste de défense. Comme imprégnée des réactions de sa propriétaire de toujours. Je ne pourrai même pas entrer dedans, pourtant j'aimerais bien. Je n'arriverai même pas à l'essayer. Comme je n'arrive pas à me mettre dans sa peau, dans ses pas.

J'essaye.

La table dans son appartement parisien ne ressemble plus à rien. Depuis des années, elle croule sous les papiers, les journaux éparpillés, les coupures de journaux, les factures de téléphone et de relevés de banque, les publicités, les partitions, les paroles de chansons, amoncelés jour après jour en couches successives, telle une forteresse massive et chancelante. Entre la liste des courses datant du printemps 2007 (café, pâte d'amandes, citrons, miel, ail...) et une boîte vide de chocolats polonais Wedel remplie de boutons, j'ai trouvé une feuille de papier A4 à carreaux. Une écriture assurée mais nerveuse. A l'encre verte.

Je vous prierais de bien vouloir ouvrir une information suite aux accusations proférées publiquement à mon encontre pour crime de collaboration avec les Allemands – écrivait-elle dans une requête auprès du bureau du procureur au ministère de la Justice adressée à Adolf Dąb, le 23 octobre 1947. Pour étayer sa requête avec précision, elle joignit les documents adéquats : le verdict du tribunal pénal spécial, des attestations de l'Association des artistes de scène polonais et de l'Association des professionnels de musique. Toutes ces institutions affirment que son attitude pendant l'Occupation fut irréprochable et qu'elle n'a jamais porté atteinte à son honneur de Polonaise.

Paragraphe suivant : *une campagne de calomnie à grande échelle a été mise en œuvre, ce qui a eu pour conséquence de me faire perdre toute chance de trouver un emploi et provoqué ma ruine matérielle. Si les instances nationales auxquelles je m'adresse ne se manifestent pas, je serais condamnée à la mort civile.*

On l'accusait des faits suivants : *pendant l'occupation allemande, au cours d'une période allant de 1941 à août 1942 dans le ghetto de Varsovie, et à partir d'août 1942 du côté aryen, elle aurait entretenu des relations amicales avec des personnes étant manifestement des agents de la gestapo... ce qui constitue un crime relevant de l'article 1 du règlement du Tribunal populaire. Selon ce règlement, cette infraction peut être soumise au Tribunal populaire auprès du Comité central des Juifs de Pologne.*

Elle était considérée comme une personne à éviter car son comportement pouvait légitimement éveiller le soupçon de collaboration avec les gens qu'elle fréquentait.

Elle recopia à la main des centaines d'actes du tribunal relatifs à « l'affaire » qu'elle rangeait dans des énormes cartons avec la correspondance administrative et privée en rapport aux procès. J'ai l'impression que dans sa vie elle a écrit plus de requêtes que de lettres, qu'elle a produit plus d'explications que manifesté de désirs, qu'elle s'est plus justifiée qu'elle ne s'est déclarée.

Elle n'a jamais pu retrouver chez elle les quelques bandes qu'elle avait enregistrées pour la fondation de Steven Spielberg en 1996. Je les ai vues dix ans plus tard à New York, lors d'une visite chez une connaissance de Wiera chez qui avait eu lieu l'enregistrement.

Plan 1 :

Assise dans son fauteuil, elle trône. Elle lutte contre le dossier ovale à rayures sur lequel elle s'appuie, s'étire et se contracte. Je la soupçonne d'avoir raconté cette histoire de nombreuses fois. Avec les retouches appropriées en fonction du lieu et de l'heure. Un demi-siècle a passé depuis les faits décrits.

Les années superposées. La mémoire avec son long travail de corrections.

Elle porte un chemisier bleu et un pull noir. Les cheveux tirés en arrière. Une mèche lui tombe sans cesse sur le front rompant ainsi la ligne de narration. Son regard à travers des lunettes à grande monture trapézoïdale, à la mode dans les années soixante-dix. Elle tourne la tête à droite et à gauche, comme une poule, faisant vaciller la chaînette qui tient ses lunettes.

Plan 2 :

Ça commence mal. Le polonais de la demandeuse est rouillé, fruste.

« Veuillez décliner vos nom et prénom.

— Mon prénom est Wiera, mon nom c'est Gran.

— Veuillez épeler, s'il vous plaît.

— G – R – A – N (ène comme Nathalie).

— Avez-vous porté un nom de guerre, eu des faux papiers ? »

(Elle regarde pleine de défiance, de condescendance, de dégoût. *Qu'est-ce qu'elle me veut, celle-là ? Je suis mon nom.* Elle regarde un peu trop longuement. Elle fait non de la tête.)

Elle ne dit pas la vérité. Des noms, elle en a porté plus d'un. C'est grâce à eux et des papiers aryens qu'elle a été épargnée. Wanda Czajkowska, Weronika Gacka, Tomaszewka, Jezierska... Ce sont ceux qui reviennent le plus souvent, même si ses papiers de l'époque de l'Occupation ont été perdus. Mais Wiera était fière d'être Gran(de). Elle n'a jamais voulu reconnaître qu'elle avait dû abandonner son nom. Cette nécessité l'humiliait. Comme celle d'avoir eu à se cacher dans cette ville, où avant la guerre elle était applaudie. « Je n'abandonnerai pas ma légende. Je suis et j'étais uniquement chanteuse.

— Date de naissance ?

— Le 20 avril 1918.

(Pas un cillement. Cette date figure également sur le document d'identité qu'elle avait jusqu'à la fin : la carte de séjour française pour personne apatride d'origine polonaise. Je n'ai pas trouvé son acte de naissance. Je suppose que Wiera Grynberg, la benjamine des époux Grynberg, était en réalité deux ans plus âgée. Dans les notes biographiques écrites en Pologne après la guerre, on trouve plusieurs fois la date de 1916.)

— Lieu de naissance ?

— Varsovie.

(Elle ne confirmera plus jamais ensuite cet endroit. Elle gardera farouchement son secret. Elle défendait ce dernier bastion d'intimité dans une vie toujours exposée à la lumière comme une bande cinéma. Tout porte à croire qu'elle est née en Russie.)

— Où est-ce ?

(Où est – quoi ? Varsovie ? Elle grimace, elle ne comprend pas, elle a l'impression d'avoir mal entendu. Le mépris se mêle au dégoût. En guise de réponse, elle lance un grognement bref et sec, comme si elle donnait un soufflet.)

— En Pologne. »

Et le questionnaire continue. Prénom du père, prénom de la mère...

« Liba Kaplan, fille de Peïsach et Faïga. »

Cheveux foncés, yeux foncés, corpulente. Sur la seule photo que j'ai vue et qui doit dater des années trente on la voit debout, bien droite, dans un studio photographique. Le décor a un sérieux antique (à droite une colonne en bois, à gauche un muret, dans le fond le cadre d'un tableau). Elle porte une robe longue et ample avec un décolleté et des manches trois quarts, un pendentif autour du cou, un bracelet à la main droite. Elle n'est pas naturelle dans cette pose, comme si quelqu'un lui avait suggéré de jouer à la brave. Son visage est très pâle.

Plus les années passaient, plus Wiera l'aimait. Plus d'un demi-siècle après le décès de Liba, sur son propre lit de mort elle la pleurait encore, répétant qu'elle devait la venger. Elle appelait – *Maman, mamotchka. Je l'ai vu te traîner par les cheveux. J'ai vu qui c'était.*

Sa mère n'avait pas voulu d'elle. Elle arrivait à la quarantaine. Elle ne voulait peut-être plus du tout d'enfant, et certainement pas encore une petite fille. Elle prévint la sage-femme que si ce n'était pas un garçon, elle ne regarderait même pas. Mais la sage-femme piailla d'admiration à la vue de la beauté de la petite. Cela motiva Liba, déjà mère de Hinda (Helena), onze ans et de Marïem (Maryla), six ans. Elle prit le nouveau-né dans les bras. Et ne le rendit plus. Wiera porte le nom de cette sage-femme.

A la maison, on l'appelait quand même l'avorton.

Elle parlait beaucoup moins de son père que de sa mère.

Elïasz. Il était un des cinq fils de Moszek Hersz et d'Ester Perła de Łomża. Il était le deuxième né, donc pas l'aîné, mais on le traita comme tel.

Il sentait le sang. Il revenait de la chasse, échauffé par la vodka et les émotions. Il voulait absolument la prendre sur ses genoux. Elle se défendait. Elle ne savait pas ce qui la répugnait le plus. Le fait que peu avant il ait ôté la vie à quelqu'un – face aux hommes, elle était toujours du côté des animaux – ou sa clique de bonshommes. Il n'était ni protecteur, ni affectueux.

Avec le temps, cette odeur a disparu peu à peu, comme lui.

Elle avait trois ans quand ses yeux d'enfant le virent pour la dernière fois.

D'après la légende familiale, il traficotait, d'abord dans la vente de forêts et de terres, puis dans celle de boutons, et de qui sait quoi encore. Il pariait souvent et beaucoup aux courses. Sur ses documents, il inscrivait comme métier « fabricant ». Il était enregistré comme négociant à Varsovie. Il avait une boutique de mercerie et d'articles textiles au 9 de la rue Przejazd.

Liba était sa deuxième femme, de la première il eut un fils, Abram. Wiera ne sait pas pourquoi il les a quittées elles aussi. Ni quand – encore en Russie, à Kiev, ou plus tard en Pologne ? Pendant un temps son nom figura dans l'annuaire de Mława.

Sa seconde femme ne répondait peut-être plus à ses attentes, n'était plus aussi attirante, l'ennuyait ? Wiera parlait de sa bonté mais aussi de son côté exigeant, pieux et perfectionniste pour la prière du vendredi. Une camarade de Wiera de l'école de ballet, à qui Liba portait la soupe brûlante jusqu'à la mansarde, l'appréciait pour son sens de l'humour mordant. Rien de plus.

Wiera ne se souvenait pas de sa famille plus éloignée. Elle disait qu'elle n'en avait pas. Elle ne se rappelait pas de réunions, de fêtes, de célébrations.

Ils habitaient alors Wołomin, une petite ville des faubourgs de Varsovie avec sa fonderie de verre juive et une fabrique de lits. On ne sait pas depuis combien de temps ils se trouvaient là. Les documents faisant mention d'une adresse commune des Grynberg à Wołomin ont été perdus. En 1922, Eljasz fut enregistré rue Duczkowska, Wiera se rappelle avoir habité avec sa mère et ses sœurs rue Warszawska. Ces deux rues sont relativement éloignées l'une de l'autre.

Après son retour de Russie, Liba Grynberg a dû se débrouiller toute seule avec ses trois enfants. De son côté de la famille, il lui restait son accent russe, sa peur des pogroms et un samovar.

Elle trouvait Wołomin ordinaire. Ça sentait la viande de cochon. Une ville pas casher et pourtant remplie de Juifs depuis le début du XIXe siècle. Son nom ne donnait pas envie de s'y attarder. Wołomin – *wolę-omiń* – « je préfère-éviter », en polonais. Ce serait de là que vient le nom de ce village de Mazovie perdu entre forêts et marécages. Dans les innombrables livres de la bibliothèque du propriétaire d'une ferme locale, on trouve à ce nom des origines bien plus raffinées.

Dans sa jeunesse, Wiera ne dévorait pas les livres. Ce qui l'intéressait, c'était les gens.

Elle passait beaucoup de temps sous la table. « Où est Wiera ? », demandaient les voisines. Sa mère pointait son doigt vers le sol pour faire comprendre qu'elle se cachait sous la nappe et qu'il fallait faire comme si elle n'était pas là.

« Maman disait en russe : *Vierotchka, tchto ty khotchech byt ?* Qu'est-ce que tu voudrais être ? J'avais cinq ans.

— *Ya khotchou byt artiskta.* Artiste !

— *Na kak, artistka, ty nitchevo nikogda nie khotchech govorit.* Artiste ? Mais tu ne dis jamais rien.

— *Ya skajou.* Je vais parler, je vais parler, je vais dire quelque chose, je vais chanter. Mais il ne faut pas qu'on me regarde. »

Elle avait terriblement honte.

Une fois les invités partis, dans leur cuisine de Wołomin, le vrai spectacle pouvait alors commencer.

Elle enfilait un costume de clown, comme des années plus tard. Elle me raconta tout ça plusieurs fois. Avec le tempérament d'une vraie sorcière, elle arrivait à « reproduire » les histoires qu'elle avait entendues. Elle bégayait dans les déclarations d'amour, comme le soupirant de la femme du cordonnier du premier étage. Elle rejouait la scène où un serpent étouffe une vedette d'opérette de Varsovie. Elle lui parlait doucement, pour qu'il relâche son étreinte. Sa mère mettait le samovar à chauffer et regardait les histoires naître sous ses yeux. Wiera leur donnait une seconde vie.

Sur une affiche du théâtre des Nouveautés de Varsovie, il y avait un Noir qui jouait du saxophone. Elle trouva une canne et elle se tartina de cirage. Elle tentait d'imiter la voix de Joséphine Baker. Elle savait parfaitement imiter le ton des *shmontses*, ces blagues juives. « Où est-ce que je vais dégoter une bonne grosse pouffiasse comme la Messal ? » Un vendeur de vêtements d'occasion s'était adressé ainsi à la prima donna d'opérette de Varsovie. Elle était effectivement très forte.

Elle tendit l'oreille quand l'institutrice qui habitait en face raconta l'enterrement de la vedette de la chanson, Wiktoria Kawecka. Sur le monument que son mari avait fait poser, on l'aurait dite vivante « avec ses diamants », et devant elle un ange de marbre soulevait un rideau de marbre.

« Et vous savez quoi – s'excitait l'institutrice – dans la vitrine du bijoutier Turczyński, à côté du palais Ossoliński, on a volé un "papillon" de quarante-quatre carats, un don de bienfaisance qu'elle avait fait il y a des années… »

Elle aurait peut-être dû devenir actrice ? A force de chanter des romances, elle finit même par avoir la fibre.

De quoi vivaient-ils ? Elle ne sait pas. Ils étaient pauvres.

On pouvait entretenir une famille de quatre personnes avec dix zlotys, mais elles n'avaient même pas cela. Les vendredis, il devait y avoir de la carpe, et cela coûtait autant que sept miches de pain. Sa mère faisait les comptes méticuleusement, en ajoutant pour tous les jours le sucre (1 zl. le kilo), le lait (45 grosz le litre), les œufs (20 grosz).

Liba Grynberg allait travailler à Varsovie, paraît-il. A la filature locale Iluzja qui produisait du fil, de la dentelle et autres textiles, on payait peu… Elle aimait coudre. Elle aimait parler avec les clientes. Les corsets avaient un rôle important dans leur féminité. La fabrique de cannes de marche, également dirigée par un Juif, offrait le même salaire.

Elle renonça.

La générosité contenue de la tante Morgenstern (une millionnaire !), propriétaire de banques renommées, l'empêchait d'offrir aux Grynberg une vie aisée. Ni elle, ni d'autres parents riches – Wiera donnait des noms difficiles à vérifier – ne s'intéressaient à leurs parents pauvres. Ni les banquiers du nom de Sołowiejczyk, ni les négociants Szeryszewski (ou Szereszewski), les cousins Lewin, propriétaires de l'usine de cirages à chaussures et à parquets « Eclat de soleil », ni enfin le richard, surnommé le roi de l'astrakan de Lipsk. Sa mère considérait l'aide financière sporadique qu'ils leur prodiguaient comme une aumône.

Liba Kaplan fut invitée à passer quelque temps en France à la fin des années vingt, mais à la première occasion elle rentra et de gratitude embrassa la terre polonaise, à peine foulée. Par sentiment patriotique ou à cause du manque d'hospitalité familiale, je ne sais pas. Elle n'est plus jamais allée à l'étranger.

Wiera avait huit, peut-être neuf ans, quand elle décida d'aider sa mère. Elle rattrapait les mailles dans les chandails à l'usine de tricotage. Elle reprisait les bas. Elle reproduisait vite et avec agilité les motifs à l'aiguille. Et pour tuer le temps, elle chantonnait. Elle voulait gagner de l'argent pour des livres d'école. Pour un plumier, un compas, des cahiers à lignes et à carreaux, qu'elle remplissait soigneusement des mots simples de son abécédaire. Elle était fière d'elle.

De Wołomin, Wiera se souvient des escaliers en bois de l'immeuble locatif. Raides, ils montaient haut, jusqu'au deuxième étage pour ses petites jambes, et ils menaient encore au troisième. 13 rue de Warszawska, au coin de la rue Chopin. Je les ai montés quatre-vingts ans plus tard, cherchant en vain des traces de ses pas sur des marches recouvertes de plusieurs couches de peinture à l'huile. Couleur boue. Sur le balcon d'où elle pouvait voir la gare, poussent encore de nouvelles générations de giroflées.

L'école numéro trois pour les enfants juifs n'existe plus. C'est là qu'elle apprit à lire et que sa professeur de chant lui prédit une carrière de chanteuse. Dans la cour, de l'autre côté de la maison, il y a des poubelles. Pas vraiment en meilleur état qu'alors.

Elle grimpait sur les couvercles en bois de ces poubelles, tirait sur sa robe, accrochait bien ses cheveux en arrière et commençait sa représentation. Il lui arrivait d'entendre ses sœurs rentrer d'une revue musicale donnée au Morskie Oko ou à l'Alkazar, c'est de là qu'elle tenait son répertoire. Les derniers succès de Hanka Ordonówna : *L'amour te pardonnera tout* ou *Au premier signe*... Parfois, elle tenait dans les mains quelques plumes trouvées devant un poulailler, un foulard de sa sœur ou encore des gants. Elle chantait à ses camarades des chansons qui parlaient d'amour, de la raison du cœur ou de séparation alors qu'elles n'avaient encore aucune idée de ce que cela pouvait être. D'une voix basse, mate, âpre. Elle finit par faire ses numéros à l'école, à la récréation. Ils plaisaient tant que l'on ne la laissait pas retourner en cours.

Elle avait la musique dans le sang. Liba chantonnait dans la cuisine d'une voix de soprano non travaillée des fragments de *La Veuve joyeuse* ou d'*Orphée aux enfers*, Helena gagnait sa vie en enseignant des sonates et des polonaises. Elle était également professeur d'espéranto.

Pendant des années, Wiera crut que sa mère ne supportait pas sa voix. Elle n'arrivait pas à comprendre comment elle avait pu mettre au monde une petite fille avec une voix d'alto si basse. Wiera, pour se venger, téléphonait à la maison en se présentant comme un ami à elle. Elle se mettait en colère, et reprochait à Liba de ne pas reconnaître son propre enfant.

Wiera collectionnait des photos d'artistes connus, et dans sa classe, comme dans les salons varsoviens, les admiratrices d'Eugeniusz Bodo se disputaient avec les adoratrices d'Adolf Dymsza. Ces deux stars avaient des maisons de campagne à Wołomin, ce qui excitait d'autant plus l'imagination. *J'embrasse ta main, Madame*, chantait Bodo, ce dandy brun – « roi des acteurs et roi de la mode » – et elles avaient l'illusion qu'il chantait pour elles. Chacune d'elles voulait être celle avec qui il « avait rendez-vous à neuf heures » et elle « aimerait tant et pourtant elle a peur »...

Elle n'en parlait ni à sa mère, ni à ses sœurs. Varsovie et ses vedettes semblaient inaccessibles. Mais il y avait un cinéma à Wołomin, qui portait un nom plein de charme et d'attrait – comme il sied à tout créateur d'illusion –, l'Oasis. C'est là que Wiera s'étourdit pour la première fois. D'habitude obéissante à sa mère, lui rapportant chaque heure passée hors de la maison, elle se laissa happer sans résister dans les profondeurs de l'intrigue d'espionnage de *L'Espion masqué* avec Ordonka, Jerzy Leszczyński et l'irrésistible Igo Sym. Avec une amie, elles ne bougèrent pas de leur siège pendant deux séances de suite. Elle s'identifiait au destin de la magnifique chanteuse et espionne, et à la passion qui dut lui coûter la vie.

Les deux chansons qui firent le succès de Wiera dans les cours de Wołomin étaient tirées de ce film. Elle avait non seulement une voix mais aussi une mémoire formidable.

De retour à la maison, sa mère l'accueillit sur le pas de la porte avec une gifle. Elle s'en souvint longtemps. Comme le prix d'un amour platonique.

Elle associa son déménagement à Varsovie à l'intrigue du dernier film de Marlene Dietrich. Elle se rappelait les mots « femme libérée » et « érotisme agressif » ainsi que quelques refrains des chansons de l'ange bleu. Le sort de la danseuse de cabaret pouvait toucher la vie des autres et les sentiments de milliers de spectateurs. Cela lui donna à réfléchir.

C'était l'année 1931. Elle habitait avec sa mère et ses sœurs dans un grand immeuble au 8 de la rue Elektoralna au coin de la rue Orla. C'était un quartier du centre-ville, pas des mieux famés. Proche d'un bazar et d'un abattoir. Une pièce pour vivre et des toilettes sur le palier. On faisait la cuisine sur un réchaud à alcool. Les fenêtres donnaient sur la rue Elektoralna. Très haut.

« Je m'asseyais souvent sur le rebord de la fenêtre pour regarder la rue. Un peu au grand air, un peu au théâtre. En bas, il y avait une station de fiacres, vous vous souvenez... ? – me demandait-elle souvent. Pour ajouter tout de suite après : Non, évidemment, vous ne vous souvenez pas. Je vous demande pardon, quand je parle avec quelqu'un, il m'arrive de penser que c'est une personne normale, d'avant-guerre. Il y avait des chevaux, gris, noirs, des tas, et certains avaient des... énormes, horribles... ÇA traînait presque par terre. »

Wiera, âgée de plus de quatre-vingts ans, était tout excitée par ce récit :

« La première fois que j'ai fait attention à ça, j'ai paniqué. Je pensais que ce cheval devait monstrueusement souffrir. J'ai crié au cocher, mais monsieur, ce cheval est malade ! Il va mourir ! C'était affreux. Ça m'a marquée pour toute la vie. Et puis j'ai compris... Ce n'était pas une maladie. La jouissance ? Eh bien, bravo. »

Pour atteindre la chambre où elles nichaient toutes les quatre, il fallait traverser un long couloir étroit, et avaler les odeurs des autres – lessive, sueur, chou, pourriture, parfum de muguet fané. On pouvait se laisser aller à divaguer sur du lait renversé, s'agripper aux espoirs des autres d'avoir un sort meilleur, ou éviter les soucis d'autrui. Elle se sentait humiliée par cette pauvreté.

Wiera se souvient des bagarres avec sa sœur du milieu. Selon elle, celle-ci lui a cassé le nez. Des années après, la douleur s'est effacée, reste le souvenir tendre de la présence de sa sœur. Tout comme le souvenir de l'aînée, la blonde, la plus belle des trois, l'intellectuelle, qui elle, pour changer, lui tapait sur les doigts avec une règle si elle avait les oreilles sales ou si elle ne faisait pas son piano.

Etait-ce un piano à queue ou un piano droit ? Plutôt un piano droit, si l'on en juge par l'étroitesse des lieux. « Un Bechstein ; a survécu à la guerre » – écrivait-elle des années plus tard sur le coin d'une enveloppe.

Wiera aurait bien aimé savoir en jouer, mais sans avoir à faire l'effort d'apprendre. « Je n'aimais pas apprendre ! » Elle observait sa sœur. Elle regardait comment elle jouait, comment elle posait ses yeux sur les partitions, et où couraient alors ses doigts. Elle essayait de l'imiter.

« Je respectais ma mère et j'exigeais qu'on la respecte. Je me souviens, un jour, deux soupirants, des étudiants catholiques, sont venus me chercher à la maison. Je devais avoir quinze ans. Les deux m'ont fait le baisemain pour me saluer. Au moment de sortir, j'ai fait une petite démonstration, je suis allée voir ma maman et je me suis inclinée vers sa main. La fois suivante, ils faisaient le baisemain à cette vieille Juive, même si ce n'était pas du tout de leur goût. »

Elle parlait couramment le russe avec cette très belle musicalité des Confins. Avec morgue et avec une gaieté joviale. Sa mère préférait parler yiddish. Wiera pouvait, devait comprendre, et parfois elle faisait semblant de ne pas comprendre. Un jour elle a même frappé du poing sur la table : *Ça suffit, on habite en Pologne, on parle polonais.* D'ailleurs, Liba Grynberg se débrouillait plutôt bien en polonais. Elle lisait *Notre Revue*, un journal juif populaire.

« Plus un mot en yiddish. C'était comme ça et pas autrement, j'étais tyrannique. »

Elle allait au collège de l'Union des professeurs, pas très loin, rue Rymarska, juste à côté de la place Bankowy. Plus tard elle réussit à entrer à l'école de danse d'Irena Prusicka, élève de la célèbre chorégraphe allemande Mara Wigwam. Toutes deux prônaient la « danse libre », y incluant des éléments d'acrobatie et d'individualisme moderne. Wiera entra dans cette école recommandée par une amie plus âgée qu'elle, Stefania Grodzieńska. Stefa savait qu'elle, sa mère et ses sœurs arrivaient à peine à s'en sortir. Elle se souvient de cette maison tenue par des femmes, où les traditions de la cuisine casher étaient strictement respectées. C'est là qu'elle mangea pour la première fois un tchoulent, le repas de shabbat, encore que ce ne fût qu'un succédané – elle appelle ça du simili-tchoulent – fait des restes de plats de la veille, de légumes, de pommes de terre, le tout nappé de sauce.

Wiera se souvient du jeûne à la maison pour Yom Kippour, le jour le plus difficile chez les Juifs – fête de réconciliation, de pardon et de pénitence. Elle dit que c'est là qu'elle apprit, et pour toute la vie, la faim, la vraie, l'orthodoxe – comme un devoir à accomplir.

« Prusicka ne me demandait pas d'argent. J'essayais de me faire un peu de sous. J'ai massacré les doigts des autres en me mettant à la manucure. On me donnait cinquante grosz pour les deux mains. Je pouvais même me payer un gâteau chez Lardelli. »

Lardelli, Suisse italien, est venu en Pologne quand il était enfant. Il ouvrit sa première boutique de pâtisserie à emporter rue Krucza. Cela fit sensation : les pâtisseries étaient élégamment disposées derrière une vitrine, sous l'emblème de la firme – un dessin de la cathédrale de Milan.

Wiera se rappelait en particulier le goût de ses éclairs, différents de ceux qu'on trouvait ailleurs en ville, fourrés d'une crème faite de jaunes d'œufs battus avec du chocolat, plus lourds et moins secs.

L'adresse de ses boutiques changeait ; elle le suivait. Elle aimait ses pâtisseries. Pour elle, ce fut longtemps le comble du luxe.

« Moi et mon mari nous sommes un peu occupés de Wiera, raconte Stefania Grodzieńska, la femme de Jerzy Jurandot, écrivain satirique et auteur de chansons, elle-même comédienne de variétés populaires. Quand elle arrivait en retard à sa leçon ou qu'elle n'y allait pas du tout, Prusicka téléphonait chez nous et pas à sa mère pour se plaindre. Wiera venait aussi nous rendre visite, nous avions un piano qui datait de ma jeunesse à Łódź. Nous passions de longues heures à chanter. C'est comme ça que je me souviens aussi bien des chansons à succès d'avant-guerre. J'avais trouvé sa voix singulière. Chaude, mate, profonde. Elle savait aussi chanter a cappella. Elle avait l'oreille absolue. Toute jeune, toute petite, mignonne comme tout, un peu câline. On ne pouvait pas ne pas l'aimer. Notre directrice et maîtresse l'aima tout de suite. »

Wiera se souvenait de la visite d'un photographe au cours de danse libre, pas de la photo. Il parla beaucoup, leur expliqua longuement comment elles devaient se tenir et comment mettre au mieux leurs charmes en valeur. Elle se sentait mal à l'aise nue, dans les poses suggestives qu'il voulait obtenir et qu'il validait ensuite. Elle ne vit jamais cette photographie. J'y ai eu accès un demi-siècle plus tard par l'intermédiaire du fils de la professeur de danse. Déchirée en deux.

Elle est la première à gauche. Menue, cheveux foncés, souriante. Un maillot blanc en soie et une petite culotte. Les jeunes filles ont quinze ans, tout au plus. De l'espièglerie dans les yeux. Les genoux drôlement fléchis et les bras pliés. Un double geste de séduction. « Les sentiments exprimés par le corps », selon les préceptes des expressionnistes allemands.

« Irena s'est occupée de moi comme une mère. Un an, peut-être deux. A la maison c'était de pire en pire, il fallait de l'argent. J'ai appris qu'on engageait des jeunes filles dans un cabaret. »

C'est Prusicka qui l'emmena à l'Adria, le cabaret le plus élégant et le plus cher de Varsovie.

« Des cactus, des perroquets, des gâteaux et du massepain », égrenait Wiera à l'évocation de l'Adria.

Elle dut se présenter à Moszkowicz, le propriétaire. Elle dansa. Fit une révérence. Il la suivit dans les loges. « Vous vous présenterez chez moi ce soir, au sixième étage, ma petite demoiselle. Nous verrons si vous êtes bien bâtie. Ensuite on signera un contrat. » Elle rétorqua qu'elle venait de danser quasiment nue, en culotte et soutien-gorge. « Ça ne compte pas, on veut voir plus », insista-t-il.

La légende disait qu'un ascenseur privé s'arrêtait en haut, devant son cabinet personnel.

Franciszek Moszkowicz. Chauve, lunettes rondes, smoking, un chimpanzé pendu à son cou. Originaire de Lwów, ancien vendeur de cigarettes, garçon d'hôtel, serveur, ce propriétaire blagueur et omniprésent d'un des clubs les plus exclusifs de la capitale jouissait d'une haute estime bien méritée dans le milieu des Varsoviens mondains. Amateur de valse et de bonne musique viennoise, il possédait à l'Adria non seulement un parquet mobile, des lustres en cristal tournants et deux bars, mais aussi les meilleurs orchestres, des danseuses et des chanteuses des plus attrayantes. Il commençait toujours ses soirées par une danse polonaise : un oberek ou un kujawiak.

Elle fondit en larmes. Voilà comment s'acheva la carrière de Wiera Grynberg, alors âgée de quinze ans, à l'Adria.

Elle tenta sa chance au Paradis. Ce petit club sur l'avenue Nowy Świat tout près de la place des Trois Croix n'avait pas encore acquis sa renommée. Il ouvrait la route des dancings sur cette artère de Varsovie connue pour sa vie nocturne. Paradis, Bodega,

Cardinal, Gastronomia... Au début on lui proposa un gage très faible. Elle devait ouvrir le programme.

« Waksmacher, le directeur et propriétaire de ce club (marié et père d'une fille de mon âge), tomba amoureux de moi à en perdre la tête. Il aimait les lolitas ! Est-ce que je vous ai dit qu'il me faisait porter des chocolats tous les vendredis ? Le livreur de chez Wedel avec sa casquette rouge frappait à la porte et me donnait une boîte d'un kilo. Je ne pouvais pas tout manger, même si j'aime bien le chocolat. Waksmacher pouvait rester des heures debout sous une porte cochère de l'autre côté de la rue à attendre que je sorte pour voir où j'allais.

Il disait qu'il s'occupait de moi, en fait il faisait plutôt attention à ce que personne ne s'approche de moi. S'il avait pu, il m'aurait croquée. J'acceptai un gage de cinq zlotys par jour, ce que prenaient les taxi-girls avec les clients. »

Stefania Grodzieńska se souvient que Wiera a toujours eu une chance folle, mais qu'elle avait aussi beaucoup de retenue. Il y avait toujours un admirateur dans les parages, mais Wiera ne montrait pas beaucoup d'enthousiasme.

Elle grandit. Elle mûrit. Les hommes se retournaient sur elle dans la rue. Mais sa mère continuait à la traiter comme une petite fille. Tous les soirs, elle l'accompagnait au cabaret et la raccompagnait à la maison. Elle eut une conversation assez gênante pour Wiera avec Julian Front, le chef d'orchestre, au cours de laquelle elle lui expliqua que Wiera était très naïve. Elle lui demanda d'être compréhensif avec sa fille qui n'avait pas de père. Et de bien s'en occuper. Il lui promit de le faire.

Un soir, il lui proposa une escapade à Wilanów. L'aventure après le travail, le champagne au petit déjeuner. Ils finirent leur représentation vers deux heures du matin. D'habitude prudente, elle s'abandonna à sa volonté. Son âge et son sérieux l'impressionnaient.

Ils partirent à quatre, lui et un ami, elle et une autre jeune femme. Les hommes se mirent à boire sévèrement. Ils s'occupèrent également du chauffeur de taxi, le servirent allègrement afin qu'il ne s'ennuyât pas. Un verre, deux verres, trois verres. Wiera commença à râler en voyant leurs regards concupiscents, et devint hystérique. Et tous en eurent assez, finalement.

De retour à Varsovie, ils tournèrent à toute vitesse de la place des Trois Croix dans la rue Książęca, tandis qu'en face remontait un tramway. Ils se sont tous réveillés à l'hôpital.

La vitre qui séparait le conducteur des passagers avait défiguré son amie. On diagnostiqua à Wiera une fracture du bassin. La première ne serait plus jamais belle. La seconde n'allait plus pouvoir danser.

« Je voulais être danseuse acrobate, mais ils m'ont brisé les os. Je ne valais plus rien, même pour le ballet. »

Quelque temps auparavant, il était déjà arrivé à Wiera, cachée dans un coin sous les escaliers, de chanter les refrains des chansons que jouait l'orchestre. Peut-être *Seul le cœur d'une mère* ou bien *Personne ne sait aimer comme toi*. Un jour, dans un café quasiment vide, un client la remarqua. « Qui est ce garçon qui chante ? », demanda-t-il. On lui objecta que c'était une jeune femme. Il était enchanté par sa voix.

Waksmacher lui proposa de chanter dans son cabaret. Elle accepta, elle n'avait pas le choix, il lui fallait gagner sa vie. Mais elle n'arrivait pas à surmonter sa timidité. « Je ne me produirai jamais devant un public, même pour tout l'or du monde ! », répétait-elle sans cesse. Quand son accompagnateur menaça de ne pas travailler avec elle (« je ne vais pas accompagner une ombre ! »), elle décida enfin de ne plus se cacher.

On entrait au Paradis directement de la rue. Juste derrière la porte, des petites tables serrées, des loges discrètes, d'où on pouvait voir du rez-de-chaussée les spectacles donnés en contrebas. Ce cabaret était connu pour son orchestre de plusieurs musiciens qui jouait des musiques de films à succès. C'est là que fut joué pour la première fois *Tango notturno*. Leon Wyrwicz, lui, présentait ses monologues satiriques et Wiera chantait...

Elle avait peut-être quinze ou dix-huit ans. Ces comptes d'apothicaire l'agacent. Elle ne se souvient pas si c'était le *Tango brésilien* ou peut-être *Emportés par le tourbillon de la danse*. Est-ce important dans le bilan de son destin ? A la fin du printemps 1934, elle enregistra ses deux premiers disques. Sous le nom de Sylvia Green, elle chantait des tangos avec l'Orchestre de guitares hawaïennes. Sa collaboration avec la firme de disques Syrena Electro fut fructueuse.

« Ils ont essayé de me faire monter sur scène. J'ai longtemps résisté. Ils m'ont vieillie, selon les convenances du genre, m'ont coiffée à la grecque, les cheveux tirés sur le haut de la tête, m'ont maquillée, mis une robe longue. Ils m'ont donné les années qui me manquaient. Je n'étais peut-être pas majeure, c'est sûr, mais – elle riait – j'étais mature ! »

Une autre fois, elle me raconte qu'elle n'avait pas de robe appropriée. Elle dut par conséquent se produire en uniforme d'école. Une petite jeune fille, les cheveux lâchés. Aucun accessoire. Parfois elle appelle ça le nouveau style Juliette Gréco.

Au Paradis on servait des saucisses-moutarde et de la gelée aux fruits. L'atmosphère compensait le manque de raffinement culinaire : un sous-sol sombre, des lumières d'ambiance, de douces mélodies. L'endroit était principalement fréquenté par des jeunes qui venaient danser, passer du temps ensemble, boire un verre de liqueur à l'orange. Ce club modeste devenait à la mode. Il n'était pas, comme dans le souvenir de Wiera – le cabaret le plus élégant de Varsovie, mais il avait un certain sex-appeal.

Elle chantait ses succès préférés qu'elle choisissait en fonction des suggestions des spectateurs. Ils apportaient des partitions, demandaient qu'on les chante. De plus en plus de curieux venaient voir la petite Gran. Stefania Grodzieńska l'appelait la « révélation ».

Jeune fille, Wiera était amoureuse de Stefania. Elle voulait être comme elle. Elle enviait son petit manteau rouge. Mais plus encore, son charme.

Montrer son visage. Donner de la voix. Jouer. Séduire, captiver, à tout prix. Conquérir. Que cherchait-elle sur la scène ? Quelle sorte d'accomplissement ? Cela lui coûtait-il d'incarner ce nouveau rôle dans la lumière des projecteurs ? Dans quelle mesure les applaudissements l'aidaient-ils ? Tout cela exigeait d'elle une concentration différente, de nouvelles dispositions. De changer de rythme, pour vivre la nuit, de garder son énergie pour le soir, pour les représentations. Une fois qu'on monte sur scène, on ne peut plus se passer des miroirs. Cela provoque le besoin de confirmations perpétuelles. Une double existence commence, et celle du reflet semble la plus importante.

Elle était consciente de sa beauté. Elle savait qu'elle plaisait. Elle le vérifiait souvent dans les miroirs ou dans les yeux des autres. Elle aimait se regarder en photo. Décolleté et petit bonnet en fourrure, robe sans manches ou petit manteau à la mode avec un col. Elle aimait égrener les admirateurs de chaque partie de son corps : un tel pour le nez, un autre pour les fossettes, un troisième pour la bouche. Et enfin les yeux, qu'elle maquillait toujours de la même manière – rimmel noir et eye-liner noir, très simple, très efficace.

Elle séduisait avec sa voix comme sortie d'une tristesse de profondeurs. Elle rayonnait d'une lumière intérieure.

« Bolesław Wieniawa-Długoszowski était un de mes grands admirateurs, le dernier vrai chevau-léger du XXe siècle. On racontait qu'il était arrivé un jour sur la piste de danse de l'Adria à cheval. Il buvait constamment et ivre mort, il voulait toujours chanter avec moi. Comme tout ivrogne, il se lamentait plus qu'il ne chantait. Je me souviens qu'une fois, n'y tenant plus, j'ai arrêté de chanter ma chanson et je lui ai dit : Mon Général, c'est vous ou moi. Il s'est arrêté. Il s'est assis tout près de moi, au pied du micro. Il s'est tu un moment, et ça a recommencé. J'étais obligée de lui donner de temps en temps des coups de pied pour le calmer. »

D'autres s'adressaient à elle avec le plus grand respect.

« Cela me faisait chaud au cœur de voir les officiers me saluer droits et immobiles en entrant au Paradis. Ils faisaient de même en sortant. Ces très beaux garçons se retournaient en esquissant un pas de danse pour dire bonne nuit à ceux qui restaient. »

En 1936, elle emménagea dans un plus grand appartement, au 40 de la rue Hoża. Elle figura dans l'annuaire de Varsovie jusqu'en 1940 à cette adresse. En tant qu'artiste. Numéro de téléphone : 701 83. Longtemps encore elle rentra du Paradis à pied pour économiser les vingt-cinq grosz du ticket de tramway. Elle passait par la place des Trois Croix, prenait la rue Hoża, traversait la rue Krucza et c'était juste un peu plus loin. L'été, c'était une belle promenade.

Courrier de Varsovie. Edition du soir, 5 novembre 1936 :

Le Paradis, 3 rue Nowy Świat. Aux côtés de Greta Gordon « formidable artiste étrangère » et de Del Rio « danseuse de revue espagnole » : Wiera Gran, chanteuse polonaise. Alina Massalska, « les idoles de Varsovie » Gold et Peterburski. Nouveauté : tarif réduit, 1,30 au lieu de 2,50, pour les clients arrivant entre 22 h et 23 h, entrée valable pour toute la nuit.

« Je me souviens de la première fois où j'ai reçu des roses. Mon Dieu, DES ROSES ! C'était inimaginable, moi, Wiera, fille de Liba, qui venais de Wołomin, en face de la gare, moi, des fleurs de reine – pour moi ! Je ne savais pas trop quoi en faire, comment réagir. Alors, avec, je me suis caressé... le visage. Ça, c'était après, bien après. Longtemps je n'ai pas réalisé, je n'avais aucune idée de ce que je faisais, de ce qu'on voulait de moi.

Dans la Varsovie d'avant-guerre, une Juive ne pouvait pas être une vedette, je ne me faisais pas d'illusion. Mais les bandes nationalistes laissaient tranquilles les vitrines avec mes affiches, il y en avait même qui venaient m'applaudir. »

Elle sut très tard qui était cette belle spectatrice qui arrivait au Paradis à la fin de la soirée. Elle se tenait assise en haut, à une certaine distance avec un verre de vin. Elle écoutait deux, trois chansons puis sortait. Distinguée, silencieuse. Elle avait l'air solitaire et malheureuse. On fit savoir à Wiera que c'était Nina Andrycz, comédienne du Théâtre Polonais.

« C'était une vraie artiste, la Solange d'*Un Eté à Nohant* et Alexandrine dans *Mascarade* d'Iwaszkiewicz, Joanna dans *La Nuit de novembre* de Wyspiański, qui venait me voir... Qu'est-ce que je pouvais lui apporter ? Je ne la connaissais pas personnellement. Ce n'est pas à cette occasion non plus que nous nous sommes présentées », se rappelait Wiera.

J'ai rencontré Nina Andrycz pendant l'été 2006. Elle me raconta sa vraie, grande et unique histoire d'amour qu'elle pleurait alors : « Dès que j'entendais les mots “chaque séparation laisse place aux larmes” et quitte à effrayer l'homme qui me tenait compagnie, je pleurais dans mon verre de vin. »

Stefania Grodzieńska se souvient qu'elle et Jerzy Jurandot avaient recommandé Wiera à Andrzej Włast, poète et metteur en scène de théâtre. Włast dirigeait à l'époque la Grande Revue, rue Karowa.

« Il l'écouta, hocha la tête et l'engagea pour une période d'essai de trois mois. Mais – ajouta-t-il – avec son propre répertoire. Elle prit peur. Personne ne lui avait jamais écrit de chanson. Puisque Jurandot était si intéressé, il n'avait qu'à s'en occuper lui-même.

Il fallait que ça soit triste, un tango ou une valse. J'ai réfléchi, j'ai réfléchi et puis j'ai trouvé : La brume... la brume si proche s'étend (ou m'attend, je ne me souviens plus)... les rues et les maisons dans une brume grise... Nous nous sommes mises à chanter. Jusqu'à ce que quelque chose sorte. On écrivit un canevas. Wiera se plaignait que le début était difficile et que sa langue fourchait, soit, mais je lui ai conseillé de ne pas faire la grimace sinon, elle n'avait qu'à aller voir ailleurs.

Je lui ai dit de la chanter jusqu'à ce qu'elle la sache sur le bout des doigts. Jerzy a appelé un de ses amis compositeur pour qu'il écrive la mélodie. Elle alla voir Włast avec tout ça.

Il ne la laissa pas finir. Il dit à Jurandot : "Ce n'est pas une perle, c'est un diamant." »

En mars 1937, dans la parade de printemps des vedettes, Wiera se produisit aux côtés de Mira Zimińska, Loda Halama, Kazimierz Krukowski, Ludwik Sempoliński...

Ses cachets passèrent de vingt-cinq à cent cinquante zlotys par jour, parfois le double en tournée. Elle parcourut toute la Pologne : de Lwów à Gdynia, de Brest à Katowice en passant par Radom, Poznań, Białystok, Wilno... A Łódź, au café Européen, elle reçut deux cents zlotys et on lui paya une suite dans le très élégant Grand Hôtel, ses frais de déplacement et les défraiements. Pendant le carnaval, elle prenait cinq cents zlotys par prestation. Elle passait au moins une fois par semaine à la radio polonaise, ce qui, en plus des rentrées financières, lui offrait une plus grande popularité. *Les Goûters au microphone* enregistrés en public à l'hôtel Bristol lui rapportaient à chaque fois trois cents zlotys.

« Je gagnais très bien ma vie et du travail, j'en avais jusque-là. En plus, de temps en temps je me faisais de gros cachets avec des petits films de réclame (pour des crèmes, des savons, de l'eau de toilette)... J'enregistrais des disques, et pas seulement pour Syrena Electro, mais aussi pour le studio international Odeon. »

Je sais que la pauvreté l'avait humiliée. Je ne sais pas si la richesse l'a anoblie. Si, je pense. Finis les bas d'inconnues à repriser, les vieux journaux récupérés, dans lesquels elle aimait pourtant découper des publicités pour les cosmétiques, finis le regard envieux planté devant les vitrines de vêtements à la mode et la nécessité de compter chaque grosz si elle voulait se payer des produits de choix.

Deux montres en or, une Patek Philippe et une Schaffhausen, trois bracelets en or, des pierres précieuses montées sur de belles chaînes, un collier de perles qui faisait trois fois le tour du cou, des bagues serties de diamants...

Sur cette table, bourrée de souvenirs du passé, je trouvai quelques listes de ses biens d'avant-guerre. Elle avait fait tout un inventaire à Paris après la guerre pour le transmettre à des organisations allemandes qui s'occupaient d'indemniser les dommages de guerre des Juifs. Par fierté ? Pour le souvenir ? Pour récupérer un trésor perdu ? Et pourquoi était-ce toujours aussi crucial après tout ce qui s'était passé ?

Tous ces bijoux – « un travail d'orfèvre » –, elle les estimait à l'époque à soixante mille zlotys, les bijoux de sa mère à la moitié, ce qui représentait toujours une somme considérable. Une bonne gagnait à cette époque-là dix zlotys par mois. Un ouvrier un peu plus... Une fonctionnaire...

Plus la voiture : une Buick huit cylindres (valeur douze mille zlotys). Plus l'appartement rue Hoża luxueusement meublé.

Les revenus de fermage du domaine de son père (Kozienice) près de Mława (environs huit cents hectares de forêt, un verger ainsi qu'une maison pour huit personnes) : quinze mille par an. Un immeuble en location à Otwock : cinq mille par an. Et à l'en croire, elle avait encore une magnifique villa de sept pièces avec un grand jardin à Wiśniowa près de Varsovie (valeur trente mille zlotys). Par ailleurs, elle percevait les revenus d'un café (au 11 rue Sienkiewicz) dont elle était propriétaire pour moitié avec sa sœur.

Elle avait encore deux manteaux de fourrure : un vison et un breitschwanz (en peau d'agneau) estimés à vingt mille zlotys.

A quoi bon tous ces comptes d'apothicaire ? Cela venait-il d'un besoin de reconstruire une splendeur passée, ne serait-ce que pour soi-même ? Ou d'une soif d'argent et d'un besoin de faire payer les Allemands, responsables de son malheur ? Je ne sais pas.

Dans un petit sac à main en or avec son monogramme en diamants, elle avait un porte-cigarettes en or (incrustation sur fond émaillé), un briquet Dunhill en or, un poudrier en platine avec un fermoir serti de diamants et un peigne en platine dans son étui avec son monogramme.

Au détour de la conversation, elle évoque un café de la place Piłsudski à côté de la rédaction des *Nouvelles Littéraires*. Là-bas, on la considérait comme l'égale des vedettes polonaises. Comme Mira Zimińska. Comme une grande.

Elle ne sait plus si c'était à l'Institut de propagande des arts (IPS), avec ses parasols colorés ou à celui des Arts et mode (SIM) avec son orangerie et ses délicieux petits friands, en tout cas, le côté snob de ces endroits semblait satisfaire parfaitement ses rêves et ses ambitions véritables. Au programme artistique venaient s'ajouter des défilés de mode, des expositions et même des concours de beauté canine. Elle découpait scrupuleusement le moindre entrefilet dans la presse où elle était mentionnée.

On ne sait plus quand ni qui lui choisit son nom de scène. Elle en essaya plusieurs. Sylvia Green, Wiera Green, ou Mariol n'accrochèrent pas. Peu avant la guerre, dans le petit Théâtre des Treize Rangées, sa marionnette, les cheveux foncés bien tirés, une robe noire au ras du cou, chantait une chanson de Minkiewicz et Karpiński sur le café Vogue du 7 de la rue Złota, *où Wiera Gran, la Marlene Dietrich née Grynberg, mène la danse et pousse la voix avec aisance*. Le tout sur la mélodie de son succès *J'ai un tiroir fermé à clef*, d'après Eddy Courts. *Sa voix grave et sensuelle donnait des frissons…*

Elle abandonna Grynberg pour GRAN sans hésitation, c'est sans mal qu'elle changea de patronyme pour un nom plus porteur, plein de charme et de grandeur. Elle aimait qu'on la compare à Garbo ou Dietrich.

Pour Wiera Gran, on faisait le déplacement, toujours. En rage, elle expliqua un jour : « Ils ne venaient pas voir une pauvre Kugelszwanc, tout de même. »

Elle se produisit au café Vogue les deux années qui suivirent, jusqu'à ce que la guerre éclate.

Et ce, uniquement en polonais.

Wiera Gran a toujours affirmé qu'elle ne connaissait pas le yiddish. Mais en 1938 elle joua dans le film *Les Sans-abri* d'Aleksander Marten, le dernier film en yiddish produit en Pologne avant guerre. Elle y jouait une femme fatale, la chanteuse Bessy, dévorant le cœur des hommes en chantant ses chansons langoureuses dans un café new-yorkais. *Libe mameniu, niszt majn (Ma petite maman chérie, ne pleure pas)* tirait les larmes pendant le tournage et dans les cinémas. Un modeste pêcheur, émigré du Vieux

Continent, succombait à ses charmes. Dans la bouche de Wiera, le yiddish a des sonorités tristes et traînantes, comme il se doit.

Elle jouait aux côtés de la célèbre Ida Kamińska, qui interprétait la femme de l'émigrant amoureux de l'artiste phénoménale. Comme il seyait à une diva américaine, Wiera change plusieurs fois de tenue à l'écran et défile dans des toilettes coûteuses. Belle, quoiqu'un peu potelée, et même avec un jeu d'actrice imparfait, elle aurait pu inscrire ce rôle au compte de ses réussites.

Il n'en fut rien.

Des années plus tard, elle parle d'elle dans ce rôle uniquement comme d'un cauchemar ! « Mais quel cauchemar ! ».

Qu'avait-elle trouvé de peu casher à ce rôle ? Ridicule, dangereux, impropre voire incongru. Avait-elle consenti à jouer dans ce film uniquement pour le cachet considérable ? Elle reçut pour ce rôle la bagatelle de six mille zlotys, somme que les couturiers, les professeurs, les fonctionnaires mettaient des années à gagner.

Je n'ai pas réussi à savoir ce qui la rebutait tant dans cet épisode de son passé. Ni pourquoi il ne correspondait pas à sa vision du statut de vedette. Etait-ce à cause de la langue qu'elle devait parler alors qu'elle s'en distanciait farouchement ? Elle aurait pu acquérir ses lettres de noblesse aux côtés d'Ida Kamińska et en incarnant une séductrice à l'écran. Mais l'expérience ne se reproduisit pas.

Peut-être signa-t-elle définitivement son identité ?

Peut-être est-ce ce rôle qui lui ouvrit la route du ghetto ?

CHAPITRE 3

C'était un immeuble massif

C'était un immeuble massif de plusieurs étages. Richement décoré. Comme à Paris à la Belle Epoque. Elle disait qu'il était plein de « ramifications », car elle pouvait profiter dans le salon d'un encorbellement arrondi avec d'immenses fenêtres.

L'appartement qu'elle occupait était au dernier étage. Spacieux, confortable. Meublé avec soin, parce que enfin elle en avait les moyens. Elle parlait d'antiquités, peut-être étaient-ce des meubles Louis quelque chose, Biedermeier ou Empire ?

Il fallait qu'il y ait de la place. Il fallait que ce soit autrement que lorsqu'on est pauvre.

Alors un vaisselier rempli de porcelaine Rosenthal ? Une commode ? Un secrétaire ?

Des photographies, un gramophone. Des tableaux. Elle avait un Roman Kramsztyk. Il a disparu. Cela devait plutôt être un paysage du sud de la France ou un portrait. Je ne pense pas qu'elle aurait osé accrocher un nu dans son salon.

Dans le buffet, il restait encore quelques denrées. Des sacs de biscottes et du chocolat noir.

A cette époque, la lumière ne lui faisait pas encore peur. Mais je peux m'imaginer qu'au moment où elle attendait sa mère et ses sœurs, elle dut tirer les lourds rideaux drapés devant les fenêtres.

De cet appartement au dernier étage on pouvait voir un coin de ciel. Ereinté. Masqué, effacé par la fumée, déchiré par les impacts d'obus.

Septembre 1939. Encore un jour de bombardement. Le château royal a été détruit.

Le maire Starzyński, sur Radio Warszawa II, relata d'une voix éraillée « la résistance héroïque » de la ville.

Le manque de cercueils.

Elles étaient en retard. Le thé avait refroidi.

C'est Hela qui entra la première. Sa mère continuait de gravir péniblement les escaliers. Maryla les rejoignit peu de temps après. Elle jeta sur la table un paquet volumineux attaché avec une ficelle.

Voilà toute sa fortune ! Son mari, bijoutier, avait déjà quitté Varsovie pour l'Est. Mais il voulait aider sa femme, encore toute jeune.

Rapidement, des dizaines d'alliances en or s'entassèrent en jolies petites piles. De l'or vingt-quatre carats. De l'or fin. Et à côté des anneaux en platine sertis de petits diamants.

Leur mère leur conseilla de les garder sur elles. Les sœurs préférèrent cacher tout cela.

C'est Wiera qui trouva une cachette. D'abord elle voulut en faire des anneaux pour accrocher les voilages mais ils étaient trop petits. C'était impossible de les monter sur les tringles en laiton. Mais elle réussit à dévisser les embouts en forme de boule. Elle y introduisit les alliances en or, les unes après les autres. Elle était debout sur une échelle et s'aidait d'un plumeau en plumes d'autruche.

Environ une heure après, elle avait tout fait entrer. Pendant un court instant elles se sentirent un peu plus en sécurité.

« Le début de la guerre, ce n'est pas la fin de tout », se disait Wiera pour se rassurer, comme beaucoup de gens de son âge. Elle ne savait pas avoir peur.

« J'étais effrontément jeune, reconnaissait-elle, inconsciente de ce qui nous menaçait dans cette situation. Ce qui pouvait arriver dépassait mon imagination. Je dansais avec la mort, mais c'était une danse suave. »

Elle avait vingt-trois ans et la vie, tourbillonnante, virevoltante, portée par un élan naturel ne faisait que commencer à la séduire.

Elle avait passé deux semaines à Sopot au Grand Hôtel dans une suite qui donnait sur la mer. Les promenades sur la jetée se faisaient de plus en plus courtes, les conversations sur la guerre de plus en plus dramatiques. Un mauvais pressentiment faisait pâlir le hâle du mois d'août.

La guerre ? On n'y croit pas.

Le train était bondé. Le sentiment de menace grandissait.

Elle était en route pour Paris à l'invitation de la célèbre chanteuse Yvette Guilbert, qui était l'amie de sa tante fortunée. La vedette du Moulin-Rouge avec ses longs gants noirs, comme sur les dessins de Toulouse Lautrec, avait entendu Hanka Ordonówna il y a des années. Wiera fut impressionnée par cette suite de connexions.

Les formalités étaient déjà réglées et le contrat avec le théâtre de l'ABC signé. Le départ était prévu pour le 1er septembre.

Trop tard pour Paris. Elle avait rendez-vous avec la guerre. Elle ne connaissait pas encore le poids de ce mot.

On lui proposa de s'enfuir en Italie. Elle refusa.

Au café Ziemiańska, on liquidait les gâteaux aux prunes et à la crème. Les échos des calembours littéraires s'éteignaient, plus personne n'apportait de fleurs. Elle chantait encore. Malgré l'obligation de couvre-feu, elle a donné encore un concert au café Vogue au 7 rue Złota le 1er septembre 1939 et pendant la semaine qui suivit.

De ces jours, elle se rappelle les flammes et le chaos. Les courses éperdues par la ville, car peut-être ce serait mieux ailleurs. La recherche des siens, des amis, des proches. Beaucoup avaient fui. Elle n'avait ni avec qui, ni où s'enfuir.

Puis faire la queue. Pour le pain, pour l'eau, pour les patates, pour le charbon. Les rues jonchées de barricades. Les maisons grêlées d'éclats d'obus, les toits arrachés, incendiés. Les traces de vie dans les intérieurs d'appartement, les lits encore défaits, une casserole de soupe, de la soupe à la tomate, un ouvrage de tricot de laine verte, une manche, un livre ouvert au milieu d'un chapitre... sur ce qui se révéla être une dernière phrase.

Les premiers bombardements épargnèrent la rue Hoża. Un hasard. A ce moment-là, rien n'était encore bien planifié. Elle faisait partie des bonnes rues, parmi celles environnant la rue Marszałkowska. Les immeubles de ce secteur de Varsovie plaisaient aux fonctionnaires et aux notables allemands. C'est là qu'ils s'installèrent progressivement. En face, dans le petit théâtre Victoria, remplaçant l'ancien cinéma Hollywood, allaient bientôt être données des représentations à l'attention de la Wehrmacht. En ville, les drapeaux avec des svastikas et des enseignes allemandes fleurissaient.

Un après-midi, sa mère avait passé un moment seule chez Wiera rue Hoża. Elle était passée avant chercher des chaussures chez le cordonnier et avait échangé deux mots avec Kajetan, le coiffeur. Elle s'en sortait comme elle pouvait avec le quotidien. Elle lavait à moitié les assiettes et les verres. Elle arrosait les plantes. Mais elle noya les cactus et les pensées. Ni elle, ni Wiera n'avaient la main verte.

Ils tambourinèrent à la porte. Elle hésita, mais elle ne pouvait pas ne pas ouvrir.

Les Allemands la chassèrent en hurlant. Elle s'enfuit comme elle était, en chaussons.

Elle courut chez sa fille aînée, là où elles s'étaient toutes récemment installées. Parce que ensemble on tient le coup. Parce que les étages du bas sont plus sûrs.

Wiera rentrait de la banque, fatiguée et en colère, elle avait dû faire la queue plusieurs fois, car on ne donnait que cinquante zlotys à chaque guichet. Elle s'acheta de la valériane. Mieux vaut tard que jamais. D'un coup elle décida qu'il fallait sauver leurs biens. Elle avait toujours eu un côté « hussard », même si elle était la benjamine. Ses sœurs la traitèrent de folle. Sa mère tomba en pleine hystérie et la retenait par la manche. Elle ne les écouta pas. Elle courut rue Hoża.

Elle fit tourner la clef dans la serrure quand la voisine entrebâilla sa porte – une Polonaise, catholique. Elle savait déjà que les Allemands étaient passés. « Je vais chez moi, je vais VOLER. Ça, personne ne peut me l'interdire », fit Wiera, résolue.

Pour la première fois quelqu'un avait dévasté son intérieur. Un viol. Elle le ressentit ainsi. Les dommages avaient pris la forme théâtrale de l'apocalypse. On avait ouvert les armoires, les tiroirs, les cachettes. Retourné les meubles, éventré les canapés et les fauteuils, brisé les assiettes. Ils devaient chercher des objets de valeur.

Elle courut en long et en large, elle perdit totalement la tête. Elle cherchait des photographies, des partitions, des disques. Ici et là encore. Comme une petite fille qui sauve ses jouets à elle. Elle emballa avec soin un affreux vase bon marché en porcelaine de Ćmielów avec son bouquet desséché, que sa mère lui avait offert après sa première représentation. (Il survécut jusqu'à sa mort, plus de cinquante ans plus tard.) Des chaussures, un éventail, quelques livres. Elle s'enfuit avec un sac plein. Contente. Elle avait l'impression d'avoir bien berné les Allemands.

« Et les alliances !? Où sont les alliances, tu as pu en récupérer combien ?! », c'est avec ces premiers mots que ses sœurs l'accueillirent.

« Les alliances ? J'ai oublié. Mais, attendez... j'y vais... »

Ce n'est pas si compliqué. Ce n'est pas loin. La porte cochère, les escaliers, la clef, la porte. La fenêtre. L'échelle. Dévisser. Récupérer. Emballer. J'y vais.

Les gardiens. Avec leurs casquettes bleues et leurs chaussures montantes. Elle savait que les concierges étaient les plus dangereux. Ce sont toujours des mouchards du plus fort, d'un Juif ou d'un Allemand, ça dépend du moment.

« Je vais y arriver... J'ai voulu tout de suite y retourner en courant. » Liba Kaplan se montra plus ferme. « Moi vivante, jamais. »

Wiera se ravisa, même si elle ne comprenait pas le danger. Ni l'angoisse de sa mère. Cette angoisse lui faisait peur.

Fin septembre. Peut-être plus tard. L'interdiction des bals et soirées dansantes était déjà en vigueur. On mit en place le système des cartes, les rations alimentaires étaient particulièrement maigres. On interdit l'affichage de faire-part de décès sur les murs des églises, des maisons ou sur les clôtures de cimetières. En revanche, on vit apparaître çà et là des petites affichettes collées par des organisations de résistants : *Nous informons les femmes qui entretiennent des relations intimes avec les Allemands, qu'il y a encore de la place dans les maisons closes.*

Rue Hoża, au 15, un voyant avait son cabinet. *Je lis dans des cartes rares, l'eau, les mains, sur les photographies et les manuscrits.* Voyance pour trouver des personnes disparues. Travail sérieux. *Tous les jours sauf le dimanche.*

La maman de Wiera était malade depuis des années. Elle était soignée par le docteur Jezierski et parfois par son fils Kazimierz, étudiant en médecine. Un beau brun, un peu fruste, mais attentif et cordial, il se déplaçait chez elle, lui administrait ses médicaments, lui faisait des piqûres. Parfois il parlait de l'hôpital militaire de Druskienniki, où il faisait son internat. Il parlait aussi de Buda et de Pest en Hongrie où il avait fait ses preuves comme jeune chirurgien. Pour Wiera, ça sonnait comme Double-Patte et Patachon, c'était idiot, mais logique musicalement. Elle essayait d'être aimable avec lui.

Il savait qui elle était. Il était même peut-être déjà allé une ou deux fois au Paradis. Elle sentait qu'elle lui faisait de l'effet. Elle était même encline à l'aimer un peu. Il apportait du réconfort à sa mère. Or jusque-là, elle n'avait jamais eu la moindre pensée pour lui, et pourtant quand un après-midi il vint faire ses adieux, cela lui fit de la peine. Il partait pour l'Est, comme les autres. Inquiète, elle se demanda qui allait s'occuper de sa maman.

Quelques semaines plus tard, Kazimierz Jezierski se tenait à nouveau dans l'embrasure de la porte de leur appartement varsovien. Impatient, il avait les yeux sombres.

Il était venu la chercher, pour la sauver. Elle doit vivre ! Elle doit chanter ! Il s'était rendu jusqu'à la frontière polono-lituanienne, au nord du pays. Il s'était présenté à l'hôpital au village de Druja sur la Dźwina, au-delà de Wilno, dans le district de Witebsk. Ils cherchaient un médecin. Il obtint immédiatement un poste à la direction. Maintenant qu'il avait une base, il pouvait venir chercher Wiera.

Il disait que par Druja ils pourraient rejoindre la Lettonie ou la Suède. Elle voulait le croire. Elle voulait croire à tout.

Elle ne pensait pas à l'amour. Ni à cette époque, ni plus tard.

Sa mère pleurait en lui glissant dans la main son alliance en or qu'elle venait d'ôter de son doigt. Un instant plus tard, elle en extirpa une seconde qu'elle gardait dans une petite trousse sur son sein. « Pars », dit-elle. Wiera eut l'impression qu'elle la mettait dehors. Elle céda alors à la panique de la fuite. Peut-être savait-elle quelque chose qu'elle ignorait ? Elle ne se souvient plus de leurs mots d'adieux.

Liba Grynberg resta à Varsovie avec ses deux filles. La plus jeune, la seule qui compte, la bien-aimée, elle voulait l'épargner à n'importe quel prix. Elle l'aurait bien abandonnée au diable même, pour qu'elle survive. Pour la tenir éloignée des Allemands et de la guerre.

A la mi-novembre, on vit tomber les premières neiges. En décembre, on ordonna aux Juifs de porter un brassard avec l'étoile de David. Et elles se plièrent au règlement.

Wiera n'était pas prête à la vie d'errance de la guerre. Quand elle quitta le centre-ville de Varsovie, elle portait des escarpins plats et un costume marron en tissu à chevrons. Des gants, une petite toque sur la tête. Un sac avec des sous-vêtements de rechange. Des restes de partitions. Des cigarettes. Elle fumait beaucoup, pour tromper la faim.

Ils allèrent à pied, attrapèrent des trains ou encore d'autres moyens de transport. Bientôt il fallait traverser le Boug. D'un côté les Allemands, de l'autre les Russes. Par une nuit d'automne, ils traversèrent la rivière glacée. Les pieds engourdis et brûlés par les engelures, même si on leur avait prêté des caoutchoucs, ou peut-être justement à cause de ces caoutchoucs. Ils n'avaient pas d'argent pour louer une charrette. La marche la fatiguait tellement qu'elle perdait contact avec le réel.

Elle put reprendre ses esprits dans une chaumière. On ne sait où. Elle ne se rappelle pas grand-chose. On lui a parlé, on lui a donné à manger. Des pommes de terre. Du lard frit. Une odeur peu familière. Elle ne sait plus ce qui se passa ensuite. Elle se réveilla à Druja, dans un lit propre chez le médecin du village que les autres appelaient son mari. Kazimierz Kazik… elle lui devait d'avoir survécu. Elle ne remerciait jamais.

« La première nuit avec un homme... De bon gré je me suis livrée à un rituel qui m'était totalement étranger. Difficile de s'imaginer comme j'étais ignare en la matière, une vraie oie blanche. »

Elle ne se souvient plus de la douleur, plutôt de l'humiliation.

Nous sommes restés à Druja et à Nowy Pohost dans la région de Wilno d'octobre 1939 à mars 1940 – écrivait Jezierski dans les documents officiels d'après-guerre.

Druja, dans le canton de Brasław, ses églises orthodoxes, son cloître, sa synagogue. Et son cimetière juif. Près du domaine des Sapieha. Witebsk en toile de fond. Nowy Pohost, une commune de Nowogródek. En fait, le village voisin. Elle avait entendu parler de prairies abondant de lupins en fleur. Elle avait conservé une photographie de cet endroit, avec une inscription à la main. Deux hommes et trois femmes en tabliers blancs devant une cabane en bois sous la neige. Un fragment de plaque : PRZ...

Kazimierz travaillait à l'hôpital, elle soignait des engelures. Il recevait des patients en consultation, pratiquait des opérations. Elle voulait chanter. Mais pour cela, il aurait fallu un club, un cabaret, un théâtre, c'est-à-dire être en ville. Elle entra en contact avec son oncle Natan, le frère de son père qui habitait à Lwów. Il voulut la convaincre de venir, lui proposa de la loger, lui promit qu'on lui trouverait du travail. Il lui répétait que ses amis demandaient de ses nouvelles.

Elle partit la première.

Elle se souvenait du Lwów d'avant-guerre. Elle avait chanté au Bagatela et chez Georges.

Ville majestueuse de Galicie, moderne, avec sa revue musicale, son jazz-band et ses danses venues d'Amérique : shimmy, fox-trot et charleston. De larges rues, accueillantes. Claires.

Maintenant, des voitures et des tanks. Des bolcheviques en guenilles ou en costumes tout droit sortis d'une garde-robe de théâtre. Des visages taillés à la serpe. Une cacophonie russe. De plus en plus de fuyards. De plus en plus de questions. Comment aller en Roumanie, quelle est la route la plus sûre pour la Hongrie ?

Depuis septembre 1939, la ville était sous gouvernement soviétique. Les ensembles musicaux polonais étaient dorénavant appelés des « théâtres polonais soviétiques », dont la fonction était de mettre en œuvre la « politique culturelle soviétique ». Je ne sais pas dans quelle mesure elle faisait attention à ce genre de détails, ni comment elle concevait ce nouvel ordre politique du quotidien. Elle était jeune. Mais sa jeunesse l'empêchait-elle de comprendre ou de vouloir comprendre les pièges dans lesquels leur métier risquait de faire tomber les artistes polonais, c'est-à-dire de servir sous un autre drapeau ? Je n'ai jamais eu aucune explication à ce sujet.

Le décalogue citoyen commandait le boycott de l'occupant. Tous n'obéissaient pas à ce commandement. La peur régnait. Et avec le temps, la faim. Ou seulement son pressentiment.

Une grande peur et un grand inconnu – écrivait Ola Watowa, qui elle aussi se trouvait là à cette époque.

Je pense que c'était une peur autre que celle ressentie envers les Allemands dans les premiers mois d'occupation de Varsovie. A celle-là, dès le début et longtemps après, on opposa la colère, la révolte, la résistance. Ici, c'était différent. On essayait de se fondre dans la masse, d'être utile, voire de plaire, et de participer à la création de « lendemains qui chantent ». La peur s'était transformée en un fayotage servile plus efficace pour survivre. Pour gagner quoi, une médaille ?

Le Club des Artistes au 39 de la rue Jagiellońska fut le premier lieu de rendez-vous des réfugiés – acteurs, chanteurs, musiciens que la guerre, en distribuant les cartes, avait fait atterrir à Lwów. Des fuyards, des sans-logis dans le besoin à la recherche d'un travail ou d'un abri. Et Wiera y est allée aussi.

Elle se tenait sur le seuil de la maison. Un fichu sur la tête, dans un énorme manteau et des bottes d'homme récupérées sur un cadavre, très loin de rappeler la vedette varsovienne du Paradis. Mais on la reconnut aussitôt. Elle ne put dire un mot tant ses amis se jetèrent sur elle pour l'embrasser. Ils la dépiautèrent de son vêtement déguisement, la firent asseoir et lui servirent du thé.

Elle voulait chanter. Elle demanda de l'aide, de la protection.

« Tu as de la chance, dit Tadeusz Hollender, satiriste et poète, justement aujourd'hui, il y a ici la direction de notre ministère de la Culture et des Arts, ceux qui nous engagent, les Russes. »

On la présenta en tant qu'artiste de Varsovie renommée et appréciée, succès garanti. Elle chanta *Krasiva Dievotchka* « jolie fille », firent-ils en russe. Elle signa tout de suite un contrat. Elle se souvient que les autres femmes du groupe la détestaient parce qu'elle avait sa loge personnelle. Elle me raconta qu'elle joua dans de nombreux endroits. Le groupe du théâtre de revue Stylowy (5 rue Szaszkiewicz), son effectif renforcé par les réfugiés de Pologne, comptait environ vingt personnes. Bodo jouait des charmes de sa plaisante fantaisie. Feliks Konarski, surnommé Ref-Ren, était le meneur du spectacle, et il se battait pour que tous aient « un peu de chance en amour »... Le plus grand succès fut la chanson interprétée par Andrzej Bogucki, *L'Eté me manque déjà*...

Wiera ne se souvient d'aucune vedette féminine à part elle.

« Les représentations... Il fallait m'habiller – car j'étais nue de la tête aux pieds. J'ai reçu beaucoup d'argent en acompte. La censure remettait en question les paroles des chansons, même celles de *La Lettre* – car sous un régime prolétaire les chansons ne parlent pas de chaînes en or, mais je savais me défendre. J'expliquais que c'était en fait une satire des relations qu'entretenaient les bourgeois américains. En guise de rançon voire d'alibi, je chantais une chanson ukrainienne. Ça me plaisait, finalement. On me proposa aussi de me produire dans un autre théâtre, le Marysieńka. Puis au Splendid. Je gagnais environ deux mille roubles par mois, ce qui était une fortune. »

Elle n'avait plus à solliciter la bienveillance de sa famille. Elle loua une chambre à Lwów. Même les revenus de Druja n'étaient plus indispensables. Kazik, qu'elle n'appelle pas son mari dans ses récits mais son ami et souvent sans même mentionner son prénom, est venu la rejoindre. En mai, il passa ses derniers examens de médecine à l'université Jan Kazimierz de Lwów – il obtint la mention passable à l'examen de médecine légale, ainsi qu'à ceux de laryngologie et d'hygiène ; la mention excellent à ceux d'obstétrique et de gynécologie. Son diplôme arbore fièrement le sceau de l'Institut de Médecine.

Un crayon et des cahiers à carreaux récupérés ou volés quelque part. Les notes du médecin : dyspnée laryngée, pachydermie, nodules des cordes vocales... L'apprentissage, le travail, du concret. Les notes de Wiera : refrains, altérations, armatures.

Tous deux tentaient de détourner leur attention des récentes nouvelles du front qui annonçaient les échecs des alliés.

La revue du Stylowy attirait les foules. Ce mille-feuille léger de larmes et de rires dans la grossière réalité du Lwów surpeuplé de l'époque redonnait aux exilés une bouffée d'air, du réconfort, et les souvenirs du passé encore récent les rendaient plus forts. C'était un point de repère.

Cette salle de spectacle était fréquentée par des fonctionnaires russes accompagnés de leurs « femmes extraordinairement laides » – je cite les mémoires de l'époque – en chemises de nuit de soie pendantes qu'elles prenaient pour des robes du soir. Eux, n'enlevaient jamais ni leur manteau, ni leur casquette tandis qu'elles complétaient avec avidité la garde-robe distinguée, sans totalement savoir comment s'y prendre. Les habitants de Lwów prenaient cela pour du folklore d'occupant. Les immigrants russes ne connaissaient pas l'usage du mouchoir, ni celui d'une cuvette de toilettes.

« Il faut faire venir maman, je ne veux plus attendre plus longtemps », dit-elle à Kazik. Elle écrivait à sa mère des lettres à l'encre violette, c'est la seule qu'il y avait, dans lesquelles elle la persuadait que l'endroit était vivable, qu'elle s'était organisée. Elle usa de tous les arguments, lui fit du chantage. Sans succès.

Sa mère refusait catégoriquement. Malade, elle n'avait pas la force. Un voyage vers l'inconnu lui faisait peur, elle ne voulait pas laisser les restes de ce qu'elle appelait encore ses biens.

Elle écrivait brièvement, sur des cartes postales non cachetées, comme l'exigeaient les Allemands. Elle n'utilisait pas les mots rayés du vocabulaire officiel de la guerre : murs, rafles, STO...

J'aurais aimé qu'elle reçoive d'autres lettres.

Sa sœur lui aurait écrit directement, sans faire de tri. Que le thermomètre descendait en dessous de moins vingt, qu'il n'y avait pas de quoi se chauffer, le charbon, 300 zlotys la tonne, que l'on coupait les arbres dans les parcs municipaux pour avoir du bois de chauffage. Elles vivaient toutes dans une seule chambre, comme tout le monde. Qu'elles ont peur de sortir dans la rue parce qu'on bat les Juifs, qu'on les oblige à danser ou à laver les toilettes avec leur linge de corps. Qu'on pille les magasins. Que tout est très cher.

Les Allemands avaient interdit l'élevage de pigeons voyageurs pour que les informations de ce genre ne puissent pas se répandre dans le monde.

Wiera se rappelle l'hiver rude à Lwów en 1940, les loges non chauffées, les mains raidies par le froid, la vapeur sortant de sa bouche quand elle chantait. Elle attrapa alors une infection urinaire. Elle n'arrêta pas de travailler. Au marché, derrière le théâtre Skarbkowski – on y trouvait de tout –, elle acheta : des couvertures et des rideaux, des clefs, des boutons et des aiguilles (l'article le mieux vendu : des jouets mécaniques), ... un peu de laine vierge, les restes d'un châle rouge et d'un gilet bleu marine. Elle les détricota pendant un spectacle. Puis elle s'appliqua à en faire un pull pour Kazik. Elle montait son ouvrage selon les contrastes de l'Occupation. Elle enchaînait les points les uns après les autres – les questions sur l'avenir, sa mère qui lui manquait (les couleurs de l'absence), la peur devant l'inconnu – en un motif exotique, un « bambou » rigide, deux mailles à l'endroit, deux mailles à l'envers, un rang aller, un rang retour, bleu, rouge. Bon/mal. Chaud/froid. Pour toi/pour moi...

Un soir, quelqu'un lui a jeté quelque chose sur la scène. Non, pas un caillou, ni un œuf pourri, à ce moment-là pas encore.

C'était une boîte de crème Nivea. Un luxe en ces temps.

Nivea, en latin « blanc comme neige ». Elle se souvenait du savon doux et parfumé de cette marque, puis de la crème, sa boîte ronde bleue et ses inscriptions blanches. On en faisait la publicité depuis des années dans les journaux à côté des prévisions météorologiques. *Nivea à la maison et pour le sport.* Détails d'une époque libre des soucis permanents. Le même Juif allemand a inventé le dentifrice et des rouges à lèvres. Dans les années trente il fut chassé de son pays.

Les collègues écoutaient la radio. On abattait des gens à Cracovie, on envoyait des professeurs de l'université Jagellone dans les camps. Paris était tombé. L'espoir cédait sa place au doute.

Wiera voulait quand même rentrer.

Peu de temps après, eut lieu la dernière représentation...

On reconstruisit les loges sur la scène, chacun se tenait assis devant son miroir. Au centre, dans la lumière des projecteurs se réchauffait l'énorme dogue de Ref-Ren. Wiera commença la chanson du final, entonnée ensuite par les autres...

Promettons-nous que quoi qu'il advienne,
Chacun de nous garde une cachette au fond de son cœur.
Promettons-nous que ces cachettes seront toujours pleines
De nos souvenirs cueillis à partir d'aujourd'hui...

On ne cacha pas ses larmes. Tant parmi le public que sur la scène.

L'administration soviétique tenait à ce que les théâtres polonais existent à Lwów. Cela créait un semblant de vie normale dans la ville. D'une part ils étaient conscients du côté provisoire de ces foyers polonais, d'autre part ils leur faisaient subir une soviétisation accélérée. Sur la scène du ciné-théâtre Marysieńka, place Smolka, chaque spectacle était précédé de films de propagande soviétique. La danse acrobatique était mise en avant comme la spécialité de la troupe. Les chansons et les sketches devaient manifester une « tendance socialement noble ».

Ce genre de troupe passait de nombreux mois en tournée. Ils avaient débuté en juillet 1940. Ils faisaient des tournées en province et dans les grandes villes comme Kiev ou Moscou pour présenter leur propre répertoire mais aussi « cimenter la société soviétique ». Ils traversèrent sept républiques pour apporter aux Polonais dispersés çà et là dans le pays les « fondements de la nouvelle idéologie par l'humour et la chanson ». Les artistes étaient également tenus « de se familiariser avec la culture de l'état soviétique, les acquis de la classe ouvrière, ce qui permettra avec le temps un resserrement des liens mutuels ».

La phraséologie de ces objectifs tout autant que leur programme devaient être totalement étrangers à Wiera. Tout comme la réinterprétation de classiques polonais qui avait pour but de « stigmatiser la bourgeoisie polonaise soumise aux magouilles du capitalisme des élites d'avant-guerre » (dans la tragicomédie de Gabriela Zapolska *La Moralité de madame Dulska*) ou afin de « critiquer la noblesse » (avec *La Vengeance*, comédie d'Aleksander Fredro), de « révéler l'oisiveté, la stupidité et l'amoralité des bourgeois et des grands propriétaires terriens » (dans la comédie de Michał Bałucki *La Maison ouverte*).

Elle était déjà partie de Lwów quand on y célébra les quatre-vingt-cinq ans de la mort d'Adam Mickiewicz. Je ne sais pas si elle aurait pu ou même voulu s'opposer aux manœuvres qui tendaient à donner à l'auteur des *Aïeux* une « âme de poète soviétique ».

Elle envisagea la possibilité de partir avec sa troupe et la revue, mais la décision finale dépendait de la volonté de sa mère. Accepterait-elle de la rejoindre, se laisserait-elle sauver des mains des Allemands ?

Wiera était face à un dilemme : la faucille et le marteau ou la croix gammée. Ses parents avaient fui la Russie des années auparavant. Elle ne connaissait pas les Allemands, elle se méfiait des rumeurs et de ce que racontaient les réfugiés. Varsovie était toujours un endroit familier, d'où sa mère lui envoyait des lettres implorantes. *Reviens, ici tout le monde demande de tes nouvelles, et puis on ouvre des cafés, il y a du travail. Tu pourras donner à nouveau des spectacles.*

Elle situe les événements qui se déroulèrent à la frontière dans un décor d'été tardif. Des foules de gens désireux de passer du côté allemand. Elle appelait cela « violer le destin ». Les gens tentaient de corrompre les gardes, ils marchandaient, usaient de ruse ou suppliaient. Il y avait des cris et des pleurs. Autour des postes de garde, on voyait s'éparpiller du duvet, les plumes sorties des édredons et des oreillers éventrés recouvraient tout. Les gens comme les bagages. Les Allemands cherchaient des objets de valeur. Ils en trouvaient : des dollars, des roubles, des colliers. Un Russe la fit passer, un Allemand exigea de voir ses documents d'identité. Elle avait des faux papiers, mais elle faisait Juive. Le fonctionnaire les orna d'une étoile de David.

Le trajet de Lwów à Cracovie dura plus de dix heures. Elle était avec Kazik et les époux Czarnecki, elle avait travaillé avec lui avant la guerre dans un café. Lui, de son côté, ouvrit quelques mois plus tard avec des associés un nouveau club à Varsovie, qui eut un rôle clé dans l'histoire de Wiera – le Sztuka (le Café des arts).

A Cracovie, sur le quai personne ne posait de questions. Ils s'arrêtèrent dans un hôtel non loin de la gare. Pendant près d'une heure elle scruta le document avec l'étoile juive. Elle essaya de l'effacer, de l'enlever, de la gratter, de la frotter, de la faire partir, un coup de panique, l'anéantir. Elle n'avait rien à voir avec cette étoile. Pas avec celle-là.

Ils s'offrirent un repas extravagant au restaurant Wierzynek, sur la place du marché. Des tartines de saindoux sur du pain noir. Cela faisait longtemps qu'elle n'avait pas autant aimé cela. Le lendemain, ils partirent pour Varsovie.

Une fois qu'elle vit sa mère, elle fut soulagée, elle avait la certitude d'avoir fait le bon choix. Elles se souhaitèrent des vœux de bonheur pour Roch Hashana, le nouvel an juif.

Des enfants mendiaient dans la rue. On éliminait les Juifs du centre-ville. On parlait du ghetto, de ses limites frontières, des dates des déménagements forcés. Elle considérait cela seulement comme un simple déménagement, même s'il était imposé. Pour des raisons indépendantes de sa volonté, elle devait changer d'adresse. Pour un moment. Un nouveau destin, un destin de guerre, différent. Peut-être pire, mais encore synonyme de vie.

Elle se souvenait avoir habité chez sa sœur rue Graniczna, près du quartier juif fermé le 16 novembre 1940. Non loin de là, vers la place Grzybowski se trouvait une des six portes qui y conduisaient. Des postes de garde étaient disséminés partout où le mur n'avait pas encore été érigé. Les Allemands considéraient qu'isoler des Juifs était « une nécessité politicomorale ».

Kazik affirma qu'ils avaient passé plusieurs mois à la fin de l'année 1940 dans l'ancien appartement de son père au 14 rue Prózna. Après la mise en place du ghetto juif, ils quittèrent cette adresse, ils prirent quelques meubles et vêtements qu'ils emportèrent chez un ami de Jezierski, Klemens Bednarski, qui habitait le quartier de Mokotów.

Ils firent encore le tour de quelques recoins de Varsovie, même si la plupart des endroits leur étaient dorénavant inaccessibles. L'Adria était un club maintenant *réservé aux Allemands*, tout comme les promenades dans le parc royal de Łazienki ou dans le parc Saski. Lors de chaque déplacement en taxi ou en fiacre, il fallait demander une permission spéciale. Ils prirent un vélo-taxi pour aller place Piłsudski, rebaptisée place Hitler. Ils déposèrent des affaires chez plusieurs amis. Elle emporta sa sculpture préférée – une statuette de bronze représentant une danseuse expressive –, des accessoires de bureau en marbre. Elle ne dit à personne où elle avait caché tous ces objets ni comment. Dommage. Elle se souvenait des tartes à la confiture de lait, des pâtisseries aux noix grillées au sucre que préparaient et vendaient les femmes de l'intelligentsia pour nourrir leur famille. La douce industrie de l'Occupation.

Ils se déplaçaient seulement dans des endroits sûrs et essayaient toujours de faire bonne mine. Elle se mettait du rouge à lèvres carmin.

La grossesse. Elle se rappelle sa stupéfaction, encore des années après, parce qu'elle ne savait pas d'où cela pouvait venir. Et ensuite, l'effroi, car une vedette ne peut pas se laisser embourber dans sa physiologie. Et par ailleurs, qu'est-ce que ça veut dire accoucher pendant la guerre. Accoucher ? Le curetage semblait la solution inévitable, pas de sentiments, ni de philosophie. Le prix de quelques bijoux.

Peu de temps après, un nouveau fardeau. Kazik pensait qu'elle s'était empoisonnée avec la graisse de porc qu'elle avait mangée si goulûment à Cracovie. Elle souffrait de douleurs, mais aussi d'insupportables démangeaisons, qu'elle pouvait soulager – momentanément – par des bains dans de l'eau très chaude. Elle plaisantait et disait qu'elle pouvait encore se permettre un tel luxe.

« J'ai été épargnée, dit-elle, car beaucoup de rendez-vous avec la mort m'attendaient encore. Le diable ou bien le destin m'a laissé vivre pour continuer ma route. »

Ils se rendirent à nouveau en train à Cracovie. Sans autorisation. Elle était allée au culot à la caisse et avait fait de même dans le compartiment. Une réussite. Jusqu'en février 1941 elle se produisit au café Polonia. On avait transformé de façon artisanale un grand et sombre appartement en bar de nuit. Tant le besoin d'entendre des chansons était fort. Les spectateurs, marqués de l'étoile de David, encore élégants, ornés de bijoux de famille, l'applaudissaient en buvant des boissons plutôt pas mauvaises.

Mais ces étoiles sur leur manche attiraient le regard. Et troublaient l'esprit. Elle en oubliait parfois les paroles de ses chansons. Elle se rappelait que ces signes (marques, sceaux, comment les appeler ?) étaient différents de ceux portés à Varsovie. Ici, c'était des rapiéçages jaunes et criards.

C'est là, à Cracovie, avant une représentation, qu'elle assista pour la première fois à une rafle. Elle disait que c'était le coucher du soleil qu'elle avait regardé avidement qui lui avait évité la mort. Elle était en retard, les spectateurs avaient été emmenés avant son arrivée au club.

Peu de temps après, au printemps, on créa également un ghetto à Cracovie. Pas encore fermé. Sa mère l'appelait à nouveau auprès d'elle. Elle lui écrivait : *Dans le ghetto, ils ouvrent des cafés où on donne des spectacles. Les organisateurs de soirées demandent de tes nouvelles.*

Ils rentrèrent à Varsovie avec Kazik fin mars 1941. Ils furent accueillis par des affiches du *Stürmer*, le journal antisémite nazi, montrant des portraits de Juifs et portant des slogans en lettres noires : *Juifs-poux-typhus !* La hausse des prix reprenait, le pain noir coûtait dorénavant six zlotys, et le pain blanc encore plus cher. Les prix ne faisaient qu'augmenter. Jezierski insistait pour qu'elle reste du côté aryen. Elle refusa catégoriquement.

Pour se faire leurs adieux, ils dînèrent au Mascotte, rue Jasna, près de la philharmonie. Du foie aux oignons et une génoise Fedor. Cela coûtait une fortune, quinze zlotys chaque plat. Pour soixante on pouvait s'acheter des chaussures. Ils payèrent beaucoup plus cher le policier qui la laissa entrer dans le ghetto.

CHAPITRE 4

Quel goût a la faim ?

Quel goût a la faim ? Spasmes intestinaux, rêves d'oranges, l'odeur du pain frais inaccessible à peine sorti du four mais qu'on n'aura pas ? Le pain brûlait, mais manquait le temps pour s'en souvenir. Le besoin à satisfaire immédiatement rendait impuissant.

Le ghetto.

Les rescapés disent qu'ils sont les seuls à pouvoir comprendre la vie dans un ghetto. Peut-être ont-ils raison ? Alors pourquoi vouloir une nouvelle fois s'y confronter ?

Parce que le ghetto reste pour moi un point de référence. Je veux survivre et connaître le prix de la survie. Savoir. C'est peut-être pour cela que j'ai retrouvé Wiera ?

Le ghetto. J'essaye d'y entrer, je tente d'emprunter cette route sans espoir.

Janusz Korczak disait que le quartier juif ressemblait à la Chine, soudain plantée au centre de l'Europe. Des gens marqués, gris, traînant des pieds, entassés dans un espace exigu de quelques rues. Anormalement agités et apathiques.

Pour moi, le ghetto est muet... quand j'y pense, quand je me l'imagine. Et pourtant j'entends venir d'ici la mélodie d'une chanson qui invoque l'amour. Indécent ? Humain.

Dès sa fermeture, le ghetto s'est mis à puiser en lui des forces pour sa survie, il voulait vivre. C'était une ville fermée, mais une ville tout de même, un organisme vivant qui respirait, achetait, mangeait, s'habillait, urinait. Dans les rubriques quotidiennes de petites annonces de la *Gazette juive* (trente grosz, douze pages), on pouvait lire (parfois sur trois pages) les réclames de tailleurs, dentistes ou modistes. On trouvait des salons de coiffure et de manucure, des cordonniers, des graveurs, des spectacles de revue et d'orchestres symphoniques.

On mange bien au café Gertner et au restaurant Thorn.

Le Pinuzan, le remède pour les poumons encombrés.

Achète vieux dentiers, même cassés...

J'achète. Je vends. J'achète. J'investis, je dépense. Perspectives d'avenir.

Pendant de nombreux mois on se donna du mal pour vivre. Puis seulement « sur/nager, sur/vivre ». S'en sortir.

Le quotidien imprégnait tout l'espace du destin et dans toutes ses dimensions. Une obsession de tout assouvir. La faim de pain et la faim d'émotions, on a besoin de joie et de tendresse. De rêves...

Le ghetto devait être bruyant, les matins, les après-midi, bruyant avec son remue-ménage incessant dans les rues, ses lamentations, sa mendicité. Il grouillait de croque-notes qui couraient les rues et les cours d'immeubles. Les archets faisaient concurrence aux airs d'opéra, la ballade populaire *Oj ta bona* à Verdi ou Moniuszko. Dans la rue, dans les salles de cinéma et de théâtre, dans les clubs. C'est sur une de ces scènes que chantait Wiera Gran. Où, dans cet espace menacé par le typhus, pouvait-il y avoir place pour les applaudissements, les projecteurs, le son d'un piano ? Je ne vois pas.

A ce moment-là, selon moi, elle ne comprenait pas pourquoi elle aurait dû arrêter de chanter. Ce n'est pas ce qu'elle voulait. Elle s'agrippait farouchement à l'idée de travailler. Et le travail signifiait tout pour elle. Les applaudissements, c'était la vie, l'acceptation, l'adoration. Voilà ce que je vois. Et cela se ressent dans chacun de ses gestes, dans chacune de ses décisions. Je veux vivre, je veux être comme avant – admirée, exceptionnelle, toute-puissante.

« Comment aurais-je pu savoir ce qui allait se passer ? » Elle pose la question comme si quelqu'un l'accusait. Enfin, comment aurait-on pu prévoir tout cela ? Imaginer des choses pareilles ? On promettait que cela ne durerait pas longtemps. L'instinct lui dictait de ne pas choisir le destin de l'autre côté du mur du côté aryen. Ici, parmi les siens, elle serait en sécurité.

J'essaye de replacer cet événement dans le quotidien de cette époque. Rentrer à Varsovie, traverser la frontière du quartier fermé. Cela devait avoir eu lieu après l'attentat contre le célèbre acteur de cinéma Igo Sym qui avait collaboré avec l'occupant. Il fut assassiné le 7 mars 1941. Et dès l'après-midi, dans les rues les mégaphones diffusaient le décret du règlement instauré par le gouverneur Fiszer énonçant les répercutions pour les Polonais suite à cet « horrible crime ». On mit en place un couvre-feu de vingt heures à cinq heures du matin. Cela rendit la vie plus difficile. Pour les fêtes de Pessah en avril il manquait du pain azyme, le dollar coûtait trois fois plus cher qu'avant, il était monté jusqu'à cent cinquante zlotys. Les mendiants devant l'immeuble du tribunal du côté juif psalmodiaient péniblement des versets de psaumes.

Les cafés avaient du succès, elle reçut donc immédiatement plusieurs offres d'emploi. Elle fit une sélection, elle pouvait se le permettre. Elle répétait à qui voulait l'entendre qu'au début les Polonais venaient en cachette dans le ghetto pour manger en douce des friandises chez Hirszfeld et Jagoda, faire des affaires et écouter Wiera Gran. Elle se souvenait que Bella Szwarc, rue Sienna, lui proposa un trop petit cachet et que le propriétaire du club À la fontaine ne lui inspirait pas la sympathie. Elle choisit le Sztuka, situé au 2 rue Leszno. Avant la guerre, c'était un repaire de conducteurs de fiacres, le bar de Gertner.

« Wiera, s'il vous plaît, chantez-nous quelque chose.

— Oui, mais ce sera dans mon café. »

Le café se trouvait à quelques mètres d'une guérite, d'une entrée du ghetto surveillée par deux Allemands et un policier juif. Les gens préféraient ne pas manger pour passer des soirées au Sztuka devant un verre d'eau chaude et écouter les chansons à succès sentimentales d'avant-guerre. Ce tout petit restaurant dans le ghetto devint à la mode. Les amis du lieu disaient que c'était le club le plus élégant et le havre de l'intelligentsia. Il était fréquenté par le professeur Ludwik Hirszfeld, Jerzy Jurandot, le jeune Reich Ranicki, critique à la *Gazette juive*. Ses ennemis y voyaient un nid de « grosses légumes » aux portefeuilles bien rembourrés.

Emanuel Ringelblum, infatigable chroniqueur du ghetto, évoque dans son journal les cafés fondés par l'association de plusieurs familles, parfois plus d'une dizaine. C'était le cas du Sztuka. Les copropriétaires l'appelaient leur maison, ils y passaient beaucoup de temps, derrière les portes fermées, c'était plus facile de ne pas penser au ghetto.

Mais sa première fois, son premier concert eut lieu au Melody Palace rue Rymarska. Elle ne savait peut-être pas qu'un instant auparavant s'y était déroulée une tapageuse fête de carnaval avec concours des plus belles jambes. Le ghetto danse. Le ghetto voulait vivre. Ringelblum écrivait qu'on voulait empêcher cette fête d'avoir lieu, mais il s'avéra qu'une des copropriétaires était de « ces gens-là », et qu'il ne valait mieux pas la heurter. C'était la même chose dans la plupart des lieux de divertissement. Il suggérait sans équivoque que ces gens étaient en intelligence avec les Allemands.

Elle se souvient des préparatifs du concert au Melody Palace. Parce que c'était le 20 avril 1941, jour de son anniversaire et de celui du Führer. « Les Allemands avaient préparé une "surprise" pour Hitler, dit-elle, et qu'est-ce qui aurait pu leur faire plus plaisir que tuer des Juifs ? » Elle arriva dans les loges aux environs de onze heures. Un instant plus tard, une femme accourut pour lui annoncer qu'une rafle aurait lieu. Wiera eut plus un sentiment de malchance que de peur. Encore un quart d'heure avant le début du concert il n'y avait personne dans la salle. Elle comprit que les gens avaient peur, qu'ils s'étaient cloîtrés chez eux. Ils ne viendront pas. Et pourtant, la salle se remplit progressivement. Une, deux, dix femmes. Et c'est tout. Les seuls hommes étaient sur la scène – le présentateur, Michał Znicz, et le pianiste, Leon Boruński, lauréat du concours Chopin.

C'est ce soir-là qu'elle se mit à chanter dans le ghetto. A cette époque on lui donnait le surnom de Wiera Magnes, Wiera l'Aimant. Elle surmontait sa peur et son sentiment de désespoir. Elle se produisit également à plusieurs reprises dans le théâtre de revue Femina.

« Le Sztuka a commencé avec moi et pour moi exclusivement, répétait-elle. Ils venaient pour moi. Garçons et filles venaient en cachette depuis le côté aryen, ils graissaient la patte aux policiers pour venir m'écouter. Ils étaient nombreux. Je prenais cela pour un grand compliment. Il faut être jeune et bête pour risquer sa vie pour de la musique. Chaque jour j'avais quelques goïms comme ça dans la salle. Ils vérifiaient : Est-ce que Wiera est là ? »

Là-bas, on jouait et on chantait uniquement en polonais. Devant des salles combles. Bien que le yiddish au Sztuka ne fut pas casher pour certains ! Ce cabaret satirique mordant et très ancré dans l'actualité sous forme d'un journal parlé permettait d'apprivoiser par le rire un quotidien atroce.

« Au début, il n'y avait que moi », aimait-elle à répéter.

« Un jour, racontait-elle, un pianiste s'est adressé à moi, c'était Szpilman, le compositeur. Il m'avait accompagnée de temps en temps avant la guerre. Aide-moi, je n'ai pas de quoi vivre. Il était humble et petit… J'ai essayé. »

Elle convainquit le directeur d'inviter d'autres artistes, même si elle avait déjà à l'époque deux accompagnatrices. C'est ainsi qu'elle s'en souvient. Il engagea Władysław Szlengel, le poète, qui se surnommait lui-même « le chroniqueur de ceux qui se noient ». Replet, petit, des lunettes américaines, il était l'auteur du bouleversant poème *Telefon*. Arriva un temps où il n'eut plus personne à qui téléphoner du côté aryen. Les rejoint aussi Józef Lipski, laid, roux, chétif, un excellent écrivain. Leonid Fokszański et Andrzej Włast... Artur Goldfeder, le fils d'un banquier, diplômé de droit et du conservatoire, se présenta également. Il tomba amoureux d'elle à en mourir. Il avait une allure de prince russe en exil. Et avait peur des poux.

Elle affirme que c'est elle qui eut l'idée de se faire accompagner par un duo de pianos. Szpilman et Goldfeder. Sur une petite estrade, on installa deux pianos l'un en face de l'autre, elle se glissa entre les deux. Le public était quasiment assis sur leurs genoux. Elle racontait que le programme fut divisé en deux parties – la première avec la participation des auteurs, la seconde juste pour elle.

Les poux (Anoplura) – sous-ordre d'insectes dépourvus d'ailes, appartenant à la sous-classe des insectes ailés, comprenant les espèces parasites des mammifères, incluant l'espèce humaine – sont de petits insectes, mesurant de 0,35 à 6 mm de long, fortement aplatis sur leur abdomen, sans ailes (attention, les romantiques !), recouverts d'une carapace lisse de chitine aux segments fusionnés. Ils possèdent des yeux rudimentaires, de courtes antennes et des pièces buccales pour percer et sucer, les pattes antérieures et médianes spécialisées dans le déplacement le long du cheveu, les pattes médianes et postérieures pourvues de griffes crochetées, grâce auxquelles ils peuvent tenir une charge deux mille fois supérieure à leur masse corporelle. Ils se nourrissent de sang qu'ils sucent après avoir percé la peau de leur hôte.

Les femelles poux sont plus grandes que les mâles, leurs œufs, qu'on appelle des lentes, se fixent sur les cheveux. Au bout d'environ six jours, sortent des œufs des larves qui ont l'allure et le comportement d'individus adultes.

Non, cette séquence ne me dégoûte pas. Dans une réalité qui n'était pas la mienne, elle incarne bien le réel. Et devient donc mienne. Si j'avais des poux, je saurais reconnaître les lentes. Je saurais inspecter un vêtement, sa doublure, ses coutures et ses plis, en rentrant à la maison. Utiliser des produits astringents adéquats et des mots qui rassurent. Ce ne sont que des poux, ce n'est pas encore le typhus. Ce n'est qu'une maladie, ce n'est pas la mort.

Le ghetto subsistait. Par séquences de temps, comme avant, du printemps à l'hiver, de Pessah à Hanoukka, seulement le jour du Jugement avait lieu plus souvent qu'avant. Déjà en mai 1941 on ramassait des corps dans la rue. On enterrait plus de cent personnes chaque nuit, car à ce moment-là on les inhumait encore, sans linceul, juste recouvertes d'un papier blanc qui servait le lendemain au suivant.

Mina Tomkiewicz venait souvent au Sztuka. Elle admirait les toilettes de Wiera, surtout une robe frivole en taffetas constellée de petits boutons. La soie naturelle irisait à chacun de ses mouvements. Cela rappelait un bal… Elle se souvient :

« Le brouhaha s'estompe sous les applaudissements, comme un gâteau sous son glaçage. Sur la petite estrade entre à petits pas la chanteuse que tout le monde adore, Wiera Gran. Plutôt potelée, les cheveux attachés comme une jeune fille, une crinoline légère et un décolleté très plongeant. »

Wiera Gran a son répertoire à elle. Des textes vieux, ou récents, mis en musique par Jurandot ou sa jeune accompagnatrice Janka Pruszycka. Il lui arrive d'interpréter plusieurs fois *Trois Lettres*, tant le public ne veut pas la quitter. Des chansons sur l'amour malheureux, sur les bruissements des arbres au rythme de la valse, sur des bananes dorées dans des îles lointaines, sur les braves marins de l'*Albatros*. C'est ce genre d'émotions que viennent chercher les gens au café.

Wiera en était consciente.

« C'est une incroyable sensation pour un artiste. Pour qu'ils puissent oublier, s'arracher à la cruelle réalité du ghetto, je chantais des chansons sur les mimosas et le ciel bleu. J'ai demandé qu'on m'écrive une chanson sur les vastes espaces. Dans le ghetto, nous avions une soif viscérale d'espace. Je chantais : Je crois que dans ce monde, quelque part au loin, il y a de la verdure, de l'herbe et de la brume sur la rivière et... la forêt... beaucoup de ciel... l'immensité... Les spectateurs demandaient que je chante des chansons d'avant-guerre, elles leur rappelaient une autre vie, des moments de bonheur, le temps où ils étaient des êtres humains, et pas des bêtes traquées. Ils pleuraient, mais ces larmes les soulageaient. Elles permettaient d'espérer, de penser que la vie ne se résume pas uniquement au ghetto. »

Irena Sendler, membre légendaire de l'organisation clandestine d'aide aux Juifs *Żegota* (Commission d'aide aux Juifs) qui avait sauvé beaucoup d'enfants, racontait qu'elle était allée deux nuits dans le quartier fermé. Les gens qui l'accompagnaient voulaient lui montrer que la vie derrière le mur n'était pas seulement faim et mort. Ils l'invitèrent au café Sztuka alors en vogue. Elle n'en crut pas ses yeux. Les gens étaient élégants, il y avait de la nourriture sur les tables, du saumon, des sucreries, du champagne. Et des larmes, des larmes dans les yeux des spectateurs quand Wiera Gran chantait. Elle jura que tout le monde pleurait.

Wiera dit que chanter alors c'était comme jouer un mystère. Elle venait en avance, elle attendait le public et ensuite elle commençait sa « messe de l'oubli ».

Non, ces mots ne m'étonnent pas. Elle continuait sur sa lancée. Elle devait faire quelque chose, pour ne pas devenir folle.

Le ghetto fut l'événement central, le théâtre principal de son destin. Un point de repère essentiel. Autour duquel tout le reste n'allait que graviter.

Elle ne savait pas que sa vie allait être marquée justement par tous ces jours-là, quinze mois passés derrière le mur, alors qu'elle avait à peine plus de vingt ans. Qu'est-ce qu'on connaît de la vie à cet âge, comment grandit-on, de quoi dispose-t-on pour se défendre contre le monde ?

Wiera, vedette d'avant-guerre, portait un brassard dans le ghetto.

Ce petit morceau de tissu blanc et son étoile bleue stigmatisaient des milliers de gens. Des gens moins bien, condamnés.

Que pouvaient-ils faire ? Et pourquoi auraient-ils dû dès le début résister ? Ils n'avaient pas compris tout de suite la perfidie du plan diabolique, personne un tant soit peu sain d'esprit n'aurait pu le croire possible. Seul le fou du ghetto Rubinstein qui n'avait pas toute sa raison courait partout en guenilles criant en yiddish « ale glach, ale glach » – tous les mêmes. Il sentait la mort venir.

Quelqu'un appela les brassards : l'ordre de la souffrance. Je m'oppose à cette comparaison. Je pense que j'aurais été capable de prévoir le trajet menant des inscriptions « Interdit aux Juifs et aux chiens » qu'on voyait dans le très élégant Parc Saski, à l'ordre de passer de l'autre côté du mur sans retour en arrière possible, et enfin aux transports vers l'inconnu.

Dans les rues, on vendait de tout. Des sodas et des sucettes, des vêtements, des sous-vêtements, de la vaisselle. Des livres talmudiques et des livres de prières à côté de ceux de Feuchtwanger ou de Zweig. Les bijoux, on les portait encore au mont-de-piété. Les restes d'une splendeur ancienne, de reliques de famille, tout ce qui se monnayait s'échangeait contre du pain. Il fallait encore se procurer des brassards.

Dans les premiers mois du ghetto on vit pousser les marchands sur les trottoirs, pantins affublés de ce morceau de tissu blanc avec l'étoile.

Il y avait une hiérarchie des brassards. Selon l'échelle des fortunes d'avant-guerre. Mais au début seulement, quand la vie donnait encore l'impression de pouvoir durer. Il y avait des brassards en soie, délicats, portant l'écho chatoyant de l'élégance d'antan. Même l'étoile s'y déposait avec légèreté, comme un papillon, et non comme une cage. Ceux en tissu laissaient moins d'illusions, la rugosité signifiait une chose certaine : le marquage. Ils n'étaient en rien des bijoux pour un temps à la mode. Rien de décoratif. Ils devaient être lavés et repassés. Ceux en papier étaient comme une double malédiction. Il fallait aussi les ajuster à son bras. Souvent avec un élastique, et sinon, on les recousait à nouveau sur chaque vêtement qu'on portait. C'était un artisanat juif unique en son genre – qui n'avait jamais existé ni avant ni après.

Elle entra dans le ghetto pour suivre sa famille. Etait-ce uniquement pour cela ? C'était le ghetto du début, personne ne pouvait savoir ce qui allait arriver ensuite. Ils voulaient tous vire, être ensemble, proches. Elle voulait travailler. Comme chacun, comme les autres – les musiciens, les tailleurs, les professeurs, les poètes. Elle le devait. Elle avait une famille à entretenir. Elle voulait également travailler parce qu'elle aimait chanter. Peut-être plus encore : elle ne pouvait imaginer sa vie sans la scène et sans son public. Briller, jouir à satiété du succès. Certains ne savent pas vivre sans cela. Ils tombent dans la dépendance.

Elle ne voyait rien de mal à exercer son métier. Elle ne se posait pas la question de savoir si ce genre d'activité pouvait être incongru dans cette situation. Ni elle, ni ses camarades comédiennes. Quelques théâtres fonctionnaient et Wiera acceptait de se produire çà et là.

Le théâtre Femina fut marginal pour Wiera, et pour ses camarades de l'école de danse, Grodzieńska et Mann. Ce n'est pas la peine, donc, de s'y attarder. Elles passaient certainement du temps ensemble dans les coulisses – Wiera, la joyeuse Stefania et l'insouciante Franciszka, dont on disait qu'elle s'affichait en vélo-taxi avec des hommes de la gestapo. Wiera la petite brune, moins grande que cette dernière, pugnace, avec son petit nez pointu, n'en faisait pas grand cas. Elle ne se sentait pas coupable de jouer. Elle vivait.

Trois copines dans le ghetto. Aucune n'évoque le souvenir de potins de coulisses. Comme si le poids de la réalité leur avait pris leur jeunesse. Mais le théâtre existait. Et les admirateurs apportaient des fleurs. Elles se plaignaient… « Enfin, combien de pain peut-on acheter pour un bouquet de roses. » Il leur arrivait de jouer en maillot moulant ou en robe longue (Stefania se rappelle une robe vermillon...) avec dos nu. Elle voulait être élégante. « Toutes les filles, d'ailleurs, entraient en scène quasiment nues. Ce n'était pas une représentation amateur mais un vrai spectacle. Nous oubliions pour un moment que nous étions affamées et transies de froid. »

Quand la température descendait en dessous de zéro, les gens dans le public gardaient leur manteau et leurs gants. Alors, on n'entendait pas les applaudissements. A cause des gants, justement. Avec le temps, le public apprit à tenir ses bras bien en l'air pour que les artistes « voient leurs bravos ».

Elle ne pouvait pas être responsable de son public, elle ne choisissait pas ses admirateurs. Tout le monde ne l'applaudissait pas juste devant un verre d'eau chaude teintée ou pas. Il y en avait, et ils furent nombreux, qui se faisaient servir du champagne et des raisins, du café viennois et des gâteaux. Le groupe du « Treize », de triste mémoire – c'est ainsi qu'on appelait le Bureau de lutte contre l'usure et la spéculation – avait son siège juste à côté, au 13 rue Leszno. Le « Treize » était sans aucun doute une agence hitlérienne qui dépendait directement des Allemands et travaillait pour eux. Plusieurs centaines de fonctionnaires (des employés de bureau, des acheteurs, des comptables, des ingénieurs) en casquette à bandeaux verts, donc surnommés les « gardes forestiers », avaient chaque jour la tâche de lutter contre la spéculation, en pratiquant le chantage, les dénonciations ou la demande de rançon. Qui fait du trafic de viande ? Qui fabrique du pain blanc et des gâteaux ? Comment se vend le sucre, le poisson ?

Abraham Gancwajch, le chef de ce bureau, fréquentait le Sztuka. « Mécène » de la littérature et des arts juifs, il avait l'art de masquer ses sales machinations derrière une grande largesse.

Gancwajch aimait qu'on l'appelle rédacteur. C'est ce que Wiera faisait. Il avait un diplôme de rabbin, une mémoire formidable et avait fait de nombreux voyages en Afrique d'où il avait envoyé ses correspondances à la presse juive. Il administrait dans le ghetto de Varsovie plus d'une centaine de maisons, il s'était enrichi avec l'approbation des Allemands. Il n'était pas obligé de porter un brassard.

Il croyait à la victoire du Reich. Il aimait dire que l'espoir apportera la liberté aux Juifs. Il était en mesure d'arranger beaucoup de choses. Il invitait toujours chez lui des artistes dans le besoin et des écrivains faméliques au dîner copieux du vendredi soir. En citant Goethe, il disait que son intention était de « faire le bien », même si c'était le diable qui lui en donnait l'ordre.

Difficile de comprendre les raisons qui poussaient à accepter ce genre de fonctions. La misère ou le désir de trouver des moyens pour mener « la belle vie » ? La nécessité ou la possibilité de se refaire ? L'image de la mort dans le miroir ? La tentation d'utiliser ce que le destin offre encore même quand la menace quotidienne se fait sentir ?

Peu importe ce que c'était, cela provoquait le rejet de l'opinion publique dans le ghetto qui est probablement à l'origine de l'expression absurde « la gestapo juive ». Des indicateurs, des gestapistes juifs !?! Ce terme fonctionnera encore après 1945 parmi les survivants.

C'était des « mauvais Juifs », ceux du Treize, ceux qui dénonçaient ou profitaient de la contrebande, trafiquaient, faisaient leurs combines, mais seulement avec ceux qui pouvaient payer. Ils écrivaient des dénonciations et des rapports, portaient et confirmaient des accusations. Plus tard ceux du service d'ordre furent aussi appelés « les gestapistes juifs ».

Des collaborateurs de la gestapo et leurs informateurs locaux fréquentaient également le Sztuka. Il arrivait même que le commissaire du quartier juif, Auerswald, s'y rende en personne. Pour le chef du service d'ordre juif du ghetto, Szeryński, et sa suite, les serveurs trouvaient la meilleure table. Ils étaient craints, mais on sollicitait également leur protection. Souvent, un des clients leur payait un cognac ou de la viande d'oie. Les trafiquants, qui s'étaient fait beaucoup d'argent dans la ville occupée, paradaient. Ils aimaient afficher ce qu'ils avaient. Parfois la musique dérangeait quand ils étaient en train de conclure de nouvelles affaires. Les applaudissements des uns et des autres, rassasiés comme affamés, résonnaient de la même manière.

Wiera savait certainement les différencier, mais qu'importe ?

D'après l'historien Ringelblum, « il est exagéré d'affirmer que la démoralisation nous a touchés plus fort que les autres », surtout si l'on considère que notre situation difficile met la plupart des gens devant l'alternative suivante : soit glisser sur une mauvaise pente, soit mourir de faim. »

La police juive avait au départ pour tâche d'assurer l'ordre et la sécurité dans le quartier derrière les murs. Le Judenrat le Conseil juif se persuadait de ses bonnes intentions. S'y inscrivaient des avocats, des médecins, des ingénieurs, comme des chômeurs, pas toujours très honnêtes. Ce travail faisait rêver certains, la dignité dictait à d'autres de l'éviter à tout prix.

Je vérifie : casquette plate bleu marine rigide, visière brillante et bandeau bleu. Insigne métallique « Ordnungsdienst » et étoile de David. Sur le bras – un brassard jaune. Une ceinture en cuir, des chaussures montantes et une matraque en caoutchouc blanche. D'autres parlent de matraques en bois.

Avoir peur d'eux ? Dans la pénombre des cafés, alors que la lumière s'éteint encore une fois parce qu'on n'a pas réussi à soudoyer les employés de l'électricité, et que la flamme des lampes à acétylène crisse et pue en se consumant. A ce moment-là en avoir peur, éviter l'endroit. Manifester ? On pouvait encore les considérer comme d'anciennes connaissances qui pourraient s'avérer utiles, ils n'étaient pas encore là pour rafler un nombre précis de « têtes » à envoyer au STO. La peur ne les avait pas rendus cruellement intransigeants. Pas encore.

En octobre 1941, la première neige se mit à tomber sur Varsovie, en novembre des enfants pieds nus mouraient de froid dans les rues du ghetto. Est-ce à ce moment-là qu'elle eut l'idée de venir en aide aux orphelins ? Peut-être plus tard, quand le gel se fit plus intense et que les Allemands ordonnèrent la restitution des fourrures.

Les fourrures. Un luxe. Comment était-ce possible qu'on les ait laissées aux Juifs aussi longtemps ? Porter une fourrure, par définition, seuls certains privilégiés peuvent se le permettre. On se mit alors à les rendre, les donner, et les vendre. Mais aussi à les user et détériorer, à l'aide de ciseaux, de couteaux, à l'eau bouillante, à l'acide. – cela, c'était plus rare, car on pouvait tout de même en tirer encore quelques grosz.

Un dollar valait dorénavant deux cents zlotys, la valeur de dix kilos de semoule. Et voilà qu'il y avait des fourrures. On pouvait trouver un long astrakan pour cent cinquante zlotys, du phoque pour cent, le prix de quatre miches de pain. Et aussi des manchons et des cols. On marchandait sans pitié. Les fourrures comme les Juifs subissaient des déplacements. Les Polonais en profitaient. Wiera ne se souciait pas de savoir qui ils étaient, s'ils en avaient besoin ou s'ils cherchaient à faire fortune. Ils avaient plus de possibilités et de liberté qu'eux, ils ne refusaient pas d'acheter ; les policiers, leur famille, des connaissances. Des salauds ? Ce n'était pas à elle d'en juger.

Conformément aux ordres, elle rendit un manteau de fourrure de phoque noir et un autre doublé en lapin. Les Allemands lui avaient déjà pris ses autres fourrures en 1939.

Pourquoi personne n'a jamais évoqué l'orphelinat de Wiera Gran ? Ni à l'époque – des centaines de journaux et de récits de souvenirs du ghetto furent publiés – ni plus tard. Il n'en est pas fait mention non plus dans la documentation sur le ghetto.

Selon un rapport d'avril 1942 : *Le nombre d'enfants orphelins, sans-abri et souffrant la faim dans le ghetto s'élevait à environ 22 000, ce qui correspond à peu près à 5 % de la population totale (450 000) de ce quartier. En plus des orphelinats déjà existant, dont celui du docteur Korczak, un nouvel orphelinat Dobra Wola – Bonne Volonté – vient d'ouvrir au 61 rue Dzielna. Il compte quatre cents lits, une cuisine, un dépôt. Des enfants de 6 à 12 ans, le tiers est en mauvaise santé. Les dépenses mensuelles de l'orphelinat sont évaluées à 25 000 zlotys.*

A-t-elle pu avoir à sa disposition ne fût-ce qu'une partie d'une somme aussi énorme ? Au Sztuka, elle gagnait cent zlotys par jour. Avec les spectacles ponctuels donnés au Melody Palace et au Femina, ses revenus mensuels s'élevaient à quatre mille zlotys.

Elle dit avoir eu ce projet depuis longtemps. Elle a commencé à le réaliser quand on lui a attribué (qui ? comment ?) un appartement de cinq pièces au 12 rue Nowolipki. Le boulanger Blajman, (« grand, bedonnant, le cœur sur la main ») qu'elle connaissait avant la guerre, devait lui fournir gratuitement le pain, la farine et la semoule, et Henryk Fuks, associé de la firme pharmaceutique Spis, donnerait des médicaments, des vitamines et du miel. Elle dit s'être occupée de tout, toute seule. Elle récoltait de l'argent en donnant des récitals. Elle se souvient avoir donné un spectacle pour les enfants en présence de l'avocat Jerzy Lewiński, membre de la police juive du secteur III du ghetto. Il devait l'assister et noter les sommes encaissées.

« Je ne faisais pas la fine bouche quand je mendiais ! », confia-t-elle des années plus tard.

Cette activité lui donnait un sentiment de puissance. Elle allait voir quiconque avait de l'argent – les « gestapistes » du Treize, Kohn, Heller et d'autres. Elle serait allée voir le diable en personne. Elle faisait attention de n'oublier personne, pour éviter de se mettre dans des situations périlleuses. Elle craignait que Jonas Turkow, acteur, metteur en scène, organisateur de divertissements dans le ghetto, se plaigne qu'elle ne fasse pas de gala de bienfaisance chez lui. En se liant avec les gens fortunés du ghetto, elle le neutralisait. Et elle lui clouait le bec. Enfin, c'est ce qu'elle pensait, en tout cas.

Ils ne s'appréciaient pas. Plus âgé qu'elle d'une vingtaine d'années au moins, Turkow était une vedette de la scène juive d'avant-guerre, et le directeur de scènes à Wilno, Cracovie, Varsovie. Il montrait à tout le monde ce que c'était qu'être le chef de la commission centrale des spectacles. Il était influent dans le ghetto. Il pouvait en fait beaucoup, en particulier pour les artistes.

Stefania Grodzieńska m'a raconté qu'il aimait les jolies jeunes femmes. Il essayait de les séduire toutes. Et elle en a fait elle-même l'expérience alors qu'il la savait mariée. Peut-être que Wiera a repoussé les avances de Turkow un peu trop violemment ?

Des rumeurs ? Elles se sont emmêlées avec le temps.

Wiera l'appelait le censeur au service de la gestapo. Sa femme, Diana Blumenfeld, chantait en yiddish dans des revues. On disait qu'elle avait une « voix blanche ».

Emanuel Ringelblum note à la date du 14 novembre 1941 que la police va ouvrir probablement un abri spécial au 20 rue Nowolipie pour y loger les enfants des rues. Peut-être cela avait-il un rapport avec l'endroit dont s'occupait Wiera ?

Elle raconte comment elle ramassait elle-même les enfants mourants dans la rue.

Elle les ramassait, c'est-à-dire qu'elle les trouvait, ce qui n'était pas difficile, car ils traînaient partout allongés, sur les trottoirs, dans les cours, dans les coins des maisons délabrées. Elle devait choisir, celui-ci mais pas celui-là, celui-ci et cet autre-là. Elle-même utilise le mot « sélection ». Elle les relevait, les prenait dans les bras. Un par un ? Elle les guidait. Non, elle ne pouvait pas les guider, car ils tenaient à peine sur leurs jambes. Quelques-uns, une dizaine, plusieurs dizaines de petits corps exténués ; seule, sans aide, comment faisait-elle pour les soulever, les porter, les trimballer ? Elle ne pouvait pas compter sur leur force, ils bougeaient à peine. Ils s'éteignaient.

Elle parla plusieurs fois de tiroirs fixés aux murs, de grabats où l'on couchait les enfants. Elle répète qu'elle devait se faire aider d'une cousine, d'une infirmière et de plusieurs autres personnes, des médecins également. Elle affirme de façon catégorique être la seule artiste et la seule personne privée dans le ghetto à avoir mis en place un refuge pour enfants à une si grande échelle.

Pourquoi si peu de gens étaient au courant ? « Je ne cherchais pas de renom ni de rétribution », disait-elle.

Elle aurait dirigé ce refuge pendant un an. Il paraît qu'elle aurait reçu de la femme d'Adam Czerniakow, président de la communauté juive du ghetto, un cadeau de remerciement : un poudrier en argent avec l'inscription : *A Wiera Gran – Les Enfants de la Rue – Refuge du secteur III du Service d'Ordre – janvier 1942.*

« C'est mon seul souvenir de cette époque de ténèbres. Je l'ai avec moi », disait-elle.

Elle ne me l'a pas montré.

Dans la *Gazette juive*, on trouve mentionnés ses concerts de bienfaisance dont la recette allait pour ses orphelins. Elle-même relatait après la guerre dans une note autobiographique : *Un hiver j'ai organisé mon propre concert, qui a rapporté 25000 zlotys que j'ai destinés aux enfants de la rue.* Plus loin : *J'étais en charge d'un refuge pour cent enfants ouvert grâce à ces fonds jusqu'à la liquidation du ghetto.* »

Marek Edelman disait en 2009 que Wiera Gran était connue dans le ghetto pour son instinct social et pour l'aide qu'elle avait apportée aux orphelins.

Jerzy Lewiński, dans le service d'ordre du ghetto, vint contredire ce dernier des années plus tôt. Dans une lettre au directeur de l'Institut d'Histoire juive polonais écrite après la lecture des mémoires de Wiera Gran (1983), il affirme que ce qu'elle raconte au sujet de son action pour les enfants du ghetto et en particulier de l'ouverture et de la gestion d'un refuge dans le secteur III est « une invention pure et simple » et un « mensonge éhonté » loin de correspondre à la réalité du ghetto, ni à la logique même ou à la nomenclature spécifique. « Elle n'aurait pas osé, écrit Lewiński, proférer de telles élucubrations après la guerre en Pologne, où vivaient encore un certain nombre de gens rescapés du ghetto de Varsovie. Elle n'a rien à voir avec la création d'un refuge, elle n'aurait pas pu le gérer en tant que personne privée ; des centaines de pensionnaires – c'est absurde. » De même, il réfute ses propos quand elle dit avoir récolté des fonds pour les enfants. Cela lui était impossible encore une fois en tant que personne privée. C'est une histoire inventée de toutes pièces.

Voilà des extraits de monologues de Wiera mis bout à bout.

« Je me dépêchais d'aller au Sztuka, après une nouvelle rafle, après une visite chez ma mère, je ne faisais pas attention, j'étais très affairée, je trébuchais, je ne regardais pas où je marchais, mes escarpins noirs, je butai contre quelque chose. Quelque chose ou quelqu'un, quelqu'un était allongé, je me suis pris les pieds dans des guenilles en bouchon, mon talon s'est enfoncé dedans. Je ne suis pas tombée. J'ai juste trébuché. Un corps. Peut-être encore en vie. Je me dépêchais pour arriver à temps au spectacle. Pour arriver au travail. "*Far a chtikélé broït, guib far a chtikélé broït*" : un morceau de pain, donne-moi un morceau de pain..., quémandait-il en yiddish.

Ils m'attendaient. Mon public.

Je savais que si je chantais, je n'étais plus une des leurs. Une de ces faibles, de ces nécessiteux, accrochés aux basques des richards du ghetto. Mais alors qui ? Et moi aussi je faisais ma mendiante devant eux. Je mendiais pour de l'argent, l'aumône, la charité pour les enfants, pour mes enfants, les enfants des rues. Personne ne me croit. Ça ne leur convient pas. Moi, la dame noire, l'étoile aux deux pianos, qui encaisse – selon la rumeur – une fortune incroyable, moi, il aurait fallu que je ramasse ces victimes sans abri ? Que je les cajole ? Bouffis, pouilleux ? Ils pourraient salir ma robe de scène louée. La dentelle aurait bouloché, aurait été chiffonnée, enroulée, mouillée par les suçotements. Ils m'auraient collé le typhus, un impétigo, le désespoir des orphelins.

Quand l'un d'eux mourait, on allait en chercher d'autres. J'essayais de sauver ceux que je pouvais. Ils étaient nombreux, des dizaines, une centaine peut-être ? Tellement d'enfants, on aurait pu croire qu'on entendrait un brouhaha incroyable, des conversations, des cris, des rires, des bagarres. Il n'y avait que du silence. De plomb. Comme s'ils étaient muets. Ils nous regardaient seulement avec leurs grands yeux.

Je garde dans les yeux une image, gravée dans ma mémoire, ancrée en moi. Un petit tient un petit pain, un petit pain blanc, comme on en rêvait dans le ghetto. "Mange, dis-je, mange, goûte, suçote-le, c'est bon, essaye." Il n'avait pas la force de bouger les lèvres.

Je rêve d'enfants qui arrachent des paquets aux passants dans les rues et les mangent goulûment, avec le papier. Je rêve d'enfants qui tendent la main vers du pain qu'ils ne peuvent pas atteindre. Des enfants muets que je n'ai pas réussi à aider. Je ne souffrais pas de la faim.

Je profitais de ma position dans le ghetto, je demandais l'aumône, j'allais voir tout le monde, tant qu'ils donnaient quelque chose pour les nécessiteux, pour les malades, pour les enfants. Je m'en fiche de savoir si ça plaisait ou si ça ne plaisait pas. S'ils donnaient trop peu, je disais que je ne partirais pas tant qu'ils ne rallongeraient pas. Et ça marchait. »

28 juin 1942, café Sztuka, 2 rue Leszno.

La *Gazette juive* annonce une « matinée en l'honneur du pianiste L. Boruński, gravement malade ». En présence de l'orchestre de Rubinstein, Gran, Ajzensztadt, Szpilman, Goldfeder. Szlengel qui faisait le présentateur était à l'origine de ce comité d'honneur avec Wiera Gran à sa tête. Toute l'intelligentsia du quartier juif était réunie. Un programme de haute volée.

Elle donnait son soutien, aussi aux autres.

« Ce monde est magnifique – couleur chocolat, ébène, un parfum d'amande douce… je regarde la salle, pleine de visages gris cendre, pâles, ridés, je ne vois pas bien de loin, il faut jouer, vaille que vaille, chantons, tant que nous chantons, ça fait tourner la boutique.

Je n'avais pas conscience de tout ça à Wołomin, ni plus tard à l'école de danse, je ne savais pas qu'il s'agissait de chair et de viande, d'instinct et de commerce. Je ne comprenais pas. J'en étais incapable. Naïve au plus haut point. »

« Il y aura de la place pour tout le monde »..., affirmait alors sur l'estrade du Sztuka le fin chroniqueur de faits divers du quartier fermé, Władysław Szlengel. « La mort ouvre largement ses bras. La place ne manque pas. » C'était juste après les premiers convois partis de l'Umschlagplatz[1].

Szlengel, auteur d'un magnifique poème sur les choses juives, ou faudrait-il dire jadis juives mais qui restent et se mettent à errer « jusqu'à se rassembler sur la chaussée au-dessus des rails noirs », n'était pas beaucoup plus âgé que Wiera. Ses petites intros racontant l'Occupation jouissaient d'une grande popularité au Sztuka. Il est peut-être aussi l'auteur d'un dessin satirique dans lequel Pola Braun, poète et chansonnière du ghetto, tenait au bout d'une grosse chaîne, comme en laisse, un œuf. Un régal inestimable offert en pâture à la voracité des affamés de la rue.

J'admire l'imagination de Szlengel. Haute en couleur et pleine de bravoure, éclatante dans un monde de cendres. *Son premier bal*, le grand succès de Wiera Gran à cette époque, montre comment fonctionnait l'instinct d'autodéfense. Comment on voyageait dans les rêves pour ne pas s'embourber dans le désespoir. Certains savaient comment décrire ce voyage, d'autres se contentaient de l'écouter. Szpilman écrivit la musique de ce morceau. Szlengel les paroles.

L'idée de cette chanson, inspirée du film français d'avant-guerre *Un carnet de bal* de Julien Duvivier, est d'offrir à la chanteuse des possibilités formidables,

---

1. Umschlagplatz (en allemand « place d'embarquement ») : place du ghetto de Varsovie où les Juifs étaient rassemblés avant la déportation pour le camp de Treblinka. (*NdT.*)

tant vocales que dans l'interprétation. Elle feuillette son carnet de bal d'il y a des années, inoubliable premier bal. Au rythme de la valse de *Casanova* elle refaisait un *Rêve doré de l'amour* avec chacun de ses cinq prétendants.

Lequel suivre, lequel me guidera
Me charmera, m'embrassera
Me consolera, quand je serai triste ?

Qui de vous sera celui-là,
Qui de vous ce bonheur me donnera,
Pour qui sommes-nous, cette valse et moi ?

Aucun ne croisera son destin, mais leur silhouette évoque des souvenirs. Elle tente de raconter ce que la vie a fait d'eux...

Le premier, sur un air de fox-trot, gigolo amer ; le deuxième un marin, gai et fringant, sur un air de rumba : *je cueille une fleur, remonte à bord, et dans cent ans serai de retour...* Son personnage est empreint du bleu des vagues, du vent et de la mer...

Un jour, probablement pendant la deuxième année dans le ghetto, c'était l'hiver, car il y avait toujours trop peu de lumière et malgré la salle comble elle ressentait le froid, au milieu du tango qui faisait le portrait du troisième soupirant, amoureux d'une autre... elle aperçut un mouvement près de la porte juste devant elle alors qu'elle faisait face au public. Entrèrent deux gendarmes avec des carabines. Elle hésita. Arrêter sa représentation ? Cela aurait voulu dire qu'elle avait peur, ou éventuellement qu'elle les saluait. Et puis les spectateurs ne voyaient rien, alors elle continua de chanter.

La chanson durait plusieurs minutes... le quatrième danseur adore le vin, chanter et skier...

Devait venir ensuite un yodel tyrolien... Elle essaya. Elle réussit. La concentration, les yeux des spectateurs qui la scrutaient.

Lii iibre l'oiseau, agii iile l'oiseau, gracii iile l'oiseau...

Elle emportait leurs pensées vers ce qu'on leur avait pris, ce qui était devenu un rêve inaccessible, ce qui vivait dans la doublure du quotidien à côté du duvet dont on recouvre les cadavres dans la rue. Ce n'est pas nous, ce n'est pas nous encore, ce ne sera jamais nous, mais c'est notre place, notre destinée. Nous. Nous, les Juifs, nous sommes dans notre ghetto, car c'est ici que nous devions survivre. C'était une illusion, et avec le temps elle le comprit.

Un hurlement. Debout ! La présence des Allemands n'était plus un secret.

Debout ! Tout le monde se leva. Assis ! Ils s'assirent. Et ainsi de suite, plusieurs fois.

Et le cinquième... le cinquième danseur du bal
Le cinquième et distingué de ces messieurs
Est aujourd'hui un triste compositeur
Qui n'aime rien d'autre que son piano.

A cet endroit il devait y avoir quelques mesures de Chopin. Il était interdit de le jouer dans le ghetto, mais Szpilman l'inséra dans ce morceau. Invariablement, il faisait remonter/monter les larmes...

« Je bégayais, tout comme mon accompagnateur. Mais nous n'arrêtâmes pas de jouer. Le public exécutait sagement les ordres au son de la chanson. Je ne me souviens plus si j'avais peur. C'était un jeu. »

Quelques jours avant l'anniversaire de Wiera, on tua Blajman, le boulanger, le bienfaiteur, pendant la nuit. On vient pleurer le père du ghetto, comme on l'appelait, jusque devant sa maison. Ce jour-là et le suivant, de nombreux hommes se firent tuer. *Et la vie continue, Messieurs...*, entonnait-on derrière le poète Włast. Le 19 avril, pour fêter sa première année de spectacles dans le ghetto, elle organisa une soirée pour ses amis. Elle fit du bigos, un ragoût au chou.

Quand elle fêtait Pessah, quand elle s'asseyait avec sa mère et ses sœurs pour le repas du Seder, chose qu'elle n'évoque ni pendant la guerre ni avant, ce n'était pas elle qui s'occupait des courses ni de faire les comptes. Elle donnait l'argent, c'est ainsi que je me l'imagine, et sa mère s'occupait de l'intendance. Wiera ne remarquait peut-être même pas l'augmentation des prix à l'approche des fêtes. La Fête à Pâques du côté aryen mettait un frein à la contrebande. Les Polonais partageaient l'œuf traditionnel et buvaient de la vodka. Et de nouveau le pain augmentait, d'un zloty ou deux encore. Une miche de pain coûtait dorénavant onze zlotys, un kilo de beurre cent zlotys. La fête de Pessah ne nécessitait pas de pain, on cuisait des galettes de pain azyme dans le ghetto et tout le reste – les herbes amères, le raifort, les betteraves, les noix au miel – venait de l'autre côté du mur. Le poisson et le bœuf coûtaient de 80 à 100 zlotys le kilo. Et les œufs, indispensables comme du côté aryen, sauf qu'ici ils étaient à 3 zlotys pièce. Liba Kaplan cuisinait-elle toujours casher ?

Les synagogues étaient bondées les jours de fête. Les théâtres et les cafés également. Les artistes gagnaient mieux leur vie. Les mélomanes furent attristés par des rumeurs qui annonçaient la suspension des activités de l'Orchestre symphonique juif, car en dépit de l'interdiction il jouait des œuvres de compositeurs juifs. Morceau par morceau, on laissait amputer sa vie, tout en se disant, comme pour se justifier chaque fois, que cela pourrait être pire.

Pendant tout le mois de mai 1942, une équipe allemande de cinéma tourna dans le ghetto. Des « orgies de films », comme les appela Czerniakow dans son journal – *infâmes, perverses, effrayantes* –, qui montraient les habitants juifs du quartier fermé se vautrant dans le luxe. La technique de Goebbels de manipuler la vérité. Plan du restaurant de Schulz au coin des rues Leszno et Nowolipki – des tables copieusement dressées : boissons, viandes, poissons, liqueurs, pain blanc... Voilà le paradis juif. Et ensuite des rituels érotiques dans les mikveh – les bains – et dans les bals.

C'est peut-être à cette époque qu'eut lieu cet événement qui fera honte à Wiera. Elle ne se rappelle pas la date exacte.

Elle était dans la rue avec un collègue musicien. Quand soudain surgit Szymonowicz. Il était devenu quelqu'un, disait-elle parfois. Tout le monde dans le ghetto connaissait ce personnage. Il était officier de l'infâme Treize et neveu de Gancwajch, chef de ce bureau, beau parleur et agent crâneur de la gestapo. Je n'ai aucune idée si Wiera était au courant. Il lui demanda si elle ne voudrait pas se produire... chez lui, là, tout de suite, maintenant, se produire immédiatement devant des invités du côté aryen. Elle n'eut pas le temps de réfléchir, de répondre, ni même d'inventer une excuse. Il appelait déjà un vélo-taxi. Le collègue avec qui elle se trouvait dit : « Si tu veux sauver ta peau, accepte. » Et devant sa tentative de justification, pressée, ses mots confus, comment chanter sans accompagnement, il proposa, sans qu'on lui ait demandé, de jouer avec elle. Ce collègue à l'esprit vif, et peut-être le seul qui fut raisonnable, savait la chose à ne jamais faire – contredire plus fort que soi. Szymonowicz demanda combien elle voulait. Ou peut-être : combien exigez-vous. Elle ne sait plus. Ce que vous me donnerez, pensa-t-elle. Il promit 500 zlotys, c'est ce que prenait Diana Blumenfeld. (Madame Turkow s'était produite dans plusieurs revues dans le ghetto : *En avant la musique, Un baiser devant le miroir* et *Cinq joyeux lurons*.)

500 zlotys, c'était ce que gagnait un boulanger en une semaine ! Il paraît que Gancwajch payait la même somme par mois à l'écrivain yiddish Cejtlin. On pouvait avoir un repas convenable pour un zloty.

Lorsqu'ils sont entrés dans l'appartement, le dîner se terminait. « Je l'ai trouvée », aurait annoncé l'hôte.

Wiera se rappelle une foule de gens ivres, des chansons hurlées de façon hystérique debout contre le mur. Les gestes et les regards gluants. L'excuse : juste après, elle a une représentation dans un café. La panique. La fuite.

L'argent gagné, elle le donna à une œuvre de bienfaisance. C'est ce qu'elle dit.

Qu'apprenait-elle en se frottant aux mouchards du ghetto, comment se comportait-elle avec eux, à quoi lui servaient-ils, comment et en quoi l'aidaient-ils ? Elle ne veut pas reconnaître avoir eu des relations proches, une intimité, des contacts autres que professionnels ou quand elle quémandait de l'argent. Elle faisait profiter de sa propre influence les autres – ses collègues, les enfants, ceux qui le demandaient ou qui étaient dans le besoin. Elle en connaissait beaucoup.

L'avait-on vue dans la rue avec un membre du Treize ? C'est possible. Stefania Grodzieńska avait été vue (souvent vue, aperçue, entrevue ?) ; on tenta même de construire autour de cette image toute une histoire sordide. Sans succès. Elle avait un mari qui, après la guerre, déjoua ces fausses accusations.

Les relations dans le milieu artistique du ghetto ne permettaient pas de faire une sélection méticuleuse des fréquentations, rappelle Antoni Marianowicz, dans son livre *La Vie strictement interdite*. Quand on était une diva célèbre, il était impossible de s'isoler des gens de pouvoir.

Marianowicz fit la connaissance de Wiera dans le ghetto en tant que « spectateur enthousiaste ». Il la considère comme sa chanteuse préférée, et aussi comme une très jolie femme. Il compatit qu'elle ait eu en plus à maîtriser toutes les nuances du « who's who du ghetto ».

Je ne pense pas qu'elle s'y retrouvait dans la hiérarchie du ghetto, qu'elle voyait la différence dans la salle entre les casquettes et entre les couleurs des étoiles de David sur les brassards. Gancwajch (petit, avec des lunettes) était très facile à repérer, en tant qu'organisateur de soirées caritatives, il finissait par perdre pied et se cherchait de plus en plus nerveusement des alibis. Peut-être avait-elle entendu parler d'un banquet nocturne pour lequel il aurait dépensé 25 000 zlotys, ce qui l'aurait compromis même aux yeux des officiers de la gestapo. Il aurait pu passer dans un de leurs clubs favoris, à l'hôtel Brytania rue Nowolipki. Je ne sais pas si elle a rencontré personnellement Stabenow, le supérieur de Gancwajch, et officier de la police de sécurité à Varsovie. Ou bien Żurawina, un autre collaborateur de la gestapo dont

Czerniakow se plaint dans son journal : lui et Gancwajch lui auraient fait du chantage.

Je doute qu'elle ait eu connaissance des tenants et aboutissants propres à ces rapports entre agents. Elle dut entretenir des contacts sporadiques avec certains d'entre eux. Il est difficile d'imaginer qu'elle fut liée à eux par quoi que ce soit de plus.

Cette nuit-là on débarrassa le ghetto du chiendent, écrivait Ringelblum. Lors d'un règlement de compte entre agents, le 24 mai 1942, furent abattus les principaux meneurs du Treize, ainsi que Szymonowicz.

Le ghetto fut rétréci plusieurs fois. Elle changea d'adresse à plusieurs reprises, mais elle ne se rappelle plus les noms des rues après toutes ces années. Regarder par la fenêtre n'aidait pas non plus à s'orienter. La vue butait toujours sur le mur.

Elle ne se rappelle pas quel jour de juillet 1942 elle apprit – au téléphone par une connaissance de Kazik – qu'on avait pu organiser sa fuite du ghetto. Elle n'est pas sûre d'avoir alors employé le mot « fuite ». Peut-être « sortie » ? Pendant des mois, ce morceau de ville derrière les murs, ce fut son monde. L'endroit où elle se réveillait, elle travaillait, elle s'endormait, où elle se sentait proche de sa famille et heureuse de chanter pour les autres. Elle ne pensait guère à « demain ».

Elle ne pratiquait aucune philosophie, à part un impérieux devoir de survie. Chaque jour elle se levait pour affronter le quotidien inévitable.

On ferma le Sztuka. Un lieu de travail, de triomphe, de satisfactions, cessait d'exister. Qu'est-ce qu'elle aurait bien pu faire dans cette ville morte ? Rester avec sa famille ? Peut-être, si elle avait su que c'étaient les derniers instants, le dernier tchoulent, les mains enveloppant la flamme de la bougie, la prière qu'ils ne referont plus ensemble ? Rester avec eux, mais pour quoi faire ? D'ailleurs à ce moment-là on n'en sait trop rien, aucune garantie, d'aucune part. Ils menacent de déportation et d'extermination, peut-on, doit-on, faut-il les croire ?

Elle se rappelle les jours de canicule de début juillet, et puis la pluie. Elle se rappelle la musique dans les jardins ouverts depuis peu et les commentaires ironiques à propos du geste de Czerniakow. On disait : « Il fait jouer des fanfares pour un bateau qui coule. » Mais elle observait et comprenait sa joie. Elle allait à des spectacles pour des enfants qui arrivaient encore à croire au soleil. Orchestre, chorales, ballet. Elle faisait tout pour suivre les pas des vivants.

Elle se rappelle la panique parmi ses amis vers le 19 juillet, quand les uns parlaient de déplacement forcé et les autres de pogrom. Et trois jours plus tard, elle pouvait lire sur les murs les affiches annonçant les déportations vers l'Est. Le 23, dans un geste de révolte face à ce massacre planifié de ses frères, le chef du Judenrat, Czerniakow, se suicida.

C'est peut-être alors, fin juillet 1942, que Kazik trouva pour sa femme une adresse aryenne.

Ils ne s'étaient pas vus depuis des semaines. Wiera ne sortait pas du ghetto, Kazik passait rarement de l'autre côté du mur. Elle explique qu'il venait parfois quelques heures, jamais plus longtemps, jamais la nuit. Il s'avéra avec le temps qu'il évitait l'endroit que le destin allait lui désigner, à lui aussi.

Dans les documents pour le bureau allemand d'indemnisation, elle écrivit des années plus tard qu'elle était enceinte à l'époque et qu'elle avorta après avoir été battue par un Allemand dans la rue. Faut-il la croire ? Elle écrivit que le père de l'enfant était mort dans le ghetto.

Par sécurité, qui sait, on l'espionnait peut-être, elle racontait partout qu'il l'avait quittée, le fumier, parce qu'il ne voulait rien avoir à faire avec une Juive. Ils se parlaient parfois par téléphone. Le téléphone dans le ghetto, c'était miraculeux, il permettait d'être en contact, de s'entendre, de se toucher presque… Mais en même temps on ne pouvait pas lui faire confiance, car on était écouté, épié, espionné… Outil indispensable pour la contrebande, donc pour la vie, on répétait le plus souvent des « ça roule ? ».

Elle ne connaissait pas le goût de la rue varsovienne de l'autre côté du mur. Je me demande si elle a jamais essayé d'y goûter. Etait-ce sa décision, un concours de circonstances, un manque de temps ou d'envie ? Elle n'avait pas d'envie ni de raison, personne qui aurait valu ce risque, de se mettre en danger pour une rencontre, une conversation, une intimité ? Avait-elle peur ? Peut-être était-elle liée à quelqu'un LÀ-BAS, dans le ghetto, alors pourquoi bouger, se mettre en danger, se justifier ?

Peut-être aurait-elle vécu autrement cette période si elle avait su le sens qu'elle prendrait dans son avenir ? Quel poids elle aurait sur son destin futur… Elle aurait peut-être compté autrement les mois et les jours, les heures et les instants. Elle ne pouvait pas, elle était incapable de prédire que ce seraient les derniers…

Si elle avait voulu compter… quinze mois, de… à… jusqu'à…

Il fallait abandonner cette pièce familière. Et tout ce qui avait un lien avec Wiera Gran. Effacer toutes les traces, et les preuves, même. Se nettoyer de soi-même.

Une gabardine claire au bras, un béret, un petit sac à main, propre – aryenne. Elle prévint ses hôtes qu'elle ne rentrerait pas pour la nuit, parce que chez sa sœur, rue Nowolipki, devait se tenir un conseil de famille. Elle ne se rappelle pas combien d'heures elle passa là-bas, si elle était arrivée dans l'après-midi, ou seulement le soir. Elle ne se souvient pas non plus des mots, même si elle tenta de nombreuses fois de les faire ressurgir. « Il faut se séparer, c'est indispensable », « elle doit sortir », « elle seule en est capable », « elle a des contacts ». Les paroles restaient coincées dans sa gorge. Elles se desséchaient puis se pétrifiaient jusqu'au silence. Tout comme elle, face au devoir – responsable.

Elle se rappelle la peur. Le désarroi et l'impuissance à marcher d'un mur à l'autre, de la fenêtre à la porte. Avec la pensée rassurante qu'elle a une capsule de cyanure qui lui permettrait de fuir au cas où.

Le 2 août 1942 à l'aube, un bruit sec résonnant au loin en cadence les réveilla. Il se rapprochait. Des dizaines de paires de bottes. Elle comprit immédiatement que c'était une nouvelle action de la police juive pour livrer des gens aux convois. Depuis quelques jours on bloquait des immeubles, on jetait les habitants dehors dans les cours pour pratiquer la sélection. « C'est pour nous », se lamenta la mère. Ils s'arrêtèrent devant la porte cochère.

Mais personne ne frappa à la porte. Wiera alla à la fenêtre. Ils traînaient dehors les voisins d'en face. Elle voyait tout dans l'air transparent du matin. Ils donnaient des coups de pied aux vieillards et à ceux qui résistaient ou qui n'avaient pas la force de marcher. Ils les bousculaient, les poussaient, les matraquaient. Ils tiraient les femmes par les cheveux. C'étaient des Juifs. Les uns et les autres. Les leurs.

Il faut repasser ce plan de mémoire.

En 1980, elle le notait.

Parmi les cris déchirants, les miliciens traînaient de force tout ce qui avait une tête sur les épaules. A la vue de cette femme rouée de coups de matraque, j'eus envie de crier. Cette besogne ignoble était l'œuvre des mains... du pianiste ! Je l'ai vu, de mes propres yeux. Il a survécu à la guerre. Je veux qu'il sache que je l'ai vu.

Il faut repasser ce plan de mémoire.

Elle le racontait en 1996, à la fondation Shoah de Californie.

« Il était en face, juste devant moi, je le voyais distinctement. Szpilman, avec sa casquette de policier.

Szpilman en personne, le pianiste. Je ne peux pas oublier cela. Il traînait les femmes par les cheveux. Il se protégeait les mains. Ses mains de pianiste exigeaient un soin particulier. Je n'en ai jamais parlé, je ne voulais pas lui faire du tort. Maintenant, je veux qu'il sache que je sais. Loin de moi de vouloir condamner qui que ce soit. Mais cela doit rester, c'est l'histoire et cela doit rester associé à un nom. Il sait que je sais. Et il se tait. »

Son esprit était hanté par cette scène. Souvent elle la rappelait à sa mémoire et sous différentes variantes. Je n'ai trouvé aucune confirmation de sa véracité dans les archives auxquelles j'ai eu accès, ni dans le récit des témoins.

L'heure de passer de l'autre côté était venue. Ses sœurs l'obligèrent à sortir. Elles comptaient sur elle. Elles avaient besoin de son aide. Elle partit comme un automate, elle ne dit pas au revoir, certaine que cela ne réussirait pas.

Elle entra dans le palais de justice à onze heures. L'huissier, soudoyé à l'avance, ne fit pas attention à elle. Elle marchait lentement pour avoir le temps d'arracher son brassard. Elle cherchait du regard l'homme recommandé par Kazik qui devait l'attendre et l'escorter. Il fallait traverser un hall immense, disparaître dans la foule, ne montrer aucune hésitation et ressortir rue Biała. Le soleil brillait.

Ils marchèrent longtemps. Nouvel exercice. Ne pas regarder dans les yeux. Les yeux parlent, les yeux trahissent. Regarder par terre. Elle avait des escarpins noirs à petit talon. Elle les apprenait par cœur.

CHAPITRE 5

Elle quitta le quartier juif le 2 août 1942

Elle quitta le quartier juif le 2 août 1942 avant midi. Elle changea de destin, de visage, de coiffure, de regard. Boucles blondes ramenées sur le front, lunettes, oublier la scène, les lumières, ne plus chanter, ne plus fredonner, ne plus être celle-là. Effacer ses traits. Retenir ses désirs pour des temps meilleurs. Refuser l'accomplissement. Attendre l'aide des autres.

« Je suis sortie du ghetto, me dit-elle, je ne pouvais pas me permettre de dédaigner quoi que ce soit. »

Elle pensait à sa mère, qu'elle réussirait peut-être par miracle à revoir, à protéger, cacher, sauver de l'autre côté du mur. A ses sœurs, si importantes car témoins de l'enfance, des oreilles sales, des premières leçons de piano. Elles l'ont vue chanter, imiter les invités ; vu les applaudissements, les petits échecs, la fierté.

Dans l'embrasure d'une porte, une femme la reçut. Elle la fit asseoir sur un tabouret et presque aussitôt s'appliqua à la transformer en blonde inoffensive. Wiera dit ne pas se rappeler grand-chose.

J'en doute. Ou plutôt : je ne sais pas comment c'est possible.

« Tout de même je travaille avec mon visage, ma voix, ma silhouette. J'estime, je surestime peut-être ma propre image. Et soudain quelqu'un s'approche de moi, pour me transformer, me fabriquer, me déguiser. Détruire celle que j'étais. De bonne foi, pour me sauver la vie. Mais cela devait être difficile. J'étais belle, célèbre et acclamée. Pour ma voix, certes, pour ma voix, mais aussi... pour tout le reste. Ma personne. Wiera Gran. Et là, rien ? Tout oublier ? Ces mains qui s'agitent habilement autour de ma tête, ces boules de coton imbibées d'un liquide nauséabond, je vérifiai, solution de perhydrol, eau oxygénée solution à 30 %, pas un mot sur la panique, la brûlure, le choc de la transformation ? »

L'épaisse chevelure noire prenait une teinte rouge. Des mèches roussâtres tombaient sur le sol. Pour une coiffure à la mode, il manquait une frange. C'est fait. Maintenant les papillotes. Ne pas bouger. Plus tard, dans le miroir, ce visage inconnu. Il faudra apprendre à vivre avec.

Des années après, elle raconta que la sœur du professeur Lorentz s'occupa d'elle alors, il était historien d'art et avait sauvé les inestimables collections du Musée national. Il vint aussi en aide aux Juifs.

Elle ne resta pas longtemps dans cet appartement. Pendant quelques jours elle fut ballottée d'un endroit à l'autre. Des gens, connus et inconnus, de chambre en chambre, des portes qui se ferment derrière eux, devant elle. Elle ne se rappelle pas les adresses.

D'abord elle atterrit à l'hôpital Saint-Roch, où travaillait Kazik, qu'elle n'avait toujours pas revu, pour la sécurité de l'un et de l'autre. Elle passa plusieurs jours dans l'appartement de fonction de son collègue, le docteur Tylicki, sur l'avenue Krakowskie Przedmieście. Les jours suivants, chez un assistant médical de l'hôpital, Mieczysław Hilbe. Il l'enfermait avant de partir au travail. Elle se sentait mieux à Mokotów, dans la villa des Bednarski, mais son jeune hôte était en contact avec la résistance, il organisait chez lui des séminaires et des réunions clandestines. Elle ne pouvait rester plus longtemps là-bas.

« Pendant deux mois, j'errai dans Varsovie. Je me cachai chez diverses personnes. On me cachait. J'étais cachée. »

« Il fallait que je me cache – elle dit cela encore perplexe, un demi-siècle plus tard –, me cacher dans ma propre ville, parmi ceux qui m'applaudissaient. Avant cela, je n'avais pas conscience du danger. Je n'avais pas pressenti que derrière le mur je pourrais être reconnue, qu'il fallait avoir peur de cela. J'étais tellement puérile. »

J'ai l'impression que tout tenait à cela : un assujettissement. Dans le ghetto, elle était une étoile, à l'extérieur, une Juive, que chacun peut dénoncer. Chacun pouvait devenir le maître de sa vie. La montrer du doigt. Elle est entre les mains d'autrui. Dépendante. Son sort abandonné à d'autres.

On lui a interdit de se déplacer en ville. Immobilisée et solitaire après des mois passés dans la foule à courir partout, elle dépérissait.

Dans sa chambre, sur l'allée Na Skarpie (une bonne adresse, le quartier allemand), elle feuilletait toujours le même livre usé – *L'Usine à la maison*. Un livre de conseils pratiques sous l'Occupation – un best-seller. *180 façons de fabriquer soi-même du savon, articles cosmétiques, crèmes, encres, colles, laques, et de faire de la teinture et du nettoyage*. Elle avait du mal à mémoriser quoi que ce soit. Elle ne faisait pas d'effort. Elle n'avait rien à transformer, ni à teindre. Elle n'avait qu'une seule robe de rechange. Et sinon une jupe et un pull. Tout était dans les tons gris, sombre. Couleur terre.

Peut-être avait-elle laissé le contenu de son armoire en dépôt avant de quitter le ghetto, comme ses meubles et ses tableaux ? Les a-t-elle un jour repris, récupérés ? Qu'est-il advenu de ses bijoux à elle, colliers, étuis à cigarettes, bagues, broches... Sources de bonheur, investissements. Perdus à jamais ?

Non loin de là, au cinéma Apollo – pour Allemands uniquement – on montrait avec un grand succès, comme partout ailleurs *Le Juif Süß*. *Premier film réellement antisémite* – notait Goebbels avec joie dans son journal en 1939.

Des sabots qui claquent, la nouvelle trouvaille de l'Occupation. Ça l'énervait. Dans un journal, une réclame pour les sandales Diana – escarpins pratiques et solides. Le grand magasin Stero, au 27a rue Hoża. Quelqu'un empruntait encore cette rue ?

Des années plus tard, elle disait avoir vu le docteur Korczak avec ses enfants aller au train de la mort. Elle n'a pas pu le voir. Le 5 août 1942 elle était déjà depuis quelques jours du côté aryen.

Elle n'avait pas de documents. Encore une bonne raison de ne pas sortir voir le monde. Pas de Kennkarte non plus, cette carte d'identification en vigueur dès 1942 avec les empreintes digitales des index des deux mains. Ni d'Ausweis justifiant un emploi. Pour obtenir des tickets de rationnement il fallait un justificatif de domicile.

Les documents... Elle savait chanter. Elle connaissait le chemin pour aller au Sztuka, l'estrade de guingois, le son du piano, compagnon des émotions... Le mur a deux côtés, elle appartenait à l'un, maintenant à l'autre. Mais toujours pas à ces gens pour qui les arbres en fleur sont des arbres en fleur et pas une révélation, pour qui les framboises sur les buissons ne sont pas un miracle.

Par la fenêtre de cet appartement étranger, elle voyait la rue dont l'accès lui était interdit.

Les séquences de ses cachettes à Varsovie se succèdent, variées, et aujourd'hui, les années ayant passé, leur enchaînement n'a plus d'importance. Fut-elle accueillie en premier par Janusz Konecki (allée Na Skarpie), puis par les Bednarski rue Naruszewicz ou l'inverse, d'abord par le docteur Tylicki allée Krakowskie Przedmieście ou par Mieczysław Hilbe. Et pourtant ces gens ont pris des risques pour elle, ils ont pris la responsabilité de son destin, ont mis en péril la sécurité de leur propre famille.

Qui organisait tout cela ? Qui payait ? Elle ne sait pas. Probablement Kazik. Probablement ? Il cherchait de l'aide auprès de leurs plus proches connaissances. Il se donnait du mal, il ne laissait pas tomber. Il n'a pas déçu.

Dans ses récits, elle ne présenta jamais Kazik en héros. Je ne me souviens pas l'avoir jamais entendue exprimer de reconnaissance à son égard. Pour elle, son aide et sa sollicitude devaient aller de soi. A l'époque, comme plus tard. Toujours.

Plus de deux ans de souvenirs compressés, réduits à la taille misérable d'un faire-part de décès. Pendant ce temps, se sont tout de même écoulés trois automnes, trois réveillons du nouvel an, autant de changements de calendrier. Jouer le rôle de la femme du docteur, ensuite celui de mère, brièvement. Puis le deuil. C'était une jeune femme. Elle n'avait même pas trente ans.

Dans son souvenir, du côté aryen il y a plus d'ombre que de lumière. Il semble qu'il aurait pu en être autrement. Tout de même, elle avait laissé le mur derrière elle, le destin s'ouvrait devant elle.

Elle revit Kazik pour la première fois, un mois après sa fuite du ghetto. Elle ne savait pas qu'il le fit pour elle, elle ne réfléchissait pas. Tout se passait hors d'elle. Les efforts qu'il faisait, sa ténacité. Le 1er septembre 1942, au troisième anniversaire du déclenchement de la guerre, après avoir été séparés de longs mois, ils étaient à nouveau seuls.

Ils s'assirent l'un à côté de l'autre sur le lit. Peut-être parce qu'il n'y avait pas d'autre meuble.

Je ne vois pas de bonheur dans cette scène, plutôt de la résignation.

On leur avait attribué un appartement à l'étage d'une maison. Il fallait traverser un couloir puis monter des escaliers. Quelques pièces vides. Des fenêtres sans vitres. Des gens en bas. Un couple avec un enfant et la grand-mère.

Elle essayait de se cacher, de dissimuler qui elle était, mais la réalité s'avéra plus maligne qu'elle. Elle n'avait pas l'air d'une infirmière ni d'une femme de service. Dès les premiers jours, on la considéra comme la femme de « Monsieur le docteur » et on la traita avec le respect qui lui était dû. Le médecin du dispensaire, ce n'était pas n'importe qui.

Babice, à cinq kilomètres à l'ouest de Varsovie. Pavés avec des pierres brutes, pas d'électricité ni d'eau courante. Ils avaient à leur disposition l'ancien bâtiment de l'école. Le maire du village fut très honoré qu'un docteur veuille ouvrir son cabinet dans un trou pareil. Un logement de trois pièces sans poignées aux portes. A l'époque, elle avait les documents d'une amie de Kazik, Wanda Czajkowska.

Babice. Près de Varsovie, mais comme à la campagne. Un espace immense. Isolé. La maison en face de l'église de l'autre côté de la place du marché. A la croisée des chemins. A sa place, cet endroit m'aurait angoissée, je me serais sentie comme livrée en pâture.

Elle regardait par la fenêtre. Depuis l'étage. Elle voyait mieux que du rez-de-chaussée. Au lieu de sacs à main, les femmes portaient des seaux d'eau. Ou du bois de chauffage, ou bien des sacs de charbon. Elles s'habillaient de façon bizarre, visiblement, elles se débrouillaient comme elles le pouvaient, elles mélangeaient les tissus et les couleurs. Comme si tout ce qui était accroché dans la penderie était redevenu à la mode. C'était bien là, accroché. Pas encore récupéré aux morts.

Ceux qu'elle voyait par la fenêtre, emmitouflés dans leurs fichus et leurs chaussettes russes, traînaient dans les rues d'automne, comme si c'était leur lot, comme si la mode en fonction des saisons n'influait que sur leur déguisement mais pas sur l'essence même de leur existence. Ils avaient le droit de vivre. De marcher dans les rues à découvert. De croire que le destin ferait volte-face.

Puis la neige tomba. Rendant les traces plus visibles.

Elle voyait des gens à qui elle attribuait un meilleur sort. Elle ne voyait pas en cela une raison de souffrir, elle avait bien assez de ses propres soucis : comment faire de la place pour ses deux sœurs, derrière l'armoire et dans le renfoncement près de la cuisine, comment elles devraient filer en cas de visite inopinée, et où s'en aller – les patients débarquaient chez le docteur à n'importe quelle heure ; comment allait-elle les nourrir, leur offrir du calme, dans quel coin elle leur poserait le seau ?

L'argent qu'ils possédaient pouvait calmer leur faim. Pas sauver qui que ce soit.

Ils étaient considérés comme des privilégiés, peut-être parce que son mari « de guerre » avait prêté le serment d'Hippocrate. En réalité, ils avaient de la peine à joindre les deux bouts. D'un héritage familial, il restait à Kazik deux chaînes en or, un anneau avec des petits diamants et quelques pièces de cinq roubles en or. Cela a suffi pendant quelque temps.

A un certain moment, elle ne se rappelle pas quand, à l'église, elle présenta au baptême la petite fille des Mainke, les voisins du rez-de-chaussée. Alojz travaillait dans une cimenterie, il partait le matin et rentrait à la tombée de la nuit. Janka, sa femme, s'occupait des enfants.

Le nourrisson, une petite fille à la peau diaphane, en vêtements de dentelle. Ils lui avaient donné un prénom majestueux : Jolanta. Wiera, concentrée, sérieuse, quasiment immobile. Raide comme un bout de bois. Comme si quelqu'un la tenait par des fils. Une marionnette ? D'habitude c'était elle qui contrôlait le destin. Pas là, « sous les Allemands ». Elle faisait tout pour jouer cette comédie qui était encore et toujours synonyme de « vie ».

Les Mainke, savaient-ils qui elle était ? Faisaient-ils semblant de ne pas le savoir ? Des années plus tard, elle affirma que Jolanta s'était efforcée à tout prix d'effacer tout souvenir de cette célébration religieuse à laquelle avait participé Wiera. Etre la filleule d'une Juive n'était pas de très bon ton à l'époque. Et ce, même si sa marraine était une chanteuse célèbre et que la petite fille rêvait de suivre ses traces.

Kazik, son homme, se levait chaque matin à l'aube et allait à vélo à l'hôpital de Varsovie par les routes de campagne. C'est ce qu'elle se rappelle. C'est ce qu'elle répète. C'est la réalité qu'elle crée.

Depuis 1940 il travaillait au service de chirurgie de l'hôpital Saint-Roch sur l'allée Krakowskie Przedmieście. Il gagnait 50 zlotys par mois et était défrayé de ses dépenses quotidiennes. Au début, il habitait à l'hôpital puis (d'après ses mémoires d'après-guerre) *à Babice, d'où j'allais au travail à vélo.* L'hôpital resta intact jusqu'à ce que l'insurrection de Varsovie éclate. Au total : chirurgie et médecine interne – cent vingt lits.

Il obtint l'autorisation de pratiquer la médecine libérale en août 1942. Quelques jours plus tard on certifiait qu'il était inscrit au conseil de l'ordre des médecins et avait son cabinet à Babice. Cette attestation était nécessaire pour procéder à l'enregistrement du vélo.

Dans la bibliothèque de médecine on peut trouver une note du 10 avril 1943 à l'attention du conseil de l'ordre des médecins stipulant que le docteur Kazimierz Jezierski s'était installé trois semaines auparavant à Babice où « il occupe un poste de médecin à domicile de la Sécurité sociale et qu'il a un cabinet privé ».

Il est difficile de dire si ce document décrit un état de fait ou si c'est seulement à ce moment que Jezierski a ouvert son cabinet dans cette localité des environs de Varsovie. Si tel était le cas, ils auraient passé un an d'une façon inexpliquée. Les archives se contredisent. Je pense que dans le dernier document il s'est tout simplement trompé. Partout ailleurs leur installation à Babice est datée de l'été 1942.

Que Dieu soit loué ! – c'était la première visite du curé Machnikowski, un petit gros jovial – *je voudrais bénir le cabinet, au nom du Père et Du fils*. Oui, elle n'avait aucune idée de ce que signifiaient ces gestes. Elle ne savait ni se signer, ni prier. Elle agita nerveusement les mains, et il aspergea tant qu'il pouvait. Respectueux, il lui donna du « Madame le docteur ». Elle pensa que c'en était fini, qu'elle venait de se trahir.

Mais non. Il revenait. Il aimait ses seins. « Montre tes nichons, Madame le docteur. » Elle se laissait peloter. Si ça pouvait lui faire plaisir.

Ils discutaient. C'est peut-être grâce à lui qu'elle se mit à aller à l'église. Elle ne savait pas quelle attitude adopter, génuflexions, signes de croix, mais elle essayait d'imiter les autres. Elle répétait derrière les gens debout devant elle tout le rituel de prière. Non, elle ne priait pas. Pour quoi faire ?

Elle s'inventa un rôle de folle. Maligne, méchante, inaccessible. Les femmes faisaient confiance au médecin, par définition. Elles aimaient parler à Monsieur le docteur, j'ai mal sous la poitrine, j'ai une oppression au niveau de l'estomac, j'ai le sacrum qui va exploser... Elle était acariâtre et antipathique. Désagréable et agressive. Les cheveux blonds en bataille et qui n'en faisaient qu'à leur tête. Négligée. « Je jouais à la souillon, à la folle peut-être ? » Elles se plaignent, n'arrêtent pas de parler, se confient... – ça tire, ça élance – mais pas à elle. « Le docteur n'est pas là. Je vous donne un rendez-vous, oui bien sûr. Le docteur vous écoutera. Prenez un rendez-vous, Monsieur le docteur saura vous conseiller. Mais moi, ne me demandez rien, laissez-moi en paix ! »

Les patients venaient de loin en charrette. Elle glissait comme une ombre parmi les malades. Les Mainke se souviennent d'elle ainsi, taciturne, sinistre, des habits sombres. « Elle n'avait rien de joyeux, ni dans l'allure, ni dans le sourire. Une robe à fleurs, à rayures ? Elle ? Jamais. »

« Il m'interdit de chanter. Sous aucun prétexte tu ne dois ouvrir la bouche pour chanter. Même si tu es seule à la maison. » Donc, pour ainsi dire, jamais. Elle traversait les pièces de long en large. C'était grand. Quel privilège pour les condamnés. Elle écrivait dans un cahier des paroles de chansons.

Nous vivons dans le désarroi et l'absence de sentiment...
Fourberie et mensonge, voilà ce à quoi nous jouons dans la vie...

Les mots se déchirent. La mémoire fait défaut. Et pourtant elle avait à peine commencé à chanter.

Seul le cœur d'une mère insuffle l'émotion...
elle seule sait ce qu'il en est...

Elle déplaçait les meubles qui s'étaient accumulés avec le temps. Elle cherchait un abri dans les armoires. Elle tomba malade. Des maux de ventre. Une grave jaunisse. Elle portait l'eau, coupait du bois, travaillait au jardin.

Elle se rappelait les conseils de Stefa Grodzieńska pour femmes pas très casher du côté aryen. Elle lui conseilla la méthode offensive. Ne pas avoir peur, ne pas se cacher, avoir de l'initiative. « Par exemple, dans le tramway ou dans un parc, tu t'assieds à côté d'une femme qui a de l'allure (c'est-à-dire aryenne) et tu engages la conversation. Haut et fort : "Quel temps de chien, aujourd'hui, et moi qui n'ai pas pris mon parapluie." Et ainsi de suite. Quand on voit que tu es avec quelqu'un, ça ne vient à l'esprit de personne de renifler tes origines douteuses. C'est toujours toi qui embrayes et tu fais en sorte qu'on t'écoute. Tu coupes court avant qu'on ne te pose des questions concrètes. »

Elle n'eut pas l'occasion de mettre en pratique ces recommandations. Elle allait rarement en ville.

Un sapin de Noël jusqu'au plafond. Avec l'étoile de Bethléem. Sur la table, des harengs et un saladier avec du poisson. Un peu de vodka. Elle ne sait pas, ne se souvient pas comment elle s'est mise à chanter. Personne ne le lui avait demandé, car ils ne pouvaient pas savoir qu'elle chantait. Des cantiques traditionnels polonais – *Dors, petit Jésus... Ils sont arrivés à Bethléem... Gloire au plus haut des cieux...* Elle n'arrive pas à dire d'où elle connaissait les paroles. Le maire, le prêtre, les voisins. Alojz lui dit plus tard qu'elle avait une voix « hors du commun ».

Coupée du monde, à la campagne, elle vivait d'illusions. Elle ne savait pas ce qui se passait à Varsovie, dans le ghetto. Ce qu'on allait faire d'eux. Ils vivaient, ils vivaient encore. C'est ce qu'elle croyait. Si elle rêvait, ce n'était que d'eux.

Seul le cœur d'une mère... sait donner un peu de chaleur et comprend chaque douleur... et quand il cesse de battre pour nous, qu'il est dur, qu'il est dur de vivre...

Elle fatiguait Kazik en lui parlant de sa mère. Elle lui demandait de la sauver. Elle ne savait pas ce qu'il fallait faire, mais il devait bien y avoir un moyen de se débrouiller. Il la rassurait, tout était en bonne voie. Il faut de l'argent, ils n'en ont pas, mais on va y arriver.

Longtemps elle y crut. Elle en reparlait, se plaignait. Suppliait. Les feuilles prenaient les couleurs de l'automne. Un jour de pluie elle menaça de retourner dans le ghetto. Alors il lui annonça la vérité. On avait emmené sa mère lors de la dernière action – le 8 septembre 1942. Elle n'avait aucune chance sans « ticket de vie ». Pour ses sœurs, c'était différent, elles attendaient toujours de l'aide et une solution de survie.

Elle tenait dans ses mains un petit mot chiffré de Maryla, écrit sur du papier à cigarette. Elle me le montra des années plus tard. Longtemps elle se souvint de la voix implorante de sa sœur.

Les « tickets de vie » étaient de petites cartes jaunes. Il fallait les porter sur la poitrine. Quelqu'un y inscrivait à la main un numéro et ajoutait tampon et signature. Trente-cinq mille Juifs devaient encore vivre. Pour les autres, c'était l'Umschlagplatz, la place devant une gare de triage. Avant de servir la mort, cette place était un lieu de livraison, des charrettes à deux chevaux venaient y livrer des choux et des choux-fleurs.

L'Umschlagplatz, des choux, et la sentence. Elle se remit à faire du tricot. Elle ratait des mailles, elle croyait voir des partitions. Puis des wagons. Des wagons qu'elle n'avait jamais vus, qu'elle n'avait jamais approchés. Elle avait entendu dire que dans un hôpital non loin de là, il y avait une chambre où des femmes sélectionnées pouvaient encore un instant se racheter et s'arracher aux mains de la mort. Non, pas ses sœurs, elles n'allèrent jamais là-bas.

Les mains de la mort, elle se moquait des métaphores. Les policiers, les policiers juifs, empochaient des milliers de zlotys pour ces « têtes » sauvées des convois. Devises, or, diamants. Au début, mille, ça suffisait, et puis dix mille n'étaient pas assez.

Elle n'était déjà plus là-bas à ce moment-là. Elle répétait ce que lui rapportait Kazik de la ville. « Comment est-ce possible ? demandait-elle. Les nôtres, c'est les nôtres qui nous raflent ? » Dans le ghetto, on les détestait plus encore que les Allemands.

Avant d'emménager derrière le mur, Maryla avait confié sa fortune à une famille polonaise. Ce camarade, qu'elle pensait être un homme de confiance, était un policier. Elle considérait que c'était un gage d'honnêteté. Il lui promit de l'aider. De faire quelque chose. Mots magiques qui galvanisaient l'espoir. « On va monnayer ces biens, on vous fournira de l'argent. C'est sûr, là, tout de suite. » Ont-ils au moins essayé, ou ont-ils seulement dit qu'ils essaieraient ?

« Que peut faire, que pouvait faire une Juive contre un policier polonais ? », me demandait Wiera des années plus tard. Kazik a tenté quelque chose. Avec un piètre résultat. Mais il essayait.

Un jour, tôt le matin, elle fut réveillée par des coups à la porte. C'était le printemps et les oiseaux étaient fous, une telle insistance était alors plus facile à supporter pour elle qui ne se levait pas tôt.

« Madame le docteur !

— Il n'est pas là, le docteur n'est pas là, vous savez bien qu'il n'est pas là ! Il revient cet après-midi, comme d'habitude.

— Madame le docteur, c'est madame Dobrzańska (madame "Lebon" la bien nommée), ouvrez-moi, c'est important, vraiment important !

Et ainsi de suite.

— Venez à la fenêtre, s'il vous plaît, vous allez voir. »

Elle pensait qu'elle lui avait peut-être apporté un cadeau, du lait caillé ou une poule ? Elle alla à la fenêtre et regarda. De la fumée. Le ghetto était en feu.

« Vous voyez, madame le docteur, les Youpins sont en train de griller. Ils sont en train de griller. » Le rouge aux joues, le regard étincelant, le sourire large.

Ils grillent. C'est inscrit sur sa peau.

Elle ne saisit plus bien le déroulement des événements.

Maryla fit parvenir la nouvelle qu'elle sortirait avec un groupe de Juifs travaillant du côté aryen, le 19 avril. Kazik devait l'attendre derrière la porte cochère. Wiera avait préparé des planques dans l'appartement de Babice. Elle déplaçait des meubles. Est-ce ce matin-là que Dobrzańska la réveilla avec cette nouvelle qui était censée lui donner des ailes ?

Elle attendait. Kazik également, devant le mur du ghetto en feu.

Il rentra seul.

Elle se rappelle Pâques, ce devait être en 1943, parce que des morceaux de papier brûlé continuaient de voleter jusque chez eux, sur ces flocons de livres on pouvait encore distinguer des lettres.

Ils invitèrent son ami Gerard Gadejski (chez qui elle avait mis en dépôt des photographies et des tableaux) pour qu'il joue le rôle d'un proche. Comme si elle avait de la famille en ville. Il lui fit remarquer en la taquinant qu'elle était peu loquace et semblait gênée. Parfois elle dit que c'était à ce moment-là qu'elle alla à l'église pour la première fois. « Incident regrettable. » Des années plus tard, elle apprit que sa dévotion zélée éveillait les soupçons à son encontre.

Je passais des journées entières à la maison et je n'étais en contact qu'avec de rares voisins, dans la crainte de me faire repérer – écrivait-elle en 1946. Elle prenait très au sérieux son rôle d'« illuminée du village ». Elle n'en avait pas d'autre.

Cet été 1943, elle se souvient de longues journées de canicule, Kazik lui rapporta de Varsovie deux tortues – les marchés de la capitale en débordaient. Elles étaient certainement destinées à être mises en conserve pour l'armée, on en racheta quelques wagons au noir. Elles ne finirent pas en soupe. Elle les appela Monsieur et Madame, quoiqu'elle ne fût pas sûre de leur sexe. Elles menaient une vie plus heureuse que la sienne.

Elle se savait déjà seule, sans famille, quand quelqu'un venu leur rendre visite leur annonça qu'il était possible d'acheter un passeport pour le Brésil voire plus loin. C'était peut-être Gerard Gadejski. Qui venait les voir, sinon ? Pour être sur la liste, il fallait débourser jusqu'à cent mille zlotys. On disait qu'à l'hôtel Polski, rue Długa, où étaient parqués les derniers rescapés dans l'attente de la liberté, on servait du saumon et du champagne.

Elle ne croyait pas aux contes de fées. Ils n'avaient pas cette somme. Ni l'espoir aussi cher. La liberté se révéla être la chambre à gaz. Comme s'il n'existait pour les Juifs aucun autre endroit où se sentir en sécurité.

A Babice la vie était moins dure, car en échange de la consultation, on apportait toujours quelque chose au docteur. Des œufs, du lard, du boudin, des pommes du verger, du poulet. En ville on payait des sommes jamais encore atteintes jusqu'alors pour les produits de première nécessité. Les oignons, d'un zloty le kilo au début de la guerre, étaient passés à 25 zlotys au bout de quatre ans. Le sucre s'était envolé de 7 à 95 zlotys. Les pommes de terre de moins d'un zloty à 4 zlotys.

Elle pensait aux trous dans le mur du ghetto où on attrapait des petits qui faisaient de la contrebande. Aux brassards pour les enfants avec l'inscription *Service d'ordre* – pour rire. Elle pensait aussi qu'ils avaient tous maintenant disparu.

Elle tomba enceinte en avril.

Elle se rendit alors plusieurs fois à Varsovie. Quatre ou cinq fois, pas plus. Ces chiffres auront leur importance plus tard. Toujours pour des raisons médicales. Des consultations chez des spécialistes (adresses connues). Seule ou avec Kazik. Il fallait faire trois kilomètres jusqu'au quartier de Bernerowo pour prendre le tramway. C'était dur. Sous la pluie battante. Avec la calèche du prêtre, c'était plus confortable. Mais elle n'était pas toujours disponible. Le soir, ils rentraient chez eux.

« J'ai eu un accouchement cauchemardesque.

Quel homme peut abandonner une femme qui accouche pour la première fois ? Moi, je ne savais même pas de quel côté allait sortir cet enfant. Je ne savais rien. Lui, il était au courant. Et il m'a laissée seule. Il est allé soigner ses patients, comme s'il n'y avait pas d'autre médecin sur terre ! Il m'a abandonnée ! »

Elle lui en a voulu. Jusqu'au bout.

« Le placenta ne sortait pas. Je m'évanouissais sans cesse. La sage-femme a eu peur. Mon mari à son travail, à l'hôpital. Quelqu'un est allé le chercher à Varsovie à vélo. Il est revenu, il a tenté de m'aider. Sans succès. J'avais une hémorragie. »

On appela une ambulance et on la transporta à l'hôpital à Varsovie. Son état nécessitait immédiatement une transfusion.

« Je me souviens que Kazik était debout près de la fenêtre et qu'il sanglotait comme un enfant. Je n'ai pas eu de chance avec les hommes. J'attirais les mollassons. »

On cherchait désespérément du sang de groupe A. Un collègue de Jezierski, le docteur Wojciech Wiechno, jeta un coup d'œil par hasard dans la salle où elle était allongée. Il donna son sang. Les jours suivants, c'est le professeur Leon Manteufel qui veilla sur elle. Ils avaient peu d'espoir qu'elle survive.

Tout le monde, sans exception, savait qu'elle était juive. Ils gardèrent le secret. Elle insiste là-dessus.

Elle rentra à Babice en juillet. Des bruits couraient sur l'imminence de l'insurrection de Varsovie.

Elle n'avait pas de lait. Elle donnait à son enfant du lait bouilli ou de l'eau de riz. Le docteur engagea une nourrice. Mais la paysanne qui venait d'accoucher économisait son lait pour son enfant. Le petit garçon de Wiera tomba malade. Il pleurait sans cesse. Il perdit du poids, dormait tout le temps. Puis il se mit à s'étouffer avec ses glaires. Jusqu'à s'éteindre.

Elle tomba plusieurs fois enceinte. Elle n'a jamais dit qu'elle voulait être mère. Je doute qu'elle en ait eu vraiment envie. Elle parlait beaucoup de ses souffrances liées à l'accouchement et des complications ultérieures. Sur le seul enfant qu'elle mit au monde, elle ne dit qu'une phrase : il est mort de faim. Elle ne l'appela jamais par son prénom. Elle ne dit jamais rien sur lui dont je sois capable de me souvenir. Ses mains, sa couleur, son regard. Elle avait du mal à se rappeler son visage. Sans tendresse.

Mais dans son appartement parisien elle avait une photo de la tombe du petit Jerzy Zbigniew, fils des époux Jezierski. Dans la paroisse romaine-catholique, la mère du petit garçon fut enregistrée sous le nom de Weronika Jezierska, née Tomaszewska.

Ils écoutaient la radio. Pour ça ils auraient pu être envoyés au camp, à la torture, à la mort. Leur fils était conçu – d'après le calendrier de la guerre – peu après la victoire de la bataille de Lenino. Il était né le 10 juin 1944, quelques jours après le débarquement des Alliés en Normandie. Il aurait pu apporter l'espoir.

On le fit baptiser. Le certificat de baptême, rédigé à la main par le prêtre Machnikowski, a été conservé.

La tombe du petit garçon mort à trois mois à peine a existé au cimetière paroissial de Babice jusqu'à la fin des années 1990. J'ai essayé de la retrouver en comparant les ornements des tombes voisines. Sans succès. Il n'y en a aucune trace.

Elle se rappelle la fin de 1944 comme d'un mouvement perpétuel. Les insurgés ont traversé Babice, puis les Allemands, et les soldats de l'armée Vlassov. Des foules de fuyards et de bandits. Beuveries, viols et barbarie. Elle vit de nombreux Allemands abattus. Les Russes aimaient la chasse aux Allemands. Face aux attaques, de quelque côté qu'elles vinssent, l'enseigne MÉDECIN sur la maison la protégeait. Ne frappaient à la porte que ceux qui avaient besoin d'aide.

Un jour, le prêtre l'avertit qu'une descente des armées allemandes allait avoir lieu. Elle décida de s'enfuir. Elle se rendit en charrette au presbytère voisin de Grodzisko. Une grande salle, des gens allongés sur le sol, les uns sur les autres. Elle se frayait un passage entre les gens qui dormaient. Il n'y avait pas de place. Elle se trouva un endroit sous une table, deux femmes durent se décaler. Elle était engourdie, elle n'arriva pas à s'allonger. Elle essaya de s'endormir. Elle se retourna. Ses yeux croisèrent un regard. Celui de la belle Nina.

Elle avait peur. Elle avait peur qu'elle dise la vérité sur elle, que la présence d'une Juive dans cet endroit mette en danger les autres fuyards. Elle sait qu'elle l'a reconnue. A sa façon de détourner la tête, geste éloquent. Discrètement, en un clignement d'œil. Sans équivoque. Elle ne voulait pas l'effrayer. Elle n'en fit pas cas.

La nuit fut longue. Elle a toujours eu envie de remercier Nina Andrycz.

Le danger s'estompa. Elle rentra à Babice. Le 17 janvier 1945 un soldat russe débarqua sur la place du marché sur un pauvre cheval efflanqué qui dut jadis être blanc ; il filait on ne sait où. Mais il portait un uniforme russe, ce qui était synonyme de libération.

Quelques semaines plus tard, Kazik arriva avec une nouvelle : dans le quartier de Praga, la radio émettait de nouveau. Le voisin d'à côté avait entendu le premier communiqué : *Allô, allô, ici radio Varsovie, radio polonaise.* J'ai vérifié la date : le 11 février. La personne la plus influente là-bas était Władysław Szpilman, c'est ce qu'on disait. Dans ses récits, elle disait : « Szpilman menait la danse à la radio. »

Et plus loin : « Je pensais qu'il avait une dette de reconnaissance envers moi. »

Elle monta sur son vélo pour se rendre dans la ville détruite. Elle rejoignit la rive droite de la Vistule par un pont flottant. C'est dans un petit appartement qu'elle tomba nez à nez avec Szpilman.

— Tu n'es pas morte ?!

Elle n'oubliera pas cette question.

— Tu n'es pas morte ?!

Elle écarta les bras.

— Je suis vivante.

— Qu'est-ce que tu fais là ?

— Je suis venue chercher du travail.

— J'ai entendu dire que tu as collaboré avec la gestapo !

CHAPITRE 6

Tu étais au service de la gestapo !

Tu étais au service de la gestapo !

Tu n'es pas morte ?!

Tu as survécu ?!

Le reproche lui paraissait tellement absurde que d'un geste instinctif elle s'en alla – un besoin impérieux de démentir, de se laver, s'expliquer.

Suivant les conseils de Szpilman, elle se rendit au commissariat de Praga.

« Je l'ai fait parce que je n'avais rien à me reprocher » – elle le répéta à maintes reprises.

L'officier lui promit de transmettre sa déclaration à ses supérieurs et que « les autorités seraient avisées ». Il ne se passa rien. Deux semaines plus tard elle retourna voir la milice. Elle fut reçue par quelqu'un d'autre qui lui demanda d'attendre patiemment.

Elle se rendit à la radio, Szpilman restait intraitable. « Je n'engage pas des gens qui ont collaboré avec la gestapo », aurait-il dit. C'est ce dont elle se souvient.

Elle rédigea une plainte (comme d'habitude à l'encre verte, conservée dans les actes du tribunal à la date du 5 mars 1945) :

Le ton extrêmement méchant de ces diffamations répétées avec obstination compte tenu de mon métier me laisse supposer que derrière ceci se cache de la méchanceté délibérée ou un besoin de vengeance personnelle.

Ces accusations s'appuient sur des rumeurs sans fondement.

Le 30 avril à l'aube elle entendit tambouriner à la porte.

« Police, ouvrez !

Deux hommes en manteau de cuir noir et portant un chapeau (*sic* !).

— Wiera Gran-Jezierska ? Habillez-vous, vous êtes en état d'arrestation ! »

Elle tenta de se défendre, de s'expliquer. Ils se livrèrent à une rapide perquisition. Elle n'avait aucune idée de ce qu'ils pouvaient chercher. Ils mirent des scellés à la porte de l'appartement. Kazik n'était pas là.

Ils roulèrent longtemps. Elle pensa à la mort.

Ils arrivèrent à l'immeuble du ministère de la Sécurité publique à Praga. Ils lui prirent toutes ses affaires et l'envoyèrent à la cave.

La description qu'elle fait de ce séjour en détention transpire de termes pénibles : « le couinement des rats », « le sol nu, en béton », « les gros verrous », « le projecteur qui crache de toutes ses forces une lumière aveuglante dans les yeux ».

« Je me suis fait arrêter, arrêter – se répète-t-elle. Et puis tout de suite, tout aussi fort – Je ne suis pas coupable ! »

L'interrogatoire. Plusieurs fois par jour. Nom, prénom, date de naissance ? Que faisait-elle dans le ghetto ? Et en dehors du ghetto ? Explique-toi, parle, ne cache pas ton visage. Sois plus claire, comment, avec qui, quand. Pourquoi ? Avec des Allemands ? Fourrure, tripots ? En échange de quoi ? Les questions et les réponses se répétaient, des erreurs, des fautes, la langue qui fourche. Des trous de mémoire. Comment a-t-elle survécu ? De quelle manière ? Pour quoi faire ?

« Pour quoi faire ? » – elle commençait à se le demander.

On lui faisait passer des interrogatoires longs et répétés, les lampes qui aveuglent, les menaces, les insultes pour qu'elle avoue. Avoue. Si tu avoues, tout va s'arranger.

Avouer ? Avouer quoi ? pensait-elle. Elle était incapable de penser. Des lueurs d'instinct entre les lampes qui aveuglent. Elle avait l'impression d'avoir la peau des joues qui éclate. Je ne suis pas coupable. Répète. Nom, prénom, date de naissance, que faisait-elle dans le ghetto… Elle apprit l'alphabet de la routine.

Le sommeil court. La menace des coups, le chantage que d'autres viennent cafter, collaborer. Son mari, aussi, suggéra-t-on.

Elle ne se rappelle pas si elle était plus étourdie et abattue par la fièvre que par la dramatique absurdité de la situation. Ou peut-être était-elle paralysée par la peur. Ils la battront, l'enverront aux fins fonds de la Russie, la tueront peut-être. Par instants, elle sentait qu'ils jouaient avec elle. Encore une fois ? Un coup, les rats, la lumière.

On lui demanda des noms de témoins, elle donna celui de Szpilman, d'Ignacy Waksmacher, propriétaire du Paradis avant la guerre, et de Jonas Turkow qui organisait les spectacles dans le ghetto. Elle ne pensait pas que quiconque pourrait encore lui faire du mal.

Elle était seule dans cette cave, parfois on amenait quelqu'un. Elle se souvient d'une blonde décolorée arrêtée pour pillage. Elle pénétra dans la cellule d'un pas dansant, une grande étole en renard sur les épaules. Elle revint après un interrogatoire comme une caricature d'elle-même – son maquillage avait coulé, les cheveux en bataille, le visage en sang et tuméfié. « Ils font du zèle, pensait Wiera, pour montrer ce dont ils sont capables. Les bourreaux..., se disait-elle, étaient jusqu'alors d'une autre nationalité. »

Elle aimait cette expression sentencieuse, épaisse de la force de son sens – « les bourreaux... » Qui étaient-ils, pour pouvoir juger sa vie, le chemin pour atteindre son but, ses sacrifices ?

Celui qui l'arrêta à Babice se prénommait Jerzy. Un certain Władysław Heller (plus doux) lui fit également passer des interrogatoires. Un Ukrainien, Jan Kłusek (froid, les yeux gris, une gueule de brute vérolée) prit part lui aussi aux entretiens qui suivirent. Elle se rappelle qu'une nuit il avait débarqué ivre ; il frappait du poing sur la table et hurlait : *Fous-lui des baffes dans sa gueule à cette putain, elle te chantera plus la même chanson !* Elle se souvenait du mot « putain ». Elle eut l'affront d'exiger des excuses. Plus tard encore, et à de nombreuses reprises, elle entendit ce mot. A son intention, à son encontre, contre elle. PUTAIN... qui se donnait pour de l'argent, qui assouvissait les petits caprices sexuels des hommes – une pute, perverse, indigne de confiance, mauvaise.

Non, elle ne se vendait pas.

Avait-elle jamais dû le faire ?

Elle se souvient de la date du 8 mai et des sirènes qui hurlaient pour annoncer la fin de la guerre. Elle accueillit la « victoire »... C'est ce qu'on dit, entre guillemets, car qui avait remporté la victoire ? Pas les Juifs, ni sa famille, ni sa mère, ni ses sœurs. Elle accueillit un monde sans Allemands, non sans crainte ni sans un sentiment d'injustice – seule dans sa cellule. A nouveau enfermée, comme les dernières années, mais cette fois – ce sont ses mots – « sous l'accusation de collaboration avec l'occupant qui avait tué ma famille ! »

« *Je hurlais à tue-tête !*, répétait-elle. Et plus loin : *On ne m'écoutait pas.* »

Elle survécut, c'était là sa victoire. Elle était battue, humiliée. Là était sa défaite. De quoi et envers qui était-elle coupable ?

Elle reçut un paquet de nourriture. Elle ne sait pas de qui il venait.

Lors des interrogatoires, on lui remémora l'histoire de Franciszka Mann, sa camarade danseuse qui avait eu une relation avec un gestapiste. Puis ils se mirent à décliner leurs noms Gran/Mann, Mann/Gran et vice versa. Comme un reflet dans un miroir. C'EST ELLE... l'artiste, elle a collaboré, elle portait des fourrures, elle ne se cachait pas, elle, moi, Franciszka, Wiera, c'est elle ! Ils connaissaient la voix de Wiera Gran de la radio, mais pas elle en personne. Ils l'avaient amalgamée à Mann, elles ne faisaient plus qu'une. D'après les dires, les affirmations, les promesses, les soi-disant déclarations des autres, toutes deux avaient non seulement du culot mais aussi des privilèges. On les voyait, elles étaient vues, voyantes, clinquantes dans ce décor quotidien d'Occupation. Dans le ghetto, à l'extérieur. Elles mouchardaient.

Elle disait qu'elle était à l'époque « victime de la paranoïa orchestrée par les tueurs allemands responsables de ce génocide ». Elle ne pouvait pas se permettre qu'on lui colle une « étiquette de la honte ».

Au cinquième ou sixième jour on la transféra dans un espace plus restreint, dans une cellule sombre, étouffante et sans grabat. On verrouilla la porte. Elle demeura dans ce trou un certain temps. Difficile à estimer. Elle restait là, accroupie, parce qu'on ne pouvait ni être debout ni allongé. Elle restait là, à croupir, parce qu'en prison c'est ce qu'on fait. Elle se balançait comme font les orphelins, d'avant en arrière. Elle s'endormait peut-être pour faire des cauchemars oppressants privés de sens chronologique. Il lui semblait qu'ils avaient arrêté Kazik, qu'il n'était pas loin. Elle le sentait presque. Elle essaya d'entrer en contact avec lui en sifflant sa chanson à succès *La Lettre*. Elle pensait qu'il ferait signe. *Toute trempée de larmes, aujourd'hui la lettre n'est qu'un souvenir*. Peine perdue. Les heures gonflaient dans la fièvre, la faiblesse, le souffle court.

« Il faut en finir avec elle ! », entendit-elle enfin. En finir ! – c'était dit sur un ton sans équivoque solennellement. Mais ce moment fut différé, apparemment, car elle apprit qu'on allait la mettre entre les mains de spécialistes. Ce qui était pire, car le nom de la « chanteuse adulée » ne leur disait rien. « Là-bas, ils savent même briser les plus forts »...

Ils la menaçaient, lui offraient une cigarette, puis lui faisaient peur à nouveau. Ils l'aveuglaient, montraient une carabine, montraient leur force. Un avertissement. Ils n'offraient qu'une seule issue possible, incontournable et toute simple pour éviter la déportation... – il faut avouer !

Les quarts d'heure, les heures passaient. Dans la lueur monotone et monotone du temps qui passe. Avouer ? Des instants de paralysie, comme électrocutée et puis à nouveau l'attente. Elle n'avait rien à avouer. La collaboration… Jamais avant elle n'avait analysé ce mot. Elle n'en faisait pas grand cas. Il sonnait comme le nom d'un instrument de musique. A clavier, quelque chose comme accordéon. Cinq syllabes. Qu'elle égrenait en tapotant des doigts. Dès la troisième on savait ce que cela signifiait.

Elle comprenait le sérieux des accusations, le poids du destin, sa fatalité. En même temps, elle avait l'impression de participer à un jeu, aux règles établies par quelqu'un qui l'avait mise devant le mur des faits accomplis. Elle devait faire front. S'opposer à la calomnie.

Il y avait des moments où elle avait l'impression d'être un roc. Elle criait encore : « Non ! Je ne suis pas coupable ! » Et s'évanouissait.

Dans les actes on trouve la déclaration suivante :

Je réfute avoir marché la main dans la main avec l'occupant allemand pour agir au détriment des populations civiles en tant qu'informatrice pour le « Treize » – représentants de la gestapo au sein du ghetto – je nie catégoriquement avoir dénoncé des Juifs cachés ou des résistants polonais.

Elle fut aux arrêts du 1er au 15 mai.

Elle ne chantait plus déjà depuis trois ans.

Quand on la libéra – je ne sais sous quel prétexte ni qui est intervenu – elle tomba en dépression. Elle tirait les rideaux aux fenêtres, elle fuyait les gens, il lui arrivait de rester des jours entiers au lit. Elle reprochait à Kazik de ne pas la comprendre et de ne pas la soutenir. Qu'il n'avait que son hôpital en tête.

Et pourtant, tout ce qui s'est passé ensuite, elle le lui doit. Suivant les conseils d'un ami, le docteur Wojcieh Wiechno qui l'avait déjà sauvée auparavant, ils décidèrent d'intercéder auprès de son camarade, le ministre de la Justice Henryk Świątkowski. Il promit de les aider.

Il leur interdit de répondre à la convocation de la sécurité et il les avisa qu'il transmettrait le dossier au procureur de la Cour suprême près le ministère de la Justice.

Le lendemain, elle se présenta au bureau du procureur Adolf Dąb qui lui recommanda de déposer une « auto-accusation », ce qui permettrait de déclencher la procédure ; et lui assurerait à la fois l'immunité et la liberté le temps de réunir les preuves. Prouver sa culpabilité ou son innocence ? Elle n'en était pas sûre. Le dossier devait être suivi par le spécialiste des affaires de collaboration – le procureur Jerzy Sawicki, accusateur des bourreaux du camp de Majdanek, de Rudolf Hoess, le commandant d'Auschwitz et de ses subalternes. Un homme sans pitié. Il promit que si elle s'avérait coupable, il ferait tout pour qu'elle soit pendue. Et tout recommença : nom, prénom, date de naissance, comment avait-elle survécu, que faisait-elle dans le ghetto, et du côté aryen... Avec qui ? Comment ? Pourquoi ?

Elle rencontra alors dans la rue Jerzy Jurandot.

« Tu n'es pas morte ? Tu as réussi ? – Et Stefa ? – Mes parents y sont restés... »

Ils se jetèrent dans les bras l'un de l'autre. Sincèrement, comme des copains.

« Dans les environs de Varsovie... où ça ? A Mory ? Tiens, on n'était pas loin... – Et où vous vous êtes installés ? – A Łódź pour l'instant, c'est temporaire. »

Il lui dit qu'après l'histoire avec Franciszka Mann, selon la rumeur Stefa aussi aurait « fait des trucs avec les Allemands ». « Des gestapettes », comme les appelait Szpilman. Ce n'était pas clair, il insinuait plus qu'il n'accusait. Mais cette rumeur commençait à avoir une résonance.

Jurandot voulut d'abord faire un procès, mais après réflexion, il arriva à la conclusion que cela ne servirait à rien. Cela pourrait même avoir plus d'inconvénients que d'avantages. Cela risquait seulement de faire du bruit, de créer une sensation.

Le reste, je l'ai appris par le récit de Stefania Grodzieńska.

« Jurandot est allé à Varsovie, à la radio, là où Szpilman travaillait. De nombreux amis sont venus le soutenir. Ils ont demandé à Szpilman de descendre dans le hall. L'essentiel était pour nous d'avoir le plus de témoins possible.

— Monsieur Jurandot, quel plaisir...

— Est-ce vrai ce que vous racontez que j'ai collaboré avec la gestapo ?

— Mais enfin pas du tout !

— Ah oui ? Alors vous ne prendrez que pour avoir calomnié ma femme.

Les rumeurs ont cessé immédiatement comme par enchantement. »

Depuis ce moment-là, écrivait Wiera, *on le surnomma « la tête à claques »*.

S'il s'était agi de moi, si j'avais pu après tout cela rentrer chez moi, j'aurais arrêté de lutter. Mais elle remarqua qu'il lui manquait quelques affaires personnelles qu'on lui avait confisquées pendant son arrestation. Un stylo-bille, des photos, et un poudrier, souvenir inestimable du ghetto, le témoignage de son implication et de son rôle social vis-à-vis des enfants.

Quelques jours plus tard, elle se rendit à nouveau à Praga. Elle était folle de rage. Elle dit avoir annoncé au factionnaire qu'elle souhaitait parler au ministre Radkiewicz. Elle reconnaît avec amertume avoir dû se « contenter » de Różański (encore un chauve !). Elle exigea qu'on lui remette ces quelques objets et qu'on lui fasse des excuses pour le « putain ». Elle fut mise à la porte. On lui conseilla de ne plus croiser leur route à l'avenir.

Minutes de l'acte du procureur du tribunal de grande instance de Varsovie dans le dossier Wiera Gran-Jezierska – « collaboration » d'après l'art. 4 décret du 31 août 1944. Ces documents n'ont pas été sortis pendant plus d'un demi-siècle. Personne ne les a consultés. J'ai pris connaissance de leur existence en 2009, après avoir compulsé de nombreux documents à l'Institut de mémoire nationale (IPN[1]).

Je lis des dépositions faites il y a soixante ans. Sont-elles pour autant moins fortes ? Leur valeur en est-elle diminuée ? Est-ce que cela pèse différemment dans la balance de la vérité ? Les accusations faites à l'époque, enfermées dans des dossiers en carton du tribunal, sont-elles soumises à prescription ?

Il y avait plusieurs témoins. Trois l'accusèrent.

Le premier à déposer fut Jonas Turkow, acteur avant guerre. Il se présenta devant le tribunal en tant que fonctionnaire du Comité central des Juifs polo-

1. IPN : Instytut Pamięci Narodowej – Institut de mémoire nationale : institution polonaise créée en 1998 pour enquêter sur les crimes nazis et communistes.

nais. *Un jour, en 1942, dans le ghetto un certain Szymonowicz organisa une soirée bien arrosée qui dura toute la nuit. Les invités étaient des gestapistes allemands et juifs, Lolek Skosowki, Adam était également présent. Parmi eux, se trouvait Wiera Gran. Elle s'amusa toute la nuit.*

J'ai entendu le récit de cet événement de la bouche même de Wiera. Difficile de savoir d'où Turkow tenait cette histoire. Etait-il lui-même là-bas ? Et à quel titre ?

Un certain Szymonowicz, une soirée bien arrosée… des gestapistes… elle s'est amusée.

Même s'il ne fait que rapporter des propos d'autrui, il reste convaincant. Et il répéta cette information encore plusieurs fois. Complétée par d'autres détails.

Turkow quitta la Pologne en 1946. Dans ses mémoires, publiés deux ans plus tard, il ne mentionne pas cet événement. En revanche, il décrit une fête en l'honneur de Chana Lewin, artiste de la scène juive, organisée par des gens fortunés du ghetto, Abraham Gancwajch en tête. Il fut officiellement invité avec sa femme à cette soirée.

Turkow salua Chana Lewin et évoqua *le rôle essentiel que le théâtre juif joue « pendant ces jours sombres que nous traversons »*. Puis Gancwajch prit la parole. Une collation fut servie. La fête dut être réussie, puisque les Turkow rentrèrent chez eux après le couvre-feu, sous escorte de policiers juifs.

Je ne comprends pas très bien pourquoi il a décrit cet événement puisque c'était un incident du même genre qui, à ses yeux, était si compromettant pour sa collègue ?

D'après le récit fait dans la *Gazette juive* du 5 décembre 1941, cette fête en l'honneur de Chana

Lewin se déroula au théâtre Nowy Azazel, au 72 rue Nowolipie. On fêta les vingt-cinq ans de scène de la grande comédienne de vaudeville, connue pour son tempérament et sa verve en programmant *Amour et trahison*, pièce en trois actes. 15 zlotys le billet. D'autres divertissements suivent le spectacle, bon buffet.

Après la liquidation du ghetto – disait-il plus loin dans son témoignage – *Gran Wiera s'enfuit soi-disant se cacher à la campagne.*

Pour prouver que cela n'était pas vrai, il relate la visite chez un de leurs amis communs (Gerard Gadejski, musicologue, résistant), chez qui il avait vu des photos et des tableaux appartenant à Wiera Gran. Il préférait oublier qu'elle les lui avait laissés avant d'emménager dans le ghetto. Et que cela ne constitue en rien une preuve de sa présence en ville, ou d'éventuelles magouilles avec des mouchards.

Apolonia Bugajska, fille de Markus Bugajski, célibataire, avant la guerre deux ans de prison pour activisme communiste, confirme tous ces reproches. Elle n'a peut-être rien vu, mais elle sait que Wiera se baladait sans brassard, élégamment vêtue, que vers la fin, entre janvier et mars 1943, elle traînait dans le ghetto en compagnie de gestapistes.

Point d'orgue : *il était de notoriété publique que Wiera avait livré des Juifs et des organisations clandestines après la liquidation du ghetto.*

Difficile de lutter contre ce qu'on sait avec une telle certitude, contre une conviction si répandue. Je suis impuissante face au tout-puissant JE SAIS. Je m'y cognerai encore et plus d'une fois.

J'ai souvent pensé demander à Marek Edelman, le combattant légendaire du ghetto, ce qu'il en était réellement. Je savais de ses nombreux récits antérieurs qu'il avait d'autres choses à faire et d'autres préoccupations. Il méprisait ceux qui à l'époque avaient besoin de s'amuser.

C'est lui qui m'a donné mes premières leçons d'histoire juive et de vertu humaine. Il fut, des années après les faits, un autre témoin à charge dans le premier procès de Wiera Gran.

Le 5 mai 1945, Marek Edelman, né en 1919, étudiant, dépose :

Au temps du ghetto de Varsovie, Wiera Gran était proche des fonctionnaires supérieurs du Bureau de lutte contre l'usure, appelé communément « le Treize ». Jurek Błoner, Janek Bilak et Fela Goldstein/Godsztein aujourd'hui décédés, m'ont dit de façon formelle que d'une période allant de janvier à avril 1943, Wiera Gran venait dans le ghetto sans brassard en compagnie de Józef Lipski, gestapiste notoire ; elle portait un costume noir ou un manteau sombre avec un imposant renard argenté.

A Varsovie, on disait partout que Wiera Gran était agent de la gestapo et que son travail consistait à débusquer des Juifs et les organisations clandestines polonaises. En général, les gens la craignaient. Je sais que les résistants de l'Armée de l'Intérieur avaient suivi le verdict du tribunal clandestin en la condamnant à mort, mais que la sentence n'a pas été exécutée, car on ne savait pas où elle habitait.

Je sais par Zofia Kopik, une amie à moi, actuellement au STO en Allemagne, que pendant l'été 1943 Wiera Gran s'est rendue en voiture décapotable avec des civils, probablement fonctionnaires de la gestapo, dans un restaurant au coin de l'allée Jerozolimskie et de la rue Krucza. Là, ces civils ont emmené une femme et un homme d'origine juive, des amis de Zofia Kopik justement.

Que faire de ce témoignage ? Comment le comprendre ? Comment et qui défendre ?

Ce fut une conversation difficile. Le 18 août 2009 à Varsovie.

« Que voulez-vous prouver ? Laissez tomber, à moins que vous vouliez écrire sur sa façon de chanter. Le reste, ce sont des balivernes ! »

Quelle responsabilité prendre face à ces fragments de mémoire qui remontent à la surface ? Quelle certitude avoir, en qui avoir confiance ? En personne, qui sait. Peut-être la mémoire n'est-elle qu'un élément du processus et des circonstances du souvenir, en fonction desquels elle se modifie. Peut-être la mémoire ne se tisse-t-elle pas en tapis, mais se file sur des trames particulières, uniquement sous l'influence du moment ?

Au début, je pensais qu'il allait me demander de partir au bout de quinze minutes. Qu'est-ce que je cherche encore ?

« Ce que j'ai dit à l'époque, c'était n'importe quoi. J'ai été poussé à le faire, c'est Turkow qui m'a demandé, à ce moment-là c'était bien de déclarer que quelqu'un était agent. »

Mais il n'avait jamais vu Wiera, ne l'avait pas entendu chanter. Peut-être une fois, rue Smocza, il y avait une file d'admirateurs derrière elle. Et parmi eux, des Allemands.

Ses centres d'intérêt étaient ailleurs. Ce dont il est sûr, c'est qu'elle a ouvert des orphelinats et qu'elle s'occupait de plusieurs centaines d'enfants en même temps. Elle faisait tout ce qu'elle pouvait pour eux, elle se produisait en spectacle, collectait de l'argent. Elle organisait des concerts de bienfaisance. Il est formel, Wiera est quelqu'un de bien et une personne honnête.

« Elle téléphona dans le ghetto avant la liquidation, le 18 avril 1943, pour nous avertir qu'une grande rafle était prévue. On la respectait vraiment dans le ghetto. Par conséquent, nous l'avons tous crue.[1] »

Il raconte ce très bel après-midi ensoleillé, la réunion du Commandement de résistance juive dans l'appartement d'Anielewicz, rue Nalewki. L'effervescence due aux fêtes de Pessah.

Elle ne confirma jamais ces informations. Ce n'est pas la première fois que les souvenirs des survivants se croisent et se contredisent. Wiera, telle que je la connais, d'après ses récits, aurait été incapable de transmettre au ghetto ce genre d'avertissement. Et selon ce qu'elle m'a dit personnellement, une fois passée du côté aryen, elle n'entretint aucun contact avec le ghetto.

J'ai questionné Edelman au sujet de Szpilman.

« Quelqu'un a peut-être fait sortir Szpilman de l'Umschlagplatz, une connaissance, ou même un policier. Il était peut-être lui-même policier, ce n'est pas exclu. Et alors ? On pouvait être policier et quelqu'un de bien. J'en ai connu, qui étaient même envoyés par la résistance. »

Edelman a peut-être raison, comme avant lui Jerzy Giedroyc qui conseillait de laisser de côté ces histoires inextricables et inconcevables.

Comment faire le lien entre le récit au présent du chef de l'insurrection du ghetto et la réalité de l'époque ?

---

1. Il s'agit des préparations à l'insurrection du ghetto de Varsovie qui a éclaté suite aux rumeurs de la liquidation du ghetto planifiée par les Allemands.

Prendre note. Sans commentaire. Les mémoires divergent, à plus de soixante ans d'écart.

J'ai eu deux entretiens avec Stefania Grodzieńska, en 2000 et en 2008. Les enregistrements de sa mémoire n'ont pas changé.

« Wiera devint tout de suite la coqueluche du ghetto. Elle se produisit brièvement au théâtre de Jurandot, le Femina. Mais Jerzy finit par la convaincre d'aller au Sztuka. C'était un café renommé, il n'était pas fréquenté par n'importe qui. Par ailleurs, c'était aussi une chance pour elle d'être soliste.

Un espace réduit, une petite estrade, un formidable cabaret littéraire (non censuré !), d'excellents écrivains satiriques. Un duo de pianistes concertistes. Et elle. Lolek Fokszański récitait ses poèmes, admirés de Tuwim déjà avant la guerre. Szlengel tenait au Sztuka une sorte de gazette parlée, qui tentait de racheter la tragédie quotidienne du quartier fermé. Quand le programme touchait les événements récents du ghetto, il déclenchait des salves de rires dans le public.

Je sais que cela peut paraître maladroit, dans le contexte du ghetto, mais le Sztuka était un club pour l'élite. On y allait comme au café Ziemiańska avant la guerre où l'intelligentsia polonaise avait passé des heures. Au Sztuka, on retrouvait des amis qu'on ne voyait pas tous les jours dans le ghetto. Et même si cela paraît incroyable, il y régnait une atmosphère formidable.

Prendre le vélo-taxi n'était pas dans nos moyens, ni commander quoi que ce soit au Sztuka, mais on pouvait parler de tout et de rien et se sentir pendant un moment comme avant. On y servait du café, du thé, des gâteaux, des glaces et même de l'alcool. Le public du Sztuka était composé de gens qui pouvaient encore se le permettre.

Il suffisait de s'arrêter dans la rue pour demander quelque chose à un gestapiste juif – comme nous les appelions – pour devenir suspect. De quoi ? Collaboration, contacts trop proches, intimité...

Comme pour Wiera. Je suis sûre qu'elle n'avait rien à se reprocher. Peut-être le ressentiment vis-à-vis d'elle venait-il de son statut au Sztuka ? Il est clair qu'elle vivait de l'argent déboursé par les habitués du Sztuka. Et beaucoup d'entre eux étaient moralement douteux. Mais on ne peut pas reprocher cela à Wiera. Elle n'était pas responsable de ces gens-là. Il y avait des trafiquants, des policiers juifs, et parfois peut-être des Allemands, ils s'asseyaient, l'invitaient à leur table, comment elle aurait dû refuser, s'offusquer, s'enfuir ? »

Stefania Grodzieńska avait conscience d'une ambiguïté de la situation des artistes dans la réalité de l'Occupation. Elle savait que la Société des artistes de la scène polonaise avait interdit de se produire dans les théâtres officiels du côté aryen. Pourtant, on appliquait à l'égard du ghetto une sorte de tarif réduit. Jurandot avait bien contacté la direction de la Société des artistes avant d'ouvrir le Femina.

Pendant plus d'un demi-siècle, Stefa ne parla pas de son passé sous l'Occupation. Elle l'avait rayé de sa mémoire. Elle ne prit jamais officiellement la défense de Wiera Gran. Cette dernière lui en a d'ailleurs longtemps voulu.

Marcel Reich Ranicki, critique littéraire dans le ghetto de Varsovie, était traducteur auprès du Judenrat. C'est lui qui a traduit le texte proclamant la déportation des Juifs le 22 juillet 1942. J'ai eu une conversation avec lui au sujet de Wiera Gran dans son appartement de Francfort-sur-le-Main en 2008. Sa femme, Teofila Langnas, qui a survécu comme lui au ghetto, était près de lui.

Il considérait son travail dans le ghetto comme n'importe quelle autre activité obligatoire imposée par le contexte de guerre. Il faisait ce qu'on exigeait de lui – sans faire de mal à autrui, dans la mesure du possible. Il gagnait de l'argent pour lui et ses proches. Il tressaille quand on utilise le mot collaboration à son encontre – lui qui était traducteur et rédacteur à la *Gazette juive*. (Ringelblum écrivit qu'aucun journaliste honnête ne travaillait pour la *Gazette juive*.)

« Il ne faut pas traiter les musiciens qui jouaient dans le ghetto de collaborateurs. Aucun d'entre eux. J'écrivais des critiques de concerts et de représentations. Collaborer – il suffisait d'être en contact avec des Allemands.

— Comme vous ?

— Comme moi. Je ne sais pas ce que Wiera Gran a pu leur raconter. L'important, c'est qu'on en ait parlé. Elle était belle, extrêmement attirante, ça attise les rumeurs. »

Sa femme répète deux fois :

« Dans le ghetto, il y avait des on-dit... Rien de très concret, mais il valait mieux ne pas la côtoyer. "On parlait d'elle." Rien de très clair, ni de très précis. On avait peur. Ça c'est un fait. »

Des « on-dit », elle utilise cette expression, significative – dans le ghetto on disait qu'elle vivait avec des hommes de la gestapo...

Reich Ranicki :

« Je ne peux jurer de rien, je ne peux pas garantir qu'elle était l'amie d'un Allemand (Fürst). Non, je ne suis pas sûr, je ne sais rien précisément.

Non, aujourd'hui, soixante ans plus tard, je ne suis pas sûr qu'elle ait cherché à séduire des Allemands. Ne me demandez pas ce qu'elle voulait. C'est elle qui le savait, pas moi. Moi, j'ai survécu sans collaborer !

Personne ne s'est fait traiter de collaborateur pour avoir joué du Beethoven ou du Schubert. A aucun des musiciens de l'orchestre, et ils étaient plusieurs dizaines, on n'a jamais collé cette étiquette.

Si vous voulez que je vous dise que chaque Juif qui a survécu a péché, vous vous êtes trompée d'adresse.

Il n'était pas exclu que quelqu'un ait pu tomber amoureux d'une Juive aussi attirante que Wiera Gran. C'est peu probable, mais c'est envisageable. Tout ce que je sais, tient du ragot. Les Allemands n'étaient pas trop enclins à fréquenter des femmes juives, ils avaient les leurs, les *Blitzmädel*, avec l'éclair de la gestapo sur la manche. Par ailleurs, toutes ces choses étaient régies par les lois de Nuremberg de 1935. »

Reich Ranicki réfute catégoriquement l'idée selon laquelle Szpilman était un policier juif.

« Ce sont des bêtises, tout comme ce qu'a dit partout Marianowicz le satiriste à mon sujet. Il paraît qu'il m'a vu porter une casquette de policier. Moi qui n'ai jamais porté de casquette et encore moins d'uniforme de ma vie.

Pour Wiera Gran, je ne peux rien vous garantir. Je pense qu'il est très probable qu'elle n'ait pas collaboré. Alors que la rumeur disait le contraire. Mais ce qui comptait dans le ghetto, c'était la musique. Les mots ne pouvaient pas exprimer ce qui s'y passait. Mais, selon moi, plus que la musique, ils étaient porteurs de jugements, ils fabriquaient des légendes. »

Israel Gutman, participant à l'insurrection du ghetto, historien de l'holocauste, juge Wiera Gran avec sévérité. « Toute sa vie n'a été qu'un énorme mensonge, me dit-il, c'est le ghetto qui l'a faite, c'est là qu'elle est devenue elle-même. Il y a des personnes qui veulent vivre à tout prix et elle faisait partie de ceux-là. Pour moi, elle ne représente aucune valeur morale particulière. »

Simcha Rotem aujourd'hui Szymon Ratajzer, connu sous le pseudonyme de Kazik lorsqu'il était agent de liaison de l'Organisation juive de combat du côté aryen et qu'il faisait sortir du ghetto des dizaines d'insurgés, n'a rien à dire au sujet de Wiera Gran. Ce monde des cafés, des clubs, ne l'intéressait pas.

Nous avons une conversation à Paris avec Ala, la femme de Marek Edelman. Elle aussi préfère prendre ses distances quant à cette réalité. « Nous étions ailleurs – tant par la pensée, le corps, que l'âme. Dans nos projets, nos actions, notre lutte. »

Jerzy Szapiro, professeur de neurochirurgie, qui habitait l'immeuble du Sztuka et travaillait à l'hôpital au bout de la rue, ne se rappelle pas avoir entendu dire quoi que ce soit de mal au sujet de Wiera Gran.

J'ai devant moi le jugement de la commission de vérification de la Société des artistes de la scène polonaise datant du 15 octobre 1945 et signé de son président Aleksander Zelwerowicz. La commission était sans pitié envers ses membres soupçonnés de collaboration. On condamnait plus volontiers qu'on n'innocentait, et rares étaient les circonstances atténuantes. Pas de tarif réduit.

Dans ce cas précis, une déclaration est sans équivoque : le jugement souligne que le comportement de Wiera Gran pendant l'occupation allemande était irréprochable.

La commission de vérification de la Société des musiciens fit une déclaration peu de temps après affirmant que la citoyenne Wiera Gran Jezierska n'a pas sali son honneur de Polonaise pendant l'occupation allemande et qu'elle a par conséquent tout à fait le droit d'exercer son métier.

« Szpilman n'avait plus aucune raison de m'empêcher de travailler à la radio polonaise. »

Le 19 novembre 1945, à l'occasion d'un congrès de directeurs européens de stations de radio, Wiera Gran interpréta *Son premier bal* avec un orchestre de trente musiciens sous la direction de Stefan Rachoń. Elle était accompagnée de deux pianistes – le compositeur du morceau, Władysław Szpilman, et Czesław Aniołkiewicz.

Wiera affirme que si elle a pu faire cette prestation c'est parce que Szpilman y voyait son intérêt personnel. Elle était la seule à posséder le texte de Szlengel et en quelque sorte elle était la « propriétaire » de ce morceau écrit pour elle. « Il avait très envie de le montrer à des invités étrangers. Quitte à passer sous silence le "passé de gestapiste" de l'interprète. »

Une semaine plus tard elle reçut une lettre recommandée. Sur une grande feuille avec le tampon de la *« délégation du Procureur du Tribunal pénal de Varsovie », 95 rue Marszałkowska. Citoyenne Wiera Gran Jezierska. Le secrétariat du bureau du procureur vous informe qu'en date du 26 novembre 1945, le procureur du tribunal pénal abandonne les poursuites contre vous, le délit n'étant pas constaté.*

Elle ne se souvient pas de son soulagement d'alors.

Kazik et elle habitaient depuis quelques semaines à Varsovie, dans le quartier de Mokotów, dans une des villas épargnées par la guerre. A l'étage. Les voisins de Babice avaient emménagé au rez-de-chaussée. Elle se sentait en sécurité, protégée, comme du côté aryen. La neige tombait. Comme là-bas à Babice, il manquait des vitres aux fenêtres et il n'y avait pas d'électricité, mais cela n'avait que peu d'importance.

La nuit, dans un camion bâché, elle se rendait avec son groupe à Łódź, capitale provisoire à l'époque, pour donner des concerts. Au bout de quelques heures elle se mit à perdre sa voix. Le lendemain c'était pire. Elle regardait les immenses affiches :

Croix-Rouge polonaise, cinéma Polonia, Łódź, 31 décembre 1945 à minuit – fêtez la nouvelle année avec le chœur des Revellers (Donne-moi ton cœur, En guise de bonne nuit, Dis-moi, Papy et son trombone). Wiera Gran avec son répertoire, et les autres : Andrzej Bogucki, Natalia Lerska, Hanka Bielicka et bien d'autres.

Puis elle vit le public rassemblé en masse. Elle se sentit chanceler. Elle avait la voix cassée. « Veuillez nous excuser, nous allons rembourser vos billets... »

Les ovations ne furent pas pour elle. Elle essaya de ne pas y accorder trop d'importance. La malchance. Mais certains malintentionnés interprétèrent cette maladie : c'est la sécurité qui l'empêche de monter sur scène, une collabo n'a pas le droit de chanter !

Le lendemain, Ludwik Sempoliński lui apporta la moitié de son cachet. Elle refusa.

Elle restait silencieuse. Elle regardait les titres de journaux qui parlaient de sa soi-disant maladie diplomatique. Mieczysław Fogg tenta de la rassurer. De retour à Varsovie, il l'emmena dans un café d'artistes plein à craquer.

On a conservé des copies des textes qu'elle a interprétés dans les années quarante, tant sur scène que sur l'antenne de la radio polonaise. J'ai devant moi un tas de feuilles assez imposant : papier format de bureau, jauni, carbones collés avec du scotch. Avec les tampons rectangulaires des censeurs – « reproduction autorisée », avec à chaque fois la date et une signature. Il y a également des tampons du service littéraire de la radio polonaise, parfois barrés au crayon à copier rouge avec l'annotation « non » et une signature. Wiera note en contrebas que c'est Szpilman. Ce n'est pas sûr.

Voilà ce que Kazik lui dit un jour, mais elle n'y fit pas attention : « Si tu continues à t'inquiéter de ce qu'on dit de toi, tu vas devenir folle. » Elle ne pouvait pas croire que la rumeur persisterait.

A nouveau le mois de décembre, l'année suivante, 1946. Elle était dans sa loge du petit théâtre Kukułka sur l'allée Nowy Świat. Elle était arrivée, comme toujours, en avance, pour se concentrer un moment avant le spectacle. Devant le miroir elle trouva une affreuse enveloppe bleue avec le tampon « confidentiel ». Le tribunal citoyen du Comité central des Juifs polonais lui demandait de se présenter pour une affaire la concernant. Pas de signature.

CHAPITRE 7

Je peux vous raconter quelque chose…

« Je peux vous raconter quelque chose, mais si vous me promettez, sur les plaies du Christ, que vous ne direz rien à personne. »

Elle me presse, elle me pousse dans le couloir. Vite, vite dans le recoin avec la table.

« Et vous êtes quoi, catholique ? Non ? Vous n'êtes pas juive, je n'y crois pas.

— Je peux vous le jurer sur la vie de ma mère.

— Non, non, les mères c'est sacré.

— Alors sur quoi ?

— Alors, je n'ai plus envie qu'on me jure quoi que ce soit. Vous devez me garantir que vous n'allez pas vomir quand je vous raconterai cette histoire. A moins que vous me promettiez de vous retenir ou de courir aux toilettes. Promis ? Bon. »

J'aurais promis n'importe quoi pour rester. Près d'elle, entraînée dans ce monde décalé dans le temps. Je le touchais.

Soixante ans après le ghetto, le printemps était là. Dans son bunker parisien, Wiera déclinait les échos des fautes non contractuelles.

« Aujourd'hui je vais vous raconter. Je me suis réveillée. J'avais l'impression d'étouffer. La bouche sèche. Je me suis levée et je suis passée entre le "frigiderche" et tous ces cartons pour aller à la cuisine. Je voulais me préparer quelque chose à boire et j'ai vu que des choses empêchaient l'évier de se vider. J'ai couru à la salle de bains. Je voulais jeter tout ça dans la cuvette des toilettes. J'ai essayé de pousser pour tout faire partir. Et soudain un gargouillement, j'ai regardé dans la cuvette et c'est là que je me suis presque tout pris dans la gueule, des excréments, des tas de merde, de tout l'immeuble, une puanteur, des tonnes de déjections pestilentielles. J'ai tiré la chasse et je me suis pris une deuxième salve.

Un peu d'eau ? Une compresse pour la tête ?

Et ce n'est pas terminé, ça va être encore pire. Qu'est-ce que je pouvais faire ? Ça s'est mis à inonder toute la salle de bains, des excréments liquides et solides, bruns, noirs, jaunes, couleur tabac. Et moi debout dedans, ça n'en finit pas, ça se déverse, ça coule sur moi, et moi je baigne là-dedans et je ne peux demander de l'aide à personne. Je ne peux pas m'enfuir, parce que j'ai mes affaires ici. Je dois me débrouiller. C'est chez moi.

Ça s'est passé un samedi ou un dimanche. Ce n'était même pas la peine d'aller voir cette connasse de concierge, elle se serait frotté les mains de joie, c'est sûr.

J'ai couru dans le couloir, je me suis assise par terre devant la porte et j'ai gueulé. Les voisins d'en face sont sortis. J'ai essayé de leur raconter ce qui venait d'arriver. Ils ont cru que j'avais perdu la tête. "Il faut aller voir la concierge." "Non – je criais – faut pas l'approcher." Mais elle était déjà dans les escaliers, debout, elle attendait. "Elle a qu'à appeler une ambulance", elle a grognassé. Elle tourna les talons et s'en alla. Je suis rentrée chez moi. Je me sentais mal. L'été, la chaleur. Ça puait, c'était horrible. J'ai pris une pelle à poussière. Mais où jeter ça ? Qu'est-ce que je pouvais en faire ? La concierge me l'aurait bien fait avaler. »

Elle avait dû se l'imaginer parfaitement ou alors elle jouait à la demande – un exercice de style : l'horreur.

« Mais ce n'est pas ce que vous avez rencontré de pire dans la vie.

— Et qu'est-ce que vous voulez qui me soit arrivé de pire ? Je n'avais pas de gants en caoutchouc, elle m'a tout volé. J'ai dû ramasser avec un torchon, à mains nues. C'est indescriptible ce que j'ai vécu. Et ensuite, il a fallu que je me lave. Me nettoie, me décrasse. Va-t'en, va-t'en, maudite tache. Vous connaissez vos classiques ? Je suis marquée pour la fin de mes jours.

Heureusement, je n'en ai plus pour longtemps. »

Dans des petits sacs de toile, des rouleaux de coton. Elle les sort et les enroule autour de ses mains. On dirait un jeu ou des préparatifs à la lutte.

« Ils posent des micros, ils démontent les murs, scient, vissent, percent des trous. Ils passent leur temps à me droguer. Ils sont obligés, s'ils veulent faire de moi tout ce qu'ils ont prévu. Je ne sors pas de ce trou, même pour cinq minutes, il faudra me mettre KO si on veut m'empêcher de protester. Aujourd'hui j'ai reçu une grosse dose, je ne sais pas pourquoi. Ça a dû les rendre dingues quand j'ai bouché des trous, l'autre jour. Je fais ça un peu exprès pour les embêter. Le coton, c'est comme l'argile. Apparemment, ça a fait des perturbations ce que j'ai fait, ils ont dû venir réparer.

Ils me détruisent le cerveau. Je sais que ça va laisser des traces. C'est inhumain comme je suis épuisée. Je sais que le Cogne me prépare de nouvelles embuscades.

Le Cogne, vous savez, c'est le surnom que je lui ai trouvé. »

Diagnostic des médecins : manie de la persécution, syndrome maniaque de la persécution. On ne sait pas à quel moment précis c'est arrivé. Elle le craignait depuis des années.

Noyée dans les excréments. C'était l'expression d'une souillure, d'une humiliation, d'un outrage.

Et puis, ILS sont arrivés et ne l'ont pas laissée en paix. Jusqu'à la fin.

Longtemps sa maladie fut pour moi synonyme de sa souffrance. Je tentai de dénouer les méandres de ses récits, je répétais les questions, je notais, j'y revenais. J'interprétais toujours en sa faveur les moments de « perte d'équilibre » psychique. Cela devenait de plus en plus difficile.

Le sentiment d'être observé, suivi, enregistré, espionné est une manifestation typique de la manie de la persécution. Des caméras sont installées partout, même dans les dents. On est moins souvent filmé de dos ou depuis le pot de chambre. Tout est une menace. Il n'y a aucun secours de nulle part. La théorie du complot globale.

Elle écrit partout. Dans la marge des livres et des relevés bancaires. Sur des bouts de papier collés sur le frigidaire ou au miroir des toilettes, sur toutes les surfaces possibles, dès qu'elle trouve une faille – entre les recettes de desserts, entre les fiches des effets secondaires de médicaments, une publicité d'une nouvelle chaîne de télévision.

Sur un carton de collants en solde de la Samaritaine :

Volé :

1 – grands paquets de culottes = 10

2 – dans le couloir : morceau arraché c-à-d. couvercle de la sonnette au-dessus de la porte.

3 – câble électrique quasi neuf arraché, il vient de l'extérieur et se termine par une espèce « d'interrupteur », je l'ai remarqué après l'affaire de la chaîne de télévision supplémentaire, quand ils ont voulu sans vergogne me forcer à la prendre.

4 – trois paires de lunettes noires volées

5 – superbes et chers crayons de papier de NY HB 10

6 – une boîte en plastique remplie de timbres = collectionnés depuis des années – chers, du monde entier.

Pour parler d'elle, elle écrit « vieux crapaud », dont la vie est comme une balançoire.

Je la regarde, elle, son visage, on pourrait y voir de la douceur l'espace d'un instant dans l'ombre d'un sourire. C'est une illusion. En réalité, elle est méchante et autoritaire. Elle ne cède pas. C'est elle qui sait, elle qui commande, elle qui fixe les règles du jeu.

« Quel est le sentiment le plus important, celui qui vous habite le plus ?

— La haine, dit-elle sans réfléchir. Elle rit. – J'ai dit ça automatiquement, mais c'est vrai. La haine et le besoin de vengeance. Enorme. Un énorme besoin de vengeance contre ceux qui m'ont fait du mal. Et l'envie de faire le bien, pour ceux qui ont été bons pour moi. Et ils ont été nombreux. Mais ces saints, les bons sont ceux qui se manifestent le moins, on ne les voit pas. Les bonnes actions, ça ne fait pas philosopher.

Je me le répète sans cesse : ne rien dire à personne – donner le minimum d'informations. La meilleure réponse, c'est – JE NE SAIS PAS. Ou – LE NOTAIRE

DÉCIDE – NE LAISSER ENTRER PERSONNE SANS TÉMOIN.

Ne rien dire. Ça peut servir aux ennemis.

Je ferais mieux de me taire, car si j'ouvre la bouche, trop de gens vont perdre la face. »

Ce qui lui est arrivé de plus important, de plus traumatisant dans la vie a eu lieu quand elle était très jeune. Elle a passé seize mois dans le ghetto aux premières années de ses vingt ans. Cela l'a marquée à jamais, et pour cela elle a été hantée le reste de sa vie. POUR CELA. Pour...

Ne pas être montée dans les wagons, comme tous ses proches.

Ne pas être restée dans le ghetto, parce qu'en sortir lui semblait le seul salut.

Etre partie sans un mot, avec le pressentiment de la tragédie.

Ne pas avoir eu la possibilité d'organiser de l'aide.

Ne pas avoir sauvé sa mère, ni ses sœurs.

Elle ne s'est jamais remise de cela.

Comme les autres, comme tant d'autres.

Elle a été hantée par ce qu'elle a fait ou n'a pas fait, par les échos des rumeurs et des ragots, par ce qu'elle peut justifier à cent pour cent : j'ai sauvé ma famille. Je n'oserais pas fixer les règles d'une pareille lutte.

Plus je passe de temps avec elle, plus je creuse le sujet, plus je consulte de documents anciens, moins je semble capable de comprendre. Plus je me sens impuissante face à ce passé. Non qualifiée à exprimer un jugement moral. Que sais-je, que puis-je savoir ?

Avait-elle le choix ? Le choix existe toujours, mais qu'est-ce que cela signifie ?

Je choisis du pain blanc ou du pain noir, du vin blanc ou du vin rouge, du gâteau au pavot ou au fromage. Ou bien : la mer ou la montagne. Une robe à fleurs ou la petite noire. Des choix heureux. Et quand c'est : sauver ma mère ou ma sœur ? Mon père ou mon mari ? Souffrir la faim ou la calmer ? Avoir peur ou avoir moins peur ? Ou alors se sentir en sécurité par instants, penser que ce qui est en train de se passer n'est que l'œuvre d'un fou. Et se sentir mieux grâce à ces pensées. Alors, peut-être que ça valait la peine. Peu importe ce qui pouvait apporter du réconfort. Etre protégée par un homme, se libérer temporairement des responsabilités, avoir le papier marqué du sceau de la survie.

Dans chaque réalité on trouve des héros, ceux qui donnent leur vie pour les autres. Ils tirent ou se laissent tirer dessus, ils attaquent ou font barrage de leur corps. Il y a aussi des gens normaux ordinaires. Nous sommes des gens normaux. Le courage est une vertu que l'on ne doit pas exiger, il ne faut pas le réclamer. Je ne cafarderai pas, je ne ferai pas de mal volontairement, je ne te dénoncerai pas pour un kilo de sucre. Non, je ne suis pas obligée de t'aider, puisque c'est dangereux. Ce n'est pas de mon devoir, si ça met ma vie en danger et celle de ma famille. Ne me juge pas, si je ne le fais pas. Je ne suis qu'un être humain. Je ne veux pas priver mes enfants d'avenir.

Elle ne sortait pas du ghetto pour aller du côté aryen. Elle n'avait pas envie ? Pas de raison ? Personne qui aurait valu le risque, une rencontre, une conversation, une intimité. Il n'y avait personne, ou bien la peur la tétanisait. Ou peut-être n'avait-elle pas le temps ? Occupée à chanter, à prendre soin de sa mère, du quotidien. Par un homme peut-être aussi ? Quelle était sa peur ? Personne ne sait.

J'utilise des mots sortis d'un lexique d'un monde sans guerre. Je les adapte à une réalité dans laquelle ils avaient souvent perdu leur usage. L'époque de l'holocauste a fait voler en éclats les anciens modèles de comportements, a relâché les normes morales de rigueur. Face à la menace permanente, on a repoussé les frontières de l'éthique. Ce n'est pas à nous d'en juger.

Mais finalement ce sont eux, les rescapés, qui essayent de s'accommoder de ce passé. Justement eux plus particulièrement ?

Qu'aurais-tu fait pour sauver ta peau ? Et pour sauver ta mère ? Auquel de ces condamnés aurais-tu ouvert la porte de chez toi, sachant quelle menace t'attendait ? Qui aurais-tu aidé tout en mettant en danger ta fille ou ton petit-fils ? Tu sais ? Tu crois seulement que tu sais. Et ces cabarets dans le ghetto, tu les aurais regardés de haut, et manger des blinis au caviar pendant que des gens meurent dans la rue, ça te paraît moralement répréhensible, sujet à stigmatisation. Comme Wiera qui chantait ses succès d'avant-guerre dans le ghetto. Comme Wiera qui se servait de la chanson pour retrouver l'équilibre, pour rappeler les années d'avant la sentence. Car la sentence pesait sur le monde, à plus ou moins longue échéance. Sur ceux qui en étaient conscients, et sur ceux qui faisaient tout pour ignorer le danger.

La vie coûte cher. La survie coûte cher.

D'abord le prix, l'estimation, l'évaluation de la marchandise. Si la vie est une marchandise, pour certains, pour la plupart – alors elle n'a pas de prix.

Certains écrivent en lettres d'or les notions de « dignité » ou d'« honneur » – ce qui est tout autant démodé. Il semble qu'elles prennent le dessus sur l'instinct de survie animal (c'est-à-dire : primitif). Car il s'agit de survire à n'importe quel prix.

L'histoire des devises peut aussi être sujette à controverse.

Certains avaient des dollars, des lettres de change et des objets de valeur, d'autres avaient des usines et des appartements, des tableaux et des instruments de musique. D'autres encore vendaient leurs fourrures, leurs vêtements, leurs porcelaines. Certains avaient peu de chose et d'autres n'avaient rien du tout. Ceux-là partirent les premiers.

Mais les autres voyaient tout ce qu'ils avaient disparaître peu à peu. La guerre durait, pas un mois, pas un an, ni deux. Il fallait toujours manger et boire. Nécessité épuisante. Les buffets, les commodes, les tiroirs, les planques et les remises se vidaient. Les familles nombreuses se réduisaient, ne restaient que les plus résistants et en bonne santé, qui avaient eux aussi besoin d'argent pour le pain et pour se payer un toit sur la tête. Expulsés, exilés, déportés d'un endroit à un autre ils essayaient de durer. Il y avait des mois où la survie s'avérait possible et d'autres où ce qui se passait était impossible à croire. On servait de moins en moins souvent de glaces et de liqueurs dans les cafés, les orchestres comptaient de moins en moins d'interprètes, les entreprises de pompes funèbres juives faisaient fortune.

Le prix, le prix, constamment. Il y avait plusieurs listes de prix. Le sort lié aux tickets juifs, les jaunes, les pires, ou aux cartes polonaises, un peu meilleures mais qui allaient payer leur prix un peu plus tard.

Grynberg, Rozenstein ou Fiszman, devaient payer des milliers pour rester en vie, surtout s'ils parlaient mal polonais, s'ils étaient circoncis... Avec les petits garçons c'était pareil. Pour les femmes et les petites filles c'était plus facile, mais le problème de la langue, les yeux, la peau, l'aura, la couleur…

Qui fixait les prix ? Qui concluait les marchés ? Pas toujours les contrebandiers ou les crapules. Les sommes, les dépenses, le liquide mis en jeu dépendaient souvent des voisins, des concierges, des amis parfois. Parce qu'il fallait, il n'y avait pas d'autre solution, se procurer de la nourriture ou des médicaments. Acheter des patates et du pain.

Certains n'avaient plus rien et voulaient encore vivre.

Il paraît que tout a un prix. Ou pour dire autrement – la demande détermine le marché. Quand le ghetto se rétrécissait, quand de plus en plus de trains partaient de l'Umschlagplatz, on cherchait des planques du côté aryen, des adresses sûres et des papiers fiables. Les prix grimpaient.

A l'automne 2009, après des années de travail sur ce livre au sujet de Wiera, j'ai fait un rêve. J'étais torturée laborieusement et longuement, sans la possibilité de fuir. On me frappait, me tordait les bras et les jambes, on me massacrait le visage. Ce fut une puissante leçon de peur. J'avais mal en me réveillant. Je suis restée longtemps allongée à l'aube en tentant de comprendre qui m'avait frappée et pourquoi j'avais aussi mal.

Sans interprétations savantes, quelqu'un (QUELQU'UN) a voulu me faire prendre conscience que la douleur peut être absolument insoutenable. Par conséquent, on peut sacrifier tout pour y échapper. Ce matin-là, j'ai compris que j'étais prête à toutes les bassesses pour ne plus jamais avoir aussi mal.

Extrait du journal de Wiera :

Le 14 octobre 1986. Pa tikhoń kou souma skhojou (en russe : Ça y est, je perds la tête). *Mon Dieu, je ne peux plus me supporter, et c'est comme ça de plus en plus souvent. Je ne contrôle plus du tout mes pensées – c'est-à-dire arrêter de me faire submerger par ma haine envers tout le monde –, pire encore, je ne contrôle plus non plus mes paroles, et elles me reviennent de plein fouet comme un boomerang à deux pointes, ne faisant du mal qu'à moi. Sans retour.*

Je dors le matin – déformation professionnelle. Je n'aime pas trop la poésie.

6 novembre, dimanche. Je ne veux plus vivre.

« Tu n'es pas mort !?! »

Voilà comment ils étaient accueillis par leurs voisins, leurs amis, par ceux qui habitaient leurs maisons abandonnées. Les nouveaux propriétaires de biens ayant appartenu aux Juifs. Ce n'était pas un cri de joie, ni de bienvenue. Il n'y avait pas de soulagement. Dans ce point d'interrogation résonnait une note de regret. Comme une mauvaise surprise.

Tu n'es pas mort, donc tu as réussi, comment tu as fait, comment ça se fait ? Tu n'es pas mort alors que d'autres sont morts. Tu n'es pas mort(e) donc tu as dû racheter à quelqu'un ton existence. Présent(e) parmi les absents.

A quel prix ? Comment tu as pu y arriver, finalement ? Juste comme ça, par hasard, un coup de chance ? Ça ne marchait pas aussi facilement que ça. Ils connaissaient la guerre. Pour s'en sortir il fallait payer. Payer le prix au destin. Par quel moyen ? Payer combien, et dans quelle devise ?

« Et qu'est-ce que ça peut vous faire – je l'ai entendu dire ça une fois, deux fois, cent fois – pourquoi je dois me justifier ? J'aurais bien aimé vous voir à ma place.

Vous avez entendu ? Chuuuut, ils sont là-aaah... Vous entendez ? Ils sont partout. Implacables. Pour eux, rien n'est impossible. Hier ils sont entrés par la fenêtre de la salle de bains, alors que j'étais là avec une amie à quelques mètres dans la pièce à côté. Nous parlions d'Aznavour et de son côté rusé, pour détourner leur attention, pour brouiller les pistes. Et puis, à un moment donné, je me suis tout pris dans la figure. Que j'aime tourner les choses à mon avantage, que je suis conflictuelle, que j'aime les disputes et juger les autres. On s'est mis à parler des loges. Aznavour m'avait mise à l'étage, là où personne ne venait. J'ai fondu en larmes. Sur la scène comme dans la vie, les loups font la loi. »

Après la guerre, elle se bat très souvent, tant bien que mal, pour son argent. Pour l'augmentation de sa pension ou les réparations des dommages de guerre allemands, pour le loyer du studio où ses locataires se succèdent, les intérêts à la banque, les placements, les économies... Elle faisait constamment des scandales à la banque. « Merde, je n'ai pas envie de vous faire de la publicité. Allez brûler en enfer ! » « Et à quel pourcentage ? J'exige de voir les comptes dans leur continuité. » Analyse très scrupuleuse des transactions bancaires. Tout ça pour écrire finalement qu'elle n'a personne au monde à qui léguer tout cet argent chèrement gagné. Personne à part des animaux.

Cela fait des années qu'elle habite seule. Aussi loin qu'elle s'en souvienne, depuis qu'elle a quitté la Pologne. Les hommes de passage. Les chiens plus fidèles. Et avec le temps, ni les uns ni les autres, la solitude. Plus personne à qui ouvrir la bouche. Pourtant il faut parler. Prendre des notes ne fait pas de bruit. Cela engage d'autres sens. D'où les heures passées au téléphone. A parler toute seule. Ou aux murs.

« Hier, par exemple, j'ai fait tomber une fleur derrière la commode. Loin, tout en bas, impossible de l'atteindre. J'ai pleuré, j'ai juré, je l'ai appelée. Je lui ai dit que j'étais là, juste là, tout près, que je ne la laisserais pas toute seule. Elle n'a rien entendu ou n'a pas voulu entendre. Elle mourait, s'étiolait à vue d'œil, je pouvais le sentir dans tous mes nerfs. Aidez-nous à nous sauver, s'il vous plaît. »

Sur le mur elle avait accroché une couronne d'épines de Christ. Elle l'avait fabriquée elle-même. En arêtes de poisson. « Les arêtes, ça peut être aussi très beau. » Elle collectionnait des feuilles, des racines, des fleurs. Dans les coins, des morceaux de ses propres sculptures. Des rameaux desséchés. Des entrelacs qui enserrent la mémoire et l'irréalité.

« Tous les miens sont partis trop vite. Comment se fait-il que je sois encore en vie ?

— Peut-être que vous avez encore quelque chose à faire ?

— Dans un sens religieux ? Peut-être… La seule chose qui fonctionnait relativement bien avant, c'était le sommeil. Je me couchais très tard, c'est vrai, mais je dormais six, sept heures d'affilée, sans faire de rêves. Maintenant je me réveille au bout de deux heures. *Hoch rachmunes*… Un hymne de mendiants. Je me réveille plusieurs fois par nuit en répétant ces mots. Je les détache bien, les articule, pendant un long moment, je ne sais plus ce qu'ils veulent dire ni d'où je les tiens. Du ghetto ou du ciel ? Ayez pitié, ayez pitié… Et puis les enfants n'eurent même plus la force de se traîner pour attraper du pain tombé par terre dans la rue. »

Elle est à côté. Comme coincée dans le passé. Elle ne dort plus. Elle se balance en mesure d'avant en arrière.

« Le lit m'attire, je peux m'y cacher, mais en même temps il me terrorise, comme un lieu de torture, où les spectres, les cauchemars, les angoisses me tombent dessus trop facilement. Je dois perdre les archives de mon cerveau. Je radote, je ne vais faire plus que ça, radoter. Comment m'en sortir ? Comment me protéger ? De plus en plus souvent je suis submergée par une vague de flammes de TERREUR. Mon cœur se met à battre fort, la sueur perle sur ma peau et je dois réprimer un cri de désespoir qui veut sortir des tréfonds de mon ventre, de mon âme, de mon cerveau. »

Année Orwell : 1984. Elle m'a permis de regarder dans son calendrier Messager. Un ordre ferme : peu de temps. Sur la page de garde elle avait écrit : *Cinq Juifs ont donné au monde : Moïse – la loi, le Christ – la miséricorde, Marx – la conscience, Freud – le subconscient, Einstein – que tout cela est relatif.*

Entre les pages, des feuilles de ginkgo et une grappe de lilas séchées.

A la date du 13 juin un trèfle à quatre feuilles. *Si j'avais de la chance, je verrais que tout est beau autour de moi. Mais l'état psychique dans lequel je me trouve fait ressortir la vérité nue, privée de couleur rose : des mensonges, une perpétuelle escroquerie mutuelle. Ces rares individus luttant et se défendant contre ce tourbillon de mal qui les attire sont tellement rares et écrasés avec une telle cruauté, qu'il semble qu'ils n'ont jamais existé.*

« Je suis malade – une vieillarde malade, impuissante, et exténuée. »

Sur sa chemise de nuit à petites fleurs, elle a enfilé une robe de chambre en éponge. A rayures. Elle l'a fermée en haut avec une épingle, elle en porte quelques autres sur le revers comme des décorations. « Les accessoires d'une vedette à la retraite », ricane-t-elle.

Une béquille en aluminium à poignée blanche, des morceaux de papier toilette en guise de mouchoirs.

« Je dois avoir du temps pour elle. Je dois m'occuper de cette vieille dame qui s'appelle Wiera.

Ma mémoire, mon destin. Maintenant, tout est déformé. La marchandise n'est plus fraîche. On m'a complètement cassée. Et aussi : on m'a engagée au service d'Alzheimer. Je ne peux rien faire. Je n'ai plus le courage de faire quoi que ce soit. Je vis dans cet état depuis longtemps.

Je deviens bizarre. Le pont qui me lie aux autres m'éloigne à une vitesse terrifiante. Plusieurs dizaines d'années de vie solitaire (ce qui veut dire : tout une vie !) déforment le point de vue sur la vie commune.

Hier – une réussite, j'ai passé un coup de téléphone à Varsovie. (Vous n'êtes pas obligée de savoir à qui.) J'ai entendu une voix effarée : "Jésus, Marie, Joseph !" J'ai pris ça pour une gentille expression de joie. L'angoisse était toujours palpable :

"Wiera ?

— Oui, c'est moi. La seule, la vraie, celle que vous aimez."

Et elle d'insister :

"Wiera Gran ?

— Mais oui, c'est moi. Est-ce que ma voix aurait tant changé ?"

Une longue pause et...

"Mais enfin, vous êtes morte l'année dernière.

— Ça, je ne suis pas encore au courant. Mais de nos jours, tout est possible.”

Est arrivé son mari malade. Je l'ai entendue le préparer au choc d'avoir une conversation avec un cadavre pas si frais que ça.

Et à nouveau :

“Wiera ?

— Oui.”

Je me suis mise à me pincer. Ça doit être moi, en effet... ? On est plus tout jeune, ces derniers temps ! J'ai mon petit lot de maladies ! Et puis des tonnes de rides – donc, ils ont raison. J'ai tout de même demandé avec circonspection s'ils savaient qui avait publié mon faire-part de décès ?

Comment ça, qui ? Marianowicz, le premier. Il se souvient encore quand Dziewoński (pourtant déjà dans les bras d'Alzheimer, il paraît) versa une larme à l'annonce de cette nouvelle et... il s'est vite mis à raconter des anecdotes croustillantes sur NOUS. Quel dommage qu'on ne l'ait pas fait, parce qu'il me plaisait beaucoup. Malheureusement j'étais (longtemps, trop longtemps) chaste. »

Le recyclage permanent des souvenirs. Elle répète, fait tourner le passé dans sa tête, sur sa langue. Sans un moment de repos, sans reprendre sa respiration, donc sans répit.

Les tiroirs. Combien faut-il en ouvrir pour trouver la vraie Wiera ? Et où est-elle ? Existe-t-elle ? A quelle profondeur et par quels détours s'est-elle cachée sous des couches d'inventions, d'intentions ? Des paravents d'ombres et d'illusions superposés. Enregistrés nuit et jour, mois après semaines, ils s'ajoutent, s'additionnent. Ils forment un réseau en trois dimensions qui pompe et aspire. Je ne sais pas vers quelle vision ils indiquent le chemin.

« Est-ce que vous faites encore confiance à quelqu'un dans ce monde, Wiera ?

— Moi ? Non ! Je ne m'étais jamais posé la question. »

Puis après un long moment :

« Non, à personne.

— Votre vie doit être très difficile.

— Et qui vous a dit qu'elle était facile ? »

« Je vous emmerde », fait-elle soudain à la lampe pendue au-dessus la table et dans laquelle d'après elle ils ont installé, il y a des années, une caméra ultrasensible.

Ses yeux habitués à la pénombre cherchent un nouvel endroit d'où ils vont attaquer. Elle entend des voix, le bruissement monotone d'une bande magnétique en train d'enregistrer chacun de ses gestes et murmures. Même ce qui n'existe pas.

« J'évite les gens. Je les fuis, je fuis même l'idée de les rencontrer. Je n'ai plus la force de jouer ni de me défendre. C'est le matin que j'ai le plus peur. Vous connaissez cette peur du jour qui arrive ? Je sais que quelque chose de mauvais va se passer. Je me demande juste, quoi. Un jour, je suis sortie de chez mois à trois heures de l'après-midi, ce récit je l'appelle récit du nouvel an, ce devait être une promenade et des courses. J'achetais toujours du café pour l'envoyer en Pologne. Je marchais du côté ensoleillé de ma rue. J'ai traversé le boulevard Exelmans, puis à la hauteur du pressing, j'ai vu un magnifique doberman. J'avais peur qu'il se soit perdu. Soudain j'ai senti qu'on me poussait violemment dans le dos et que quelque chose de lourd est tombé sur mes épaules et ma nuque. Un aboiement menaçant dans l'oreille. J'ai protégé ma tête et à cet instant j'ai senti une morsure dans la fesse droite. Puis le chien est entré chez le bijoutier.

Je suis sûre qu'il avait reçu l'ordre bien précis de m'attaquer. N'est-ce pas bizarre que son propriétaire soit justement un Juif polonais, Rakower ? Résultat : un bleu sanguinolent de douze centimètres de long, une jaquette déchirée. C'était un travail précis et prémédité. »

Je sais qu'elle y croit. J'essaye de la suivre.

Elle me demande de chercher dans sa boîte à pharmacie des comprimés pour les nerfs.

« Je dois prendre mes médicaments. Trois comprimés blancs par jour. Ce n'est pas beaucoup.

Je reste allongée sur mon lit, je regarde le plafond, mes photos s'approchent de moi. Les tableaux clignotent dans les coins, mais pas de façon amicale, ils sont menaçants. Les livres, les boîtes m'oppressent. Comme s'ils voulaient m'étouffer. La poussière – pèse, la saleté – colle. Je ne me réveille pas. Donc je ne suis pas en train de rêver. »

CHAPITRE 8

Les codes de survie dans le ghetto et à l'extérieur

Les codes de survie dans le ghetto et à l'extérieur étaient différents. Ce que l'on condamnait sans appel en dehors des murs rencontrait dans le quartier fermé une certaine indulgence. Voire de l'approbation. Pas tout. Pas totalement.

On avait le droit de chanter. Wiera en avait le droit dans le ghetto. Son amie, son reflet dans le miroir dans un café similaire du côté clair, également. Dans la même Varsovie, occupée par les Allemands.

Wiera avait le droit de se produire au théâtre. Ou dans une revue. Son amie polonaise, dans ce cas, dépassait les bornes des convenances prévalant sous l'Occupation.

Je veux essayer un destin de guerre. D'un côté comme de l'autre du mur.

J'en essaye un premier. Le destin des vedettes de théâtre.

En mars 1940, le gouverneur Hans Frank signa un arrêté concernant le contrôle des activités culturelles polonaises. Avant de pouvoir jouer au théâtre – « dans la limite des besoins primitifs de divertissement et avec la recommandation spécifique d'abaisser le niveau artistique » –, les comédiens avaient accepté avec reconnaissance des postes d'employés des vestiaires ou de serveurs. Aleksander Zelwerowicz travaillait dans une étable et Jerzy Jurandot cultivait des tomates, Stefania Grodzieńska aidait une coiffeuse. Ceux qui pouvaient se produire dans les cafés étaient chanceux.

Au printemps 1940, rue Chłodna, on ouvrit dans la salle d'un ancien cinéma un premier petit théâtre, le Kometa. Son gestionnaire, Stanisław Heinrich, fonda une société qui regroupait le Papillon bleu, la Ruche dorée, le Vaudeville... Rapidement après, dans le bâtiment du Théâtre Polonais fut ouvert le Theater der Stadt Warschau. Avec Igo Sym à la direction. Il était connu pour être un des plus grands play-boys du cinéma d'avant-guerre. Il jouait dans le cabaret très fermé le Morskie Oko, et était autant admiré que d'autres vedettes comme Hanka Ordonówna ou Adolf Dymsza. Les plus grands auteurs ont écrit pour lui : Tuwim, Hemar, Włast. Il était très apprécié en société – charmant, spirituel, loquace, il faisait même des tours de magie et du sport. Il jouait au billard et maîtrisait plusieurs langues. Ses détracteurs l'appelaient « le beau figurant ».

Déjà en octobre 1939 on disait qu'il paradait dans la capitale avec un brassard nazi sur le bras. Lidia Wysocka, sa partenaire dans *Le Masque doré*, affirme qu'elle l'a vu porter l'uniforme allemand. On fit courir le bruit qu'avant guerre déjà il était agent.

Grâce aux origines de sa mère, il devint citoyen du Reich de plein droit (Reichsdeutsch). Au printemps 1940, il prit la fonction de conseiller auprès du gouverneur allemand aux affaires artistiques. Il dirigea également le théâtre Komedia rue Kredytowa et le cinéma Palladium rebaptisé *Helgoland* par l'occupant et « réservé aux Allemands » (« nur für Deutsche »).

Sur les affiches de théâtre : *A la recherche du grain de beauté, Sous la feuille de figuier, Petits jeux amoureux, Le Nectar des délices, Boissons et baisers.*

S'amuser lors de spectacles ineptes et licencieux est une preuve déshonorante de stupidité, de grossièreté intellectuelle, de manque de pudeur et de dignité – pouvait-on lire en 1940 dans le rapport de la Société des artistes de la scène polonaise. Elle appelait unanimement au BOYCOTT de tous les spectacles de théâtre officiels. Officiels, c'est-à-dire sciemment ou inconsciemment au service de la propagande allemande qui en plus dépravaient et rabaissaient la moralité de la société polonaise. On reprochait aux comédiens qui s'y produisaient d'avoir un « faible sens moral », de perdre « leur dignité artistique et citoyenne » ou de faire « des calculs minables ».

Les cochons vont au cinéma, et les plus riches au théâtre – lisait-on sur les murs. On jetait des gaz pestilentiels pendant les spectacles, déclenchait des incendies, mettait des produits corrosifs dans les poches des spectateurs ou on leur rasait la tête.

Cependant, des foules continuaient de se presser dans les petits théâtres varsoviens. Au Theater der Stadt Warschau, on réservait les billets pour des opérettes deux semaines à l'avance.

La presse clandestine disait de ce public : *Ce sont en majorité des magouilleurs profiteurs de la guerre – des trafiquants d'or ambulants aux spéculateurs de combustibles.*

Les salles accueillaient jusqu'à huit mille spectateurs par jour sur tout Varsovie. En 1940 pour entrer au Papillon bleu, on payait 2 à 4 zlotys (le prix de deux kilos de viande). Puis en 1943, dans un petit théâtre similaire, le Figaro, de 5 à 50 zlotys, somme qu'une famille de six personnes dépensait par jour pour se nourrir.

Le boycott citoyen imposé par l'Etat clandestin fut largement transgressé. Fut-ce uniquement, comme c'était le but, par la racaille – les contrebandiers, les trafiquants, les combinards ?

La fréquentation atteignait les quatre-vingt-cinq pour cent.

Igo Sym engageait… Il pouvait se le permettre.

En 1941, sur ordre de Goebbels, il s'occupa de la réalisation du film de propagande *Heimbehr, Le Retour à la patrie*. Les rôles des bourreaux de la minorité allemande en Pologne allaient être interprétés par des acteurs polonais.

Dix acceptèrent.

Nous sommes tous des collaborateurs. A une plus ou moins grande échelle, sur une journée ou sur toute une vie. Tout ce qui nous différencie, c'est l'expérience et les circonstances, qui permettent d'apprécier jusqu'où vont les limites de nos compromis. L'histoire nous inscrit souvent dans un contexte de choix tragiques. Nous collaborons avec le destin, nous nous arrangeons avec lui. Nous sommes capables de justifier presque chacune de nos faiblesses.

Dans le *Dictionnaire de la langue polonaise* de Samuel Linde (1855), le mot KOLABORACJA n'existe pas. Si à la fin du XIXe siècle, on parlait en polonais de *współpraca* (*collaboration – travail en commun*) avec les occupants, le mot *kolaboracja* eut alors une autre force. Il est apparu dans les dictionnaires européens seulement au XXe siècle, pour décrire une nouvelle réalité à laquelle personne jusqu'alors n'avait été confronté.

Ce terme se rapportait originellement à la Seconde Guerre mondiale et décrit une coopération politique ou économique avec l'occupant hitlérien. Action de coopération d'un citoyen d'un pays occupé avec les autorités d'occupation allemandes, italiennes ou japonaises portant préjudice à sa nation. Ce mot fut utilisé pour la première fois en octobre 1940 lors de la rencontre entre le maréchal Pétain et Hitler en France.

Collaboration – en français et en anglais.

En polonais – *współpraca* (*travail en commun* – étymologie slave) ou *kolaboracja* (étymologie latine).

En polonais plusieurs mots dérivés décrivent le phénomène : *collaborateur, collabo, collaborationniste.*

L'agent. Il diffère du collaborateur en ce qu'il monnaye régulièrement ses services. C'est un fonctionnaire de police.

Il y a encore le traître...

Il y en avait qui exécutaient docilement les ordres de l'occupant. Agissant ainsi pour avoir la paix, faire un bénéfice, sauver leur vie. Parfois il y avait aussi des doubles sens ; ceux qui travaillaient avec l'ennemi tout en s'efforçant d'agir pour le bien de la société, de faire quelque chose qui pourrait être un bienfait même à une échelle restreinte.

J'ai l'impression que tous ceux qui ont survécu étaient impliqués.

Apparemment le travail garantissait la survie. L'occupation hitlérienne avait privé les Polonais et les Juifs de la plupart de leurs activités habituelles. Les institutions polonaises avaient cessé d'exister. Tout avait fermé : les écoles, les universités, les bureaux, les administrations, les banques, les philharmonies, les clubs de sport. La vie sous son ancienne forme était morte. Chaque jour, mois, année de guerre apportait ses changements et exigeait qu'on s'adapte.

Les Polonais dans leurs villes, les Juifs dans des morceaux de villes derrière des murs tentaient de se confronter au quotidien pour ne pas tomber trop vite dans ses pièges.

Il fallait avoir un toit sur la tête, pour soi et pour sa famille et calmer la faim. La faim fondamentale – la faim de pain, qui annihilait et neutralisait toutes les autres. Et que seul l'art pouvait calmer.

En 1940, le conseil secret du Théâtre publia une ordonnance :

Ceux qui auront enfreint les règles de notre organisation, soit qu'ils n'aient pu trouver de source de revenus honnête, soit qu'ils aient fait preuve d'insouciance, d'opportunisme ou de nonchalance éthique – encourent une SÉVÈRE CONDAMNATION !

On accordait peu volontiers de circonstances atténuantes – la nécessité d'entretenir et de protéger sa famille, l'incapacité d'exercer un autre métier, le besoin de jouer sur scène... avec encouragements et soutien du public.

On faisait les comptes avec la furieuse nécessité d'infliger une peine méritée. Au nom du sentiment de décence et d'honneur entaché. *S'ils avaient eu une guillotine sous la main,* écrivait Stefan Jaracz, *ils n'auraient pas hésité à l'utiliser.*

Igo Sym s'est fait abattre dans son appartement rue Mazowiecka le 7 mars 1941.

Chose rare, la sentence du tribunal militaire spécial auprès du commandement général de l'Union pour la lutte armée a été sauvegardée. Date, nom du condamné, quelques mots. Concision clandestine. Le professeur Andrzej Krzysztof Kunert est certain que l'ordre venait du général Grot Rowecki en personne.

Le 5 juillet 1943, la sentence du groupement clandestin fit exécuter à son domicile la seconde femme de Junosza-Stępowski, une jeune actrice, morphinomane.

Kazimierz Junosza-Stępowski avait soixante ans et derrière lui une période de grands triomphes sur scène (de la comédie à la tragédie). C'était un acteur de cinéma réputé et populaire qui gagnait extrêmement bien sa vie (c'était lui, le célèbre *Professeur Wilczur,* dans deux films !). Pendant la Première Guerre mondiale il était uhlan dans la Légion polonaise. La Seconde le surprit alors qu'il donnait des représentations à Wilno. Il rentra à Varsovie. Il travailla d'abord dans les cafés Au Rebouteux, Au Canard doré et à la Frégate. On lui proposa aussi de jouer dans le film *Le Retour à la patrie*. Il refusa. Il accepta cependant de se produire au théâtre Komedia. Il ne pouvait pas *ne pas travailler au théâtre* ! Il y joua dix-huit rôles. Il joua également dans quelques sketches à la Ruche dorée.

Je n'ai peur de rien, reconnut-il dans une lettre, *pourvu que la vie étincelle.*

Il protégea sa femme de son corps. Il mourut quelques heures plus tard des suites d'une blessure par balle.

Maria Malicka, elle, fut condamnée en 1947 pour être montée sur scène, certes, mais également pour *avoir entretenu des relations intimes avec l'agent du service de la Propagande Józef Horwarth, et reçu dans son appartement des officiers allemands et des fonctionnaires de la propagande.*

Elle avait vingt-quatre ans quand elle interpréta une phénoménale *Sainte-Jeanne* de Shaw au Théâtre Polonais d'Arnold Szyfman. Le maréchal Piłsudski et le président Mościcki vinrent l'applaudir. Elle fit de la réclame, vantant les mérites du grand magasin des Frères Jabłkowski, du café Pluton et des chocolats Piasecki.

Sous l'Occupation, elle fut cofondatrice et serveuse du café Les Actrices – 12 rue Piękna au coin des allées Ujazdowskie, puis au 5 rue Mazowiecka. Ouvert en avril 1940, ce café était réputé pour être le plus cher de Varsovie, mais il était aussi le plus couru. Des actrices de mérite montraient ainsi qu'on pouvait apprendre à survivre d'une autre manière. Elles ne jouaient pas le répertoire imposé par les Allemands.

Malicka a quitté son travail aux Actrices au profit d'un contrat au théâtre Komedia. Elle expliqua qu'elle n'était pas la seule. La proposition d'Igo Sym intéressa d'autres comédiens de renom : Junosza-Stępowski cité plus haut, Józef Węgrzyn, Antoni Fertner, Stanisława Perzanowski...

En 1944 Malicka gagnait 250 zlotys par jour, donc environ sept mille par mois. Certaines sources parlent de deux ou trois fois plus.

Après la guerre elle fut considérée comme l'actrice la plus corrompue de l'Occupation.

Adolf Dymsza fut aussi accusé d'avoir joué dans des théâtres officiels et d'avoir trop frayé avec les Allemands...

Il lui fut interdit de jouer à Varsovie, parfois son nom sur les affiches était remplacé par trois étoiles, et on l'obligea à rendre quinze pour cent de ses cachets à la Maison de retraite pour vieux comédiens de Skolimów.

Pour Marian Wyrzykowski, le réel accomplissement était de se produire dans des appartements privés, d'y réciter de la poésie au service de la patrie. Des leçons de révolte.

Il était également serveur. Il fallait bien vivre. Bien sûr certains pensaient que c'était une reconversion absurde. Infantile. Car dans la vie mieux vaut faire ce qui est dans nos cordes, ce qui est bon et enrichissant pour les autres, plutôt que de gâcher son talent...

Il y avait débat. Etait-il mieux de jouer au théâtre ou de servir les gestapistes dans un café ? Ça se discute. La scène permet tout de même de garder un pied dans son métier, tenir un établissement exigeait d'être en contact avec les Allemands à plusieurs niveaux.

Jan Kreczmar défendait la décision de boycott prise par l'Association des artistes de scène. Il disait qu'il se sentait plus à l'aise de ne pas montrer un large sourire sur une scène alors que le ghetto était en flammes, que l'on fusillait et raflait des gens dans la rue et que les convois roulaient vers Auschwitz.

Le besoin de stigmatiser les fautes de guerre des comédiens atteignait parfois l'absurde.

Jerzy Leszczyński fut blâmé pour avoir sorti le chien d'un intendant de théâtre allemand. On intenta un procès à un violoniste de l'orchestre cracovien du Wawel pour avoir serré la main du général Frank qui était venu le féliciter pour son jeu impressionnant.

La fièvre de la vérification toucha tous les centres de théâtre les plus importants de Pologne dès le début de l'année 1945.

Condamnations au blâme ou à l'infamie, têtes rasées, passages à tabac. Droits citoyens suspendus, interdiction temporaire de pratiquer son métier, mise à l'écart des scènes de la capitale.

Au printemps 1944, Janusz Minkiewicz fut l'un des premiers à s'exprimer à ce sujet. Il avait collaboré avec les théâtres officiels sous l'Occupation. Il expliqua pourquoi le travail des comédiens pouvait avoir son importance en ce temps. « La faim artistique était aussi forte que la faim physiologique, et le besoin de rire, de satire, d'amusement avait pris le pas sur le reste y compris dans le ghetto de Varsovie, théâtre ô combien macabre de la mort. » Il parlait avec ironie du mélange des genres professionnels pendant la guerre : « Les comédiens devenaient serveurs, les serveurs directeurs d'entreprises, les peintres des spéculateurs, les magouilleurs des littérateurs. » Il s'abstenait de tout jugement. Aussi bien envers les uns qui ne voulaient pas quitter la scène qu'à l'égard des autres qui avaient décidé de se consacrer au métier de serveur.

Les vérifications d'après-guerre menées par l'Association des artistes de scène polonais avaient comme objectif de juger des « activités » pratiquées sous l'Occupation. On y passait donc au peigne fin les curriculums ayant travaillé pendant la guerre.

L'Etat polonais clandestin exigeait le respect des règles fondamentales du code moral citoyen. La résistance passive et le boycott des institutions gérées par l'occupant faisaient partie des principes les plus importants. Il était stipulé que ce n'était pas tant le fait de travailler qui était répréhensible mais plutôt un zèle excessif qui dépasserait le besoin de gagner sa vie et entretenir sa famille. On appelait cela la limite de nécessité vitale. On se devait de « stigmatiser les éléments nuisibles ».

Certains sont nés pour la scène. Les applaudissements leur donnent des ailes, les portent dans la vie. Ils ne savent pas fonctionner autrement. Comment trouvent-ils leur place dans une réalité qui ne les aide pas ? Que faire pour ne pas cesser d'être une vedette ?

D'après l'organisation professionnelle à laquelle ils appartenaient, ils rompent les termes de la lutte civile en montant sur une scène officielle. Et ils encourent le boycott. Et pourtant ils voient que d'autres le font, ils se connaissent, se rencontrent, montent même sur scène ensemble. Et pourquoi ce serait plus mal de jouer sur scène que de jouer dans les cafés ? Ouvrir un bar ? Ils ne sauraient pas le faire. Eux, ils savent jouer... On ne peut pas « jouer dans un placard » ! On ne peut pas, vous entendez, monsieur l'écrivain. Pour les autres c'est toujours plus facile.

De plus, le public veut les voir. Les billets se vendent. Pas seulement pour *Le Nectar des délices*, mais aussi pour voir des auteurs comme Fredro, Perzyński et Zapolska. Et ceux qui s'étaient improvisés « restaurateurs », en quoi seraient-ils meilleurs qu'eux ? Parce qu'ils incarnent un style de vie héroïque, et les autres alors ? Ils dénaturent le sens des devoirs dont ils sont chargés. Ils n'ont plus de notion de honte ? C'est l'élite, c'est pour l'exemple, ce sont eux qui devraient porter en bandoulière cet honneur inébranlable. Ils ne sont pas inflexibles.

Ne pas lire les journaux, éviter les théâtres et les cinémas, car tout ça fait collabo – col-la-bo – prononcé avec une diction de comédien, c'est tout à fait répugnant.

Mais jusqu'à se priver du plaisir de jouer...

J'en essaye un deuxième. Le destin de l'auteure de pièces de théâtre de propagande antisémite.

Le bureau de la Propagande lança au printemps 1942 un concours de pièces de théâtre qui soutiendrait la lutte contre le typhus – il faut entendre par là : qui soutiendrait la condamnation des milieux juifs primitifs et arriérés, terreau de toutes sortes de maladies ; quarante travaux furent envoyés.

Le premier prix fut décerné à Halina Rapacka pour *En quarantaine*.

Fille du grand acteur Wincenty Rapacki, elle avait le théâtre dans le sang. Toute jeune actrice, enfant de la balle, elle s'était produite dans les revues familiales de Varsovie, Lwów, Łódź. Au début de la guerre, elle vendait du savon dans les cafés, mais pour un piètre résultat. Puis elle essaya d'écrire pour des cabarets et le *Nouveau Courrier*, un journal allemand en langue polonaise qui faisait partie de ce qu'on appelait la presse reptilienne, un torchon, un journal putassier, une merd-chandise.

Ce journal était boycotté. Tout comme elle, même cachée derrière son pseudonyme « Mizantrop ». Elle fournissait des textes aux théâtres allemands gérés par les autorités occupantes. *La Magie du mensonge, Ma Femme célibataire, Ce n'est pas moi – c'est elle...*

A ses amis qui acceptaient encore de lui parler, elle expliquait qu'elle devait travailler parce que sa mère avait faim. Elle était prête à faire n'importe quoi pour de l'argent. Elle le disait elle-même, les témoins de son sort également. Je ne sais pas où se situait la limite, ni jusqu'où elle était capable d'aller. Ecrire des pièces de théâtre sur la vermine juive ne dépassait pas encore les bornes. Finalement, cela existait les immeubles juifs pouilleux et sales qui répandaient leurs maladies dans les rues et souillaient le monde...

Le message est clair : les Juifs constituent un danger moral et physique. Il faut s'en prémunir. Elle fut fière de sa récompense.

En *quarantaine* fut montré pour la première fois à Tarnów le 1er août 1942. C'est là que le Théâtre Ambulant fut fondé dans le but de faire la propagande de cette pièce et de son mot d'ordre. Il sillonna d'abord le sud de la Pologne. Les cachets des comédiens qui participaient de cette entreprise atteignaient le niveau des cachets allemands, jusqu'à 1 500 zlotys par mois. Le prix des billets tomba à 2 zlotys (pour 6 ou 12 habituellement). Avant chaque spectacle, un médecin faisait un petit laïus au sujet du typhus, de la saleté et du rôle des Juifs dans la propagation des infections.

Les ghettos étaient fermés depuis des mois déjà. Si l'on aidait les Juifs, on encourait la peine de mort.

Le spectacle fut présenté à Cracovie à l'automne 1942, à Varsovie en janvier de l'année suivante.

Le Théâtre Ambulant donna des représentations rue Hoża, dans l'ancien cinéma Urania. Comme dans d'autres grandes villes, les spectacles soulevaient des protestations, la fréquentation était faible, les comédiens subissaient des actes de sabotage. Et pourtant Stanisław Lorentz, qui était en charge de la culture au sein de la délégation clandestine du gouvernement polonais, constata que ce projet eut les effets escomptés tant il renforça de façon significative les tendances antisémites.

Quelqu'un a dit, certainement en connaissance de cause, que Halina Rapacka « n'avait pas la fibre patriotique ». C'est peut-être un fait. Peut-être existe-t-il une sorte d'inaptitude à voir en perspective le contexte de sa propre vie, à respecter les normes qu'exige le code moral.

Elle fut jugée par contumace, alors qu'elle était déjà en Angleterre. Elle fut condamnée. Elle ne purgea jamais sa peine de dix ans.

J'essaye un troisième destin. Le destin du Monsieur Tout-le-monde juif.

Szepsl Rotholc était un boxeur poids mouche. Il avait gagné avant la guerre environ une centaine de combats. Il était traité en héros. Et c'était fait pour durer. Mais dans le ghetto, il n'y avait pas de place pour un ring et il devint policier juif. Avec des contrebandiers professionnels, il corrompait des gendarmes. Il devait gagner sa vie, il avait une femme et un fils, mais il voulait aussi aider les autres. Il a tenu jusqu'en 1943, jusqu'à la fin du ghetto de Varsovie.

C'est Jonas Turkow qui lui conseilla de faire ouvrir une enquête pour prouver son innocence.

Le 8 octobre 1946 le bureau du Comité central des Juifs de Pologne convoqua le Tribunal citoyen. L'annonce de la tenue du Tribunal fut mentionnée dans Dos Naïe Lebn – *La Nouvelle Vie*, organe officiel du Comité publié en yiddish. On envisageait dans un futur proche l'étude des cas du boxeur Szepsl Rotholc, du metteur en scène de théâtre Michał Weichert, ainsi que de la chanteuse Wiera Gran.

C'est en novembre 1946 qu'eurent lieu dans la salle provisoire du Comité central des Juifs de Pologne les quatre auditions publiques du boxeur Rotholc. Une foule s'y pressa et lors de leur tenue, l'émotion fut vive parmi les survivants. L'acte d'accusation stipulait que la police juive était une organisation collaborationniste agissant au détriment de la société juive. Une condamnation particulièrement sévère visait ceux qui étaient restés dans ses rangs après la liquidation du ghetto.

« Je ne pouvais pas aider tout le monde. Si je suis resté, c'était pour aider les Juifs », tenta Rotholc calmement. Un instant plus tard, il cria en frappant du poing sur la table : « Je voulais sauver ma femme et mon enfant. »

Je vois cette scène avec un désespoir grandissant. Voici le témoignage d'une femme, une connaissance de Rotholc. Elle raconte qu'il ne l'a pas aidée lors d'une rafle, c'est un autre policier qui l'attrapa, un ami, qui l'instant d'après jeta par la fenêtre l'enfant d'une autre Juive. « Les policiers juifs du ghetto étaient pires que les Allemands », dit-elle.

Ce n'est pas la première fois que j'entendais cette phrase.

« Une bande de dégénérés », comme disait un ancien membre de la clandestinité juive. En particulier ceux qui ont réussi à survivre jusqu'à la fin, après le 22 juillet, pendant la déportation. Il ne manifestait à leur égard aucune clémence. C'est un « abcès accroché à l'organisme juif » qu'il faut éliminer.

Lors d'actions de déportation, était-il possible dans la police d'accomplir son devoir de façon « innocente » ?

Ils auraient préféré voir en Rotholc un héros. Un membre actif de l'Organisation juive de combat, par exemple. Où puiser le courage ? Il s'était engagé dans la police. Il faisait partie de la garde citoyenne. Sa fonction consistait à « protéger la population juive dans l'enceinte du ghetto ». Puis tout s'est passé trop vite, de nouveaux règlements, des ordres, la menace de perdre ses proches. Qui peut exiger le comportement héroïque d'autrui ?

Le 29 novembre 1946, le tribunal le jugea coupable de *participation aux actes d'extermination contre le peuple juif*. Il fut érigé en symbole de honte, symbole de ce service d'ordre du ghetto tant détesté. La décision tomba – *requête en réhabilitation rejetée*.

Apparemment, tous les survivants voulaient régler des comptes – des Juifs communistes aux sionistes. Le mot d'ordre était d'éliminer de la société juive les personnes qui avaient collaboré de quelque manière que ce fût avec les autorités hitlériennes. Les décisions du tribunal devaient les empêcher d'occuper des postes importants dans la nouvelle réalité.

Les comptes ne furent pas réglés tout de suite. La réalité d'après-guerre s'avéra dangereuse pour les survivants. Le retour difficile dans des lieux occupés déjà par d'autres. La chasse aux Juifs dans les trains. Le pogrom de Kielce en juillet 1946 repoussa hors de Pologne beaucoup de ceux qui l'avaient choisie comme patrie après la guerre.

Les cicatrices de guerre étaient trop sensibles, la perte trop douloureuse. Ils ne voulaient ou ne savaient pas se regarder dans les yeux.

Ils décidèrent de créer leur propre tribunal, car ils étaient en désaccord avec les verdicts des tribunaux d'Etat dans les affaires de collaboration.

La protestation des milieux juifs est née en janvier 1946 suite à l'acquittement de Michał Weichert, qui avait dirigé l'Aide sociale autonome dans le ghetto de Cracovie, et fut disculpé pour le motif qu'il avait agi « sans intention criminelle ».

Il s'écoula trois ans entre le procès de Rotholc et celui de Weichert. Le tribunal citoyen traita vingt-cinq affaires de collaborateurs présumés. Dix-huit furent reconnus coupables, sept furent acquittés.

L'idée de purifier l'atmosphère est installée dans les esprits, écrivait Marek Bitter, représentant du PPR, Parti communiste polonais des travailleurs, au sein du Comité juif.

Avant la mise en place du tribunal juif, la justice polonaise s'est prononcée dans onze procès : huit personnes furent condamnées, dont cinq à la peine de mort.

Il existait un fort sentiment de rejet à l'encontre des fonctionnaires juifs des administrations locales des ghettos, considérés comme coresponsables de l'holocauste. Je me serais inquiétée du sort du président du Judenrat de Varsovie, Adam Czerniakow, ou de celui de Łódź, Chaim Rumkowski, s'ils avaient survécu. Rumkowski a marchandé avec le sort et les Allemands plus longtemps que ceux de Varsovie, usant de tous les procédés possibles. Il aurait pu s'attendre à une « lustration » plus drastique de son comportement dans le ghetto, une vérification des liens entretenus sous l'Occupation, des plus extrêmes. Il vécut avec d'autres survivants incroyablement longtemps jusqu'à l'été 1944. Il dépassa donc les bornes de toute justification morale imposée par la chronologie des événements.

Je m'étonne de l'intransigeance juive d'alors dans cette lutte pour des principes. Exiger la révolte de ceux pour lesquels la révolte signifiait la mort. Tout ce qu'ils pouvaient faire, c'était amortir la force des coups.

Après l'anéantissement, après tout ce qu'ils avaient vécu, ils ressentaient le besoin de purification morale, de faire tomber des sentences, de stigmatiser. Le prix de la survie tombait sous le coup de leur jugement sévère.

Les tribunaux créés après la guerre me font mal.

Essayer le costume des autres ne fait pas mal. Porter un moment les vêtements des autres ne nous imprègne pas de leur sort. Interpréter volontairement un rôle un instant ne coûte pas grand-chose.

Peut-être cela vaut-il la peine de jouer ce rôle plus longtemps ?

Un reflet dans le miroir. A soi. Les mêmes yeux, le même contour des cheveux, le front, le même rictus.

J'aurais voulu vivre. Trop ? Mais existe-t-il une gradation en la matière ?

Parmi les deux mille cinq cents comédiens polonais d'avant guerre, environ deux cents se produisaient dans des théâtres et des revues officiels sous l'Occupation. Moins de dix pour cent. Certains étaient très réputés : Malicka, Dymsza, Perzanowska... Parmi ces deux cents collaborateurs, quinze furent pointés du doigt publiquement. Les condamnations étaient publiées dans la presse clandestine, les peines – les passages à tabac ou rasages de tête – étaient publiques.

Les commissions de vérification faisaient naître un mépris vis-à-vis de ceux entachés par leurs actes serviles ignobles... la déception des incompris, des impuissants face à la sévérité des juges. Les polémiques, l'amertume.

On a pu lire qu'il ne s'agissait pas de vengeance, mais j'ai l'impression que c'est justement ce dont il était question. Une envie impérieuse de stigmatiser les traîtres allait de pair avec un silence à l'égard des irréductibles, ce qui provoquait des réactions aussi « toxiques ».

Les catalogues de termes à décharge étaient riches : action en faveur des milieux clandestins, soutien d'une organisation secrète, cacher et aider des Juifs, chantage de l'occupant, besoin d'entretenir sa famille... Ou alors tout simplement aussi ordinaires que : se faire entraîner par un copain, nous jouions ensemble, pour nous serrer les coudes.

Leon Schiller donna après guerre un exposé consacré à la vérification dans lequel il énonça à nouveau, de façon claire, nette et catégorique, qu'enfreindre l'interdiction de jouer constituait une faute grave, non seulement vis-à-vis de l'Association des artistes de scène mais aussi du peuple et de l'Etat.

Il existait différents degrés de faute, en fonction de la personne qui la commettait. Les acteurs connus, importants, vivant bien, et qui ne pouvaient justifier leur implication par le besoin de gagner leur vie ne subissaient pas le même traitement que les acteurs moins en vue, les artistes pauvres et dans le besoin. Le fait qu'ils se soient produits une ou plusieurs fois entrait aussi en ligne de compte et l'on traitait encore différemment ceux qui avaient signé un contrat de collaboration durable.

On soulignait que les coupables agissaient de leur propre gré ; que l'occupant n'avait pas exercé de pression ni rien exigé. Il était donc encore plus humiliant de se voir taxé d'avoir agi « au service de la propagande allemande dans le domaine du théâtre ».

Etait-ce effectivement collaborer ou seulement ne pas suivre la discipline organisationnelle des autorités de l'Association des artistes de scène ?

Je me demande si à l'époque, dans le quotidien de l'Occupation, le milieu artistique était aussi divisé que plus tard, après la Libération ? Les gens du Kometa ou du Melodia serraient-ils la main aux serveurs de cafés populaires du milieu artistique et à ceux qui préparaient des représentations clandestines des classiques polonais ? Détournaient-ils la tête quand ils se croisaient par hasard dans la rue ? Un gouffre semble séparer les revues *Ah, les petites femmes, Sous une feuille de figuier*, *Oh, mais quelles jambes* et *Les Aïeux* d'Adam Mickiewicz, *Les Noces* de Stanisław Wyspiański, Sophocle ou Juliusz Słowacki.

A mesure que le temps passait, la censure de la propagande allemande était moins sévère. Les théâtres, encouragés à jouer un répertoire à la limite de la pornographie, montaient des comédies polonaises : *Le Bonheur de Fanfan, La Moralité de madame Dulska, Un vœu de jeunes filles*...

Le répertoire trivial du Kometa, du Scala, du Bohema, les revues avec leurs seize calembours, contrepèteries et autres jeux de mots comme *Pruneau cru, pruneau cuit* attiraient les foules – très différentes de celles qui remplissaient les soirées clandestines, les rencontres secrètes de poésies, intimes et modestes. Des jeunes allaient de maison en maison pour réciter *Alarme* de Słonimski ou *Les Fleurs de Pologne* de Tuwim. Vingt à cinquante personnes dans un appartement, et un sentiment de danger, une atmosphère de secret, de messe nationale. Décidément très loin des farces du genre *Les Pierogi au chou* ou *Gouzi gouzi* jouées à l'automne 1943 alors que les rues étaient le théâtre d'exécutions sanglantes. Sur les colonnes publicitaires, à côté de placards rouges énumérant les noms des fusillés figurait l'affiche du spectacle *au Miniature – Trempons nos pieds*...

Les comédiens qui avaient pris part à la vie artistique sous l'occupation soviétique dans les territoires de l'Est sont passés par la vérification sans dommages. Le sujet de l'activisme dans le théâtre soviétique n'était pas d'actualité à l'époque. Ces spectacles n'étaient pas chargés de culpabilité. Juliusz Osterwa, quand il jouait à Wilno et Grodno, n'éveillait aucune réserve, alors que ses prestations à Varsovie étaient contestées. En 1944 Stanisława Perzanowska reçut un blâme pour avoir travaillé dans des théâtres officiels de Varsovie mais rien en tant que directrice artistique du théâtre de Wilno sous l'occupation soviétique. De même, aucune procédure de vérification n'a été appliquée à la vie théâtrale de Lwow, autorisée par le pouvoir soviétique. Et les comédiens qui interprétaient Fredro ou Zapolska n'étaient pas mis à l'index...

Je peux comprendre qu'à l'époque, juste après la Libération, cela fut impossible.

Bohdan Korzeniewski, metteur en scène, cofondateur du Conseil théâtral dans la clandestinité, sévère et intransigeant envers les Polonais, s'est gardé de juger les choix des artistes derrière le mur. Stefania Grodzieńska se souvient que Jurandot lui avait demandé conseil et ce devant témoins au sujet de l'ouverture du théâtre Femina dans le ghetto. Pour éviter d'éventuelles accusations.

Un alibi. On peut toujours en trouver. Et il n'est pas toujours synonyme de transgression morale. Tout cela serait tellement plus facile à voir au théâtre.

Quelle carte aurait joué Wiera du côté aryen ?

CHAPITRE 9

Dans la déclaration faite ci-dessus, je n'ai dit que la vérité

Dans la déclaration faite ci-dessus, je n'ai dit que la vérité et rien que la vérité.

Ils répétaient leurs propres souvenirs comme des formules magiques.

Les ci-dessus : « Je suis prêt/prête à témoigner sous serment. »

J'ai dit la vérité.

J'ai dit tout ce que je savais.

Ils répétaient comme pour trouver un alibi à leur propre sort.

Le tribunal citoyen auprès du Comité central des Juifs de Pologne a étudié le cas de Wiera Gran accusée de collaboration avec la gestapo, de décembre 1946 à janvier 1949. Plus de deux ans, près de vingt-six mois passés à éplucher le problème de son éventuelle coopération avec l'occupant. Une cinquantaine de témoins ont été entendus, proches et étrangers, artistes, médecins, avocats, serveuses, un prêtre, des jardiniers et un vitrier..., lors de dizaines d'auditions publiques ou à huis clos pour enfin arriver à un verdict.

Dans l'appartement de Wiera Gran j'ai trouvé des centaines de copies de ce verdict. Elle les avait toujours sous la main. Comme une arme. C'était bien son arme.

Elle avait trente ans quand se déroula ce psychodrame. Elle avait tout perdu. Famille, soutien et illusions. Tout ou presque lui avait fait défaut. A part sa voix et quelques amis en qui elle n'avait plus trop confiance.

Se souvenir, se rappeler, se retourner était une torture, mais à laquelle elle devait se soumettre. Elle fit tout pour prouver son innocence. Elle le voulait. Elle croyait en l'autolustration – revenir elle-même sur son passé, témoigner pour elle-même.

On ne lui avait pas permis d'oublier. Ni avant, ni après. Jamais.

A l'époque, elle ne le savait pas encore.

« J'écoute » les dépositions des témoins. Ils parlent d'événements datant d'à peine quelques années plus tôt. Difficile de ne pas s'en souvenir. Ils s'embrouillent à merveille dans un passé pourtant récent.

Voilà ce qui s'est passé, voilà les faits, leurs variantes répétées et transmises par le téléphone arabe. Ils rebondissent en écho toujours plus loin et plus fort. De nouveaux tableaux viennent transformer les plans précédents. Les échos se font écho. Voilà les témoins de leurs propres fautes et en même temps, les victimes du mal accompli.

Le Tribunal citoyen au complet – président : Maître Aleksander Ołomucki, juges : Szymon Rozenberg, Bernard Borg, Genia Lewi, Anatol Truskier, greffier : Karolina Ney, porte-parole de l'accusation, Maître Piotr Kowalski et avocat de la défense, Maître Antoni Landau – a longuement pesé et mesuré la justice. C'est-à-dire la mémoire et la vérité. Il a énoncé le résultat de ses recherches. Mais tout est demeuré comme avant.

Personne n'a convaincu personne, personne n'a changé le cours de la mémoire de personne. Je ne sais pas pour qui cela pouvait compter à part l'accusée.

Même plus de cinquante ans après, cette affaire laisse un arrière-goût déplaisant. Elle se perd dans des méandres de sous-entendus et d'insinuations.

J'ai le sentiment d'être prise, tout comme Wiera, dans ce filet de témoignages contradictoires.

Je ne sais pas ce qui s'est réellement passé dans le ghetto entre Wiera Gran et ses principaux détracteurs. Je connais les accusations et leurs répercutions. Je connais les nombreux témoignages, récits, variantes de rumeurs. Un monde d'accusations qui prend de l'ampleur à mesure que le temps passe, qui touche des cercles de plus en plus larges.

Qui étaient ses accusateurs et quelles preuves de « crime » possédaient-ils ? N'étaient-ils pas eux-mêmes pris dans les pièges du processus de « survie » ? Survivre, mais à quel prix ? Qui a le droit de juger les survivants ?

J'ai l'impression que quelqu'un avait intérêt à réveiller et entretenir des sentiments hostiles à son encontre. Comme si quelqu'un voulait cacher quelque chose de son propre passé et rejeter sur elle la responsabilité de ses propres fautes. Détourner l'attention de ses bassesses passées.

Mes réflexions découlent de mes conversations avec la mémoire, pas avec la vérité. Car dans ces situations qui frôlent les limites, la vérité n'est pas une. Elle est une somme de tableaux individuels.

De quoi s'agissait-il ? De sa beauté, de son tempérament, de son succès ? Ou de son côté hautain et suffisant ? D'opportunité, d'influences, d'argent ?

Qu'est-ce qui a provoqué ce ressentiment, voire cette agressivité ou encore l'envie de proférer à son adresse des accusations plus ou moins sûres ou illusoires ? Qu'est-ce qui était le plus difficile à supporter – pas pour les pauvres, évidemment, eux ne l'ont pas accusée –, non, pour ses collègues, les habitués, les étrangers – pour les bienveillants ?

Des dizaines de questions ont été posées. Difficile de les classer par ordre d'importance. Vue panoramique, vue détaillée.

Ont-ils vu la même femme ? Ont-ils vu Wiera Gran ? Wiera l'Aimant ? Weronika Grynberg ?

Quand elle sortait dans la rue, elle portait le brassard obligatoire qui marquait un par un les habitants du ghetto. Mais on la voyait aussi s'afficher sans, provocante, violant les règles obligatoires. Elle aurait porté une fourrure, une fourrure dans le ghetto, symbole de luxe et de privilèges particuliers, surtout après l'instauration du règlement allemand ordonnant la restitution de tous manteaux, vêtements et cols de fourrure pendant l'hiver 1941. Elle garda une gabardine miteuse, « elle n'avait rien de correct à se mettre ». Mais une chose est sûre, d'aucuns l'ont vue porter de l'astrakan et du chinchilla. Ceux-là mêmes disaient dans leurs témoignages qu'elle « exagérait avec les gestapistes » et qu'elle fréquentait l'Arizona, club douteux de l'hôtel Britania tenu par « la saloperie de gestapo juive »... Elle se serait également montrée du côté aryen, alors qu'elle n'est pas sortie une seule fois du ghetto sauf pour le quitter définitivement.

Avait-elle un sosie ?

Quelle était la réputation de Wiera Gran dans le ghetto ?

Dawid Sznajer, 42 ans, président du Comité juif d'Otwock, vitrier :

« Dans le ghetto, on disait que Wiera Gran faisait partie des gens au service de la gestapo.

(...) Encore en 1941, j'ai lu moi-même dans la presse clandestine qu'il fallait se méfier de certains individus – indicateurs de la gestapo. On y citait le nom de Wiera Gran. Je sais qu'en 1942 elle fut condamnée à mort par la résistance. »

Adolf Hoffman Zieliński, 36 ans, travaillait pour l'organisation clandestine Corps de Sécurité :

« En 1941 j'ai été informé que certains Juifs du quartier juif collaboraient avec la gestapo. J'entendis entre autres les noms de : Kohn, Heller, Anders, Milek, Gancwajch, Sztenfeld, Mirski. On disait également que ces individus passaient du temps avec les artistes Franciszka Mann, Wiera Gran, Szpetowa. J'ai vu personnellement plusieurs fois Wiera Gran fréquenter différents clubs du quartier juif en compagnie de ce genre d'individus. Son comportement était très désinvolte, ce qui pouvait laisser supposer qu'elle entretenait des liens intimes avec ces hommes de la gestapo. Globalement, Wiera Gran avait mauvaise réputation, on la trouvait dangereuse et on l'évitait. Cependant, on ne m'a rapporté aucun fait concret démontrant une activité nuisible. »

Gerard Gadejski, 47 ans, artiste, musicien, domicilié à Varsovie :

« Je n'ai jamais entendu dire qu'elle se soit comportée d'une manière indigne d'une artiste, elle n'a été mêlée à aucun scandale ou incident indécent. »

Elżbieta Gadejska (Irena Neumark) travaillait dans l'enceinte du ghetto avec Jonas Turkow en tant qu'employée d'un bureau d'organisation de concerts :

« Wiera Gran avait une réputation irréprochable. Elle organisait de l'aide sociale. Elle donnait l'impression d'être une personne posée, très discrète. »

Zygmunt Jankowski (figure dans les actes également sous le nom de Maciej Czarnecki), 56 ans, copropriétaire du café Sztuka, travaillait dans le ghetto en tant que directeur du Service des combustibles à l'Umschlagplatz :

« Quiconque dira que Wiera Gran a collaboré avec la gestapo n'est que menteur et calomniateur. Nous savions très bien ce qu'il en était. On nous avait dit de nous méfier de Franciszka Mann, de Szlengel, de Lipski. Lipski est devenu gestapiste au début de la liquidation du ghetto. On ne pouvait jeter hors du café aucune personne suspecte. Les sœurs Wentland avaient une réputation abominable et elles fréquentaient également le Sztuka.

Wiera Gran n'entretenait aucune relation avec des personnes suspectes, ni avec des Allemands, ni avec ceux du Treize. Dans le ghetto les gens n'avaient pas une mauvaise opinion d'elle et tout le monde la trouvait fréquentable, je n'ai jamais entendu dire qu'il fallait se méfier d'elle. »

Leon Piotrowski (connu sous le pseudonyme de Henryk Fuks), 55 ans, Varsovie :

« Je connais Wiera Gran depuis environ dix ans, jusqu'à la guerre seulement en tant que chanteuse, mais dans le ghetto je fréquentais Wiera Gran aussi en société. Je ne peux rien dire de mal sur son comportement. Tous ces soupçons sont sans fondement. »

Wiktoria Cukierman et Irena Rechtnaft, serveuses au café Sztuka, domiciliées à Katowice :

« Nous la voyions tous les jours. Nous pouvons affirmer qu'elle n'était pas en contact avec des gens suspectés de collaboration ; nous connaissions ces personnes, tant de vue que de nom.

Le comportement de Wiera Gran inspirait le respect et la sympathie tant parmi les clients du Sztuka qu'au sein du personnel. Nous savons par ses patrons, copropriétaires du Sztuka, qu'elle se comportait de façon irréprochable et qu'elle vivait modestement. »

Krystyna Żywulska, 33 ans, auteure du livre *J'ai survécu à Auschwitz* :

« On parlait d'un groupe appelé le Treize, en énumérant toute une série de noms, qui revenaient sans cesse, et pourtant le nom de Wiera Gran n'était jamais mentionné comme suspect. Je suis particulièrement sensible aux multiples variantes de collaboration. Par conséquent, si j'avais entendu dire quoi que ce soit d'ambigu sur le comportement de Wiera Gran, je ne l'aurais jamais caché au tribunal. »

Izabela Czajka Stachowisz (Izabella Gelbard), écrivaine, Katourie :

« Je connais Wiera Gran d'avant la guerre, je la rencontrais souvent dans le ghetto. En tant que directrice du café Udziałowa (*Le Participatif*), 16 rue Sienna, je l'engageais parfois pour des spectacles. J'ai toujours ressenti pour elle de la confiance, une grande sympathie et de la reconnaissance pour m'avoir rendu plus faciles ces terribles années dans cette époque inhumaine.

Elle ne m'a pas déçue. Toute cette affaire et ces soi-disant insinuations sans intérêt, ne sont à mon avis que des ouï-dire, des rumeurs inventées de toutes pièces. Je ne l'ai jamais vue avec un Allemand. Les gens soupçonnés de collaboration, on savait très bien qui c'était, tout comme les gens douteux (même s'il n'y avait pas d'informations concrètes). Elle n'a jamais appartenu à aucun de ces groupes. »

Jerzy Jurandot, 37 ans, auteur :

« J'ai souvent croisé Wiera Gran car elle prenait une part active dans la vie artistique du ghetto et je n'ai jamais rien entendu dire de diffamant à son encontre dans ce milieu.

J'affirme de façon catégorique que Wiera Gran n'a pas collaboré avec la gestapo. »

Romana Wajnkranc, 35 ans, copropriétaire du Sztuka :

« Dans le ghetto, ses amis étaient des gens les plus respectables. J'étais constamment dans la salle, j'y étais tous les jours, et je n'ai jamais vu Gran en compagnie de personnes suspectes. Nous fermions le café aux alentours de huit ou neuf heures du soir. Gran était en bons termes avec tous les associés du Sztuka, ils se tutoyaient tous. Je sais qu'elle était amie avec le vieux boulanger du ghetto, Blajman, et sa femme. Ils ne se seraient jamais rapprochés d'elle s'ils avaient eu le moindre soupçon. »

Aleksander Jasielski, 57 ans, membre d'une coopérative, directeur de la salle du café Sztuka jusqu'en 1942, puis serveur dans des clubs du ghetto, vit à Varsovie :

« Je connais Wiera Gran depuis 1930. Pendant une courte période elle a chanté au cinéma Capitol dont j'étais propriétaire. Puis je l'ai revue au Sztuka, dès le début. En tant que copropriétaire, j'y occupais la fonction de maître de salle. Je connaissais tous les habitués du club.

J'affirme et je suis formel, que pendant cette période Gran fréquentait régulièrement le lieu et participait à des soirées en compagnie de gestapistes : Szymonowicz, Mann, Fürstenberg, Mirecki, les frères Czapliński... Je les ai vus ensemble en pleines libations. Et puis il y a eu cette fête dans l'appartement du gestapiste juif Szymonowicz.

En tant que serveur, j'avais apporté chez lui les plats qu'ils avaient commandés. Puis Wiera Gran cessa de travailler au Sztuka, et je l'ai encore vue deux fois en compagnie de ces gestapistes juifs, dans le jardin près de le rue Ogrodowa, au coin de la rue Żelazna et au Melody Palace. Je n'ai pas entendu dire qu'elle ait été personnellement au service de la gestapo. »

Władysław Szpilman, 37 ans, pianiste :

« Je n'ai pas entendu dire de mal à son sujet. »

Qui fréquentait le Sztuka ?

Romana Wajnkranc :

« Presque tous les jours venaient au Sztuka des gens qu'on peut qualifier de dangereux, des gens du Treize ou d'autres soupçonnés de collaboration avec la gestapo. Je les connais de nom : Gancwajch, Firstenberg, Kanel, les trois sœurs Wentland, Hendel, Kohn, Heller. On m'a également dit de me méfier d'autres dont je ne connais pas les noms. Le reste du public s'isolait d'eux. Dans le café, il y avait une estrade – un podium avec un piano et où se produisaient les artistes. Les types douteux cités plus haut jouaient les seigneurs, ils exigeaient un service plus rapide et toutes sortes de privilèges. Je dois reconnaître qu'avec les additions énormes qu'ils payaient, ils étaient la base de notre existence. »

Comment expliquer que Wiera Gran ait chanté chez Szymonowicz ?

Kazimierz Jezierski :

« Il est impossible que ma femme soit jamais allée chanter sous l'Occupation dans l'appartement d'un gestapiste. »

Elżbieta Gadejska (Irena Neumark) :

« Peut-être a-t-elle eu peur des conséquences et a-t-elle accepté de faire une seule représentation. Tout le monde tremblait devant Szymonowicz. Elle m'a dit que ce spectacle avait été un cauchemar. »

Romana Wajnkranc :

« Connaissant les rapports entre les gens dans le ghetto, je peux affirmer que ne pas obéir à un ordre ou refuser de se produire au domicile d'un gestapiste juif pouvait mettre le contrevenant en danger. »

Zygmunt Jankowski :

« Refuser, c'était s'exposer à une potentielle vengeance. »

Que sait le témoin sur la collaboration de Wiera Gran avec la gestapo ?

Piotr Piotrowski, 47 ans :

« Je connais l'affaire Wiera Gran depuis qu'elle s'est adressée à moi en ma qualité de président du bureau de l'Association des musiciens. J'étais dans la résistance. J'avais des informations détaillées sur tous les artistes, dans le ghetto et en dehors. Sur Gran, que des opinions favorables. Après la guerre, je n'ai plus étudié ces affaires. Je n'ai pas participé à la commission de vérification. »

Józef Jamiołkowski, propriétaire du café Paradis depuis 1946, Varsovie :

« Sous l'Occupation, à la fin en particulier, on disait qu'il fallait éviter de fréquenter Wiera Gran. Son nom était associé à celui de Mann, connue pour être au service de la gestapo.

Dans le ghetto, j'ai tenu pendant un temps un club de jeux de cartes. De l'autre côté ma situation matérielle était difficile. J'ai reçu de l'aide de gens qui étaient mes collaborateurs – des aryens. J'ai changé plusieurs fois d'appartement. Quelqu'un m'a suggéré de me trouver une planque par Wiera Gran. J'en ai parlé à mes gens. Leur réaction fut immédiate : interdiction de contacter Gran car elle était au service de la gestapo. »

Władysław Szpilman :

« Après la Libération, fin mars, Wiera Gran est venue me voir après une émission – elle m'a dit que des rumeurs couraient à son sujet insinuant qu'elle avait travaillé pour la gestapo. Elle m'a raconté sa visite au ministère de la Sécurité publique et qu'elle avait été libérée et déclarée innocente. Quelques jours plus tard, j'ai rencontré Turkow et le colonel Alef. C'était en 1945. Tous deux me dirent qu'ils cherchaient Wiera Gran. Elle fut arrêtée deux semaines plus tard. »

Quelques jours après, une version différente :

« Après la Libération les gens disaient que Wiera Gran était vivante mais qu'elle ne se manifesterait certainement pas puisqu'elle avait collaboré avec la gestapo. Mais elle est venue et je lui ai alors dit qu'elle ferait bien de passer par la vérification.

Mademoiselle Bochenek, fonctionnaire de la Banque Nationale, m'a dit clairement que si je donnais une émission à Gran, on ne voudrait plus me serrer la main.

Mon collègue Zeimer m'a dit que le colonel Alef lui avait dit qu'il "tirera un balle dans la tête" de Wiera Gran parce qu'elle avait travaillé pour la gestapo. A Poznań, en parlant avec Wejman, au sujet des artistes, celui-ci m'a dit aussi que Wiera Gran avait travaillé pour la gestapo.

Madame Piękniewska raconta que lorsqu'on l'avait emmenée pour un interrogatoire en décembre 1942, à la prison de la gestapo, allée Szuch[1], elle avait vu dans une pièce voisine Wiera Gran accuser un Juif qui travaillait comme conspirateur. »

Colonel Alef (Gustaw Alef Bolkowiak), ancien chef de la division de la garde populaire dans le ghetto de Varsovie :

« Personnellement, je n'aurais pas serré la main à Wiera Gran. »

Helena Zakrzewska, 30 ans, Varsovie :

« Dans le cadre de l'Organisation de Combat j'étais agent de liaison pour le docteur Płockier du côté aryen. Au printemps 1943, juste avant que n'éclate l'insurrection du ghetto, le docteur Płockier m'a envoyée en mission ; je ne me souviens plus maintenant s'il s'agissait d'observer les actions de liquidation ou de rester en observation dans un café aux allées Ujazdowskie, où devait se trouver un certain Skosowski, "Lolek"

1. Au 25 de l'allée Szuch à Varsovie se trouvaient le siège des services de renseignement de la SS sous l'occupation allemande et la prison de la gestapo.

informateur notoire de la gestapo, en compagnie de Wiera Gran et d'un autre individu. L'observation ou l'exécution de la sentence s'appliquait aux trois. Maintenant, je ne peux pas dire de façon sûre et certaine s'il s'agissait d'appliquer la sentence ou d'observer ces trois personnes. Je me souviens que le temps comptait – "avant qu'il ne soit trop tard". Wiera Gran était suspectée de débusquer des Juifs du côté aryen.

Irena Twardak :

« Rien de ce que je sais de l'attitude de Gran sous l'occupation allemande n'est fondé sur des faits concrets. J'ai entendu dire que des rumeurs circulaient à Varsovie prétendant qu'elle était au service de la gestapo. Certains le disaient haut et fort pendant l'été 1943 alors que je me trouvais à l'hôtel Polski rue Długa. Aucun de ceux qui avaient été regroupés là-bas n'est plus en vie et cela n'apporterait rien à l'affaire de révéler leurs noms. Si l'on considère que pour accuser quelqu'un de collaboration avec l'occupant on ne doit pas se baser sur des rumeurs, je pense que je ne peux pas être entendue en tant que témoin. En revanche, et là je parle d'expérience, il me semble que ce genre de ragots n'était jamais complètement infondé. »

Krystyna Żywulska :

« Je suis vice-présidente du Conseil supérieur de l'Association polonaise des anciens prisonniers politiques. Du côté aryen, j'ai travaillé avec le Parti ouvrier unifié polonais clandestin et j'avais accès aux listes de noms de personnes suspectées de collaboration avec la gestapo ou bien condamnées à mort par les organisations clandestines. Il y avait parmi eux des acteurs, des aryens et des Juifs.

Je ne suis pas tombée sur le nom de Wiera Gran, en revanche Franciszka Mann était sur la liste. Très souvent je voyais passer des journaux clandestins ou des ronéos avec des listes de personnes suspectes, mais le nom de Gran n'y figurait pas. »

Gerard Gadejski :

« Jonas Turkow m'a rappelé, c'était pendant la liquidation du ghetto, la rumeur concernant les relations de Wiera Gran. Il a souligné que cette rumeur n'était pas vérifiée et qu'il fallait être prudent sachant que dans cette atmosphère horrible il était impossible de vérifier les informations qui circulaient. En revanche, il n'émettait aucune réserve quant à l'attitude de Gran dans le ghetto.

Notre commission de vérification auprès de l'Union professionnelle des musiciens a étudié les plaintes contre Gran et aucun soupçon n'a pu être attesté. Je sais que Wiera Gran a beaucoup de qualités, je pense que ces rumeurs proviennent de ses relations personnelles, à cause de son mauvais caractère – vaniteuse et assez arrogante. »

Jerzy Lewiński, procureur, Łódź :

« Après la liquidation du ghetto, j'ai appris par des gens des milieux clandestins avec qui j'étais resté en contact, qu'apparemment Wiera Gran faisait de la délation du côté aryen. A cette époque de nombreuses informations de ce genre circulaient, pour partie rapportées très certainement par les services de renseignement clandestins, donc complètement fiables, les collaborateurs étaient : l'actrice Mann, Skosowski, Prożański et d'autres.

Après la libération, Gran est venue me demander conseil.

J'avais du mal à comprendre ce qui pourrait pousser une personne plutôt bien nantie et n'entretenant pas de contacts avec les Allemands à proposer ses ser-

Elle était consciente de sa beauté. Elle savait qu'elle plaisait. Elle le vérifiait souvent dans les miroirs ou dans les yeux des autres. Elle aimait se regarder en photo. Décolleté et petit bonnet en fourrure, robe sans manches ou petit manteau à la mode avec un col. Elle aimait égrener les admirateurs de chaque partie de son corps : un tel pour le nez, un autre pour les fossettes, un troisième pour la bouche. Et enfin les yeux, qu'elle maquillait toujours de la même manière – rimmel noir et eye-liner noir, très simple, très efficace.

L'enregistrement du siècle
sur
disques
Columbia
MICROSILLON
HAUTE FIDELITE
STRAUSS
DU DISQUE DE
CHARLES CROS
Christa LUDWIG
Herbert von KARAJAN
DINARZADE
VERA GRAN

VERA GRAN
RECITAL
Wednesday, June 18, 1969 at 8:30 P.M.
CARNEGIE RECITAL HALL
154 West 57th Street, New York City
AIR CONDITIONED
העולם הזה

vices à la gestapo. Je lui ai répondu qu'il fallait demander une enquête complète et détaillée. Le résultat de cette enquête devrait servir de base fiable et ainsi personne ne se fierait à des ragots si le tribunal la déclarait innocente. »

Maria Piękniewska, née Grochowska, 34 ans, mariée, travaillait depuis 1939 en tant que sœur de la Croix-Rouge polonaise dans le cadre d'une organisation clandestine, vécut dans le ghetto jusqu'au 20 janvier 1943 :

« A l'été 1943, juste après la Fête-Dieu, j'ai été arrêtée pendant la nuit sous prétexte que j'étais juive. On m'a emmenée de nuit à la gestapo, allée Szuch. On m'a dit d'attendre dans une pièce que quelqu'un vienne prouver mes origines. Je suis restée là quelques heures. Au début, la pièce voisine était vide. J'étais environ à trois mètres et demi de la porte qui était toujours légèrement entrebâillée. Le matin, deux Allemands et une femme y sont entrés. Je me souviens qu'on lui a demandé quelque chose en allemand, elle a répondu en polonais. Elle a donné le nom d'un Juif et son adresse.

Mon interrogatoire a duré longtemps, j'ai tout nié. Ils m'ont laissé partir, car j'allaitais, ils ont juste gardé mes papiers. Tôt le matin je me suis trouvée dans la cour. Un homme de la gestapo m'a montré une femme debout au loin et m'a dit que c'était celle qui avait fait une déposition dans la pièce voisine : la célèbre chanteuse Wiera Gran. Il a dit : “Elle collabore avec nous, elle donne des Juifs, et elle reste en liberté.”

Je ne mettais pas en doute les paroles d'un gestapiste. J'ai immédiatement fait un rapport, qui a été enregistré et transféré à la cellule chargée de la surveillance des artistes.

J'ai eu à nouveau une conversation au sujet de Wiera Gran le 17 janvier 1945 à Pruszków. L'artiste Turkow m'a demandé quelle était la part de vérité dans le fait que Gran avait collaboré avec la gestapo, car il la soupçonnait d'avoir dénoncé sa femme, Diana Blumenfeld. Je pense qu'à l'époque Turkow ne connaissait pas encore le sort de sa femme et de sa fille.

Note : Il avait épousé en 1932 la chanteuse et actrice Diana Blumenfeld. En 1933 ils avaient eu une fille, Margarita. Toutes deux ont survécu à la guerre.

En 1948, j'ai reçu la visite de Szpilman à qui j'ai répété ce que j'avais déclaré au sujet de Wiera Gran. A mon avis, il ne fallait pas qu'elle passe à la radio polonaise. Il m'a demandé si je croyais qu'elle avait collaboré avec la gestapo, je lui ai répondu que d'après moi c'était la vérité, puisque je l'avais vue moi-même dans ce bâtiment de l'allée Szuch. »

Wiera Gran n'avait pas de robe à rayures, dans laquelle l'aurait vue la témoin dénommée Jabłońska. Après sa sortie du ghetto, Gran avait tant changé d'apparence qu'il était difficile de la reconnaître. Elle avait des cheveux blonds et portait des lunettes. Et d'après une autre source « des cheveux qui tiraient sur le roux, des boucles sur le dessus de la tête, les cils et les sourcils clairs ».

Comment Wiera Gran se comportait à Babice ?

Gerard Gadejski :

« Quand des patients arrivaient, Wiera se cachait dans une armoire parce qu'elle n'était pas déclarée à ce domicile. Je l'ai avertie qu'il valait mieux qu'elle sorte seulement au crépuscule. »

Jan Machnikowski, prêtre, Babice Stare :

« Je connais la citoyenne Jezierska depuis qu'elle s'est installée à Babice en septembre 1942. J'ai compris qu'elle devait se cacher, car elle ne sortait pas souvent de Babice.

A en juger par leurs fréquentations, j'en ai conclu que c'étaient des gens très honnêtes. Je n'ai vu aucune personne suspecte chez eux. »

Stefania Pruszyńska, 61 ans, infirmière, domiciliée à Babice Nowe :

« Elle s'occupait de son foyer et notait les rendez-vous des malades. La première année de son séjour, elle n'a pas quitté Babice. »

Kazimierz Jezierski :

« La politique imposait un mode de vie normal. Pour faire bonne figure. Ma femme était angoissée. Et moi, c'était son idée, je la suivais au cas où, avec un marteau pour neutraliser d'éventuels maîtres chanteurs. Quand je dis que ma femme était angoissée, je pense à son état intérieur ; elle se comportait comme quelqu'un dont la vie est en jeu. Ma femme n'est allée que quelques rares fois à Varsovie, quand cela s'avérait soudain nécessaire. »

Janina Mainke, 23 ans, voisine à Babice :

« Elle sortait très rarement de chez elle. Elle ne faisait pas les courses, elle ne se liait d'amitié avec personne et montrait une grande piété. Tout cela me faisait penser que Gran se cachait. Pendant presque un an elle n'est pas allée à Varsovie. Quand elle y est allée, c'était à cause de sa grossesse. »

Wiera Gran fréquentait-elle Franciszka Mann après sa sortie du ghetto ?

Kazimierz Jezierski :

« Je n'ai jamais entendu dire que Wiera Gran fréquentait Mann. »

Stefan Kisiel, Varsovie :

« J'ai croisé Wiera Gran pendant l'Occupation en 1941. J'ai entendu dire qu'elle était une amie de Franciszka Mann et qu'elle avait entretenu cette relation jusqu'en novembre 1942. La citoyenne Lidia Perec (qui vit actuellement à São Paulo au Brésil) était chez moi à l'époque et elle m'a raconté qu'elle avait vu Mann assise avec Wiera Gran à la même table dans un restaurant rue Złota près du cinéma Palladium. Elle avait entendu parler de ce que faisait Mann et préférant éviter tout danger, elle quitta les lieux. Les deux femmes étaient décontractées, elles ne semblaient pas inquiètes ou énervées, attitude pourtant significative de tous les Juifs à cette époque. »

Józef Jamiołkowski :

« Son nom est associé à celui de Mann et aussi à celui de Mirecki, ami de cette dernière. Il paraît que sur la place Napoléon-Baudouin et Zgoda il y avait un café où ils allaient tous. Gran connaissait Mirecki du temps où ils habitaient Lwów. »

Romana Lilian, chanteuse, Varsovie :

« Je me souviens, c'était à la fin de l'année 1942, j'ai rencontré à Varsovie rue Marszałkowska le violoniste Henryk Rajngold. Il m'a dit de me méfier de la danseuse Franciszka Mann et de la chanteuse Wiera Gran. Il disait qu'elles traînaient le plus souvent à la poste principale place Napoléon. Comme Gran avait mauvaise réputation dans le ghetto, les propos de mon ami Rajngold ne m'ont pas étonnée. »

Tadeusz Płucer Sarna, ancien propriétaire du pensionnat Śródborowianka, 69 ans, retraité :

« Un dimanche, entre février et septembre 1943, ma fille s'est rendue à Varsovie avec son mari. A son retour, elle m'a dit qu'elle avait rencontré Wiera Gran avec Mann dans la rue. Les deux ou une des deux portait une veste et des chaussures en cuir. Ma fille s'est cachée dans une porte cochère pour ne pas se faire repérer. »

Le témoin a-t-il vu Wiera Gran dans un fiacre du côté aryen ?

Józef Jamiołkowski :

« Quand on lui a demandé s'il avait vu Wiera Gran sous l'Occupation, un de mes collègues du café Paradis a déclaré que son ami l'acteur Ścisławski lui avait dit qu'il avait vu Wiera Gran dans un fiacre avec un homme de la gestapo. »

Roman Zieliński :

« Je l'ai vue dans un fiacre du côté aryen en compagnie de Kohn et Heller. »

Stefan Kisiel :

« Dans les premiers mois de 1943, un policier juif, Józef Szapiro, est venu dans ma planque à Saska Kępa à Varsovie. Sa femme s'y cachait également. Il m'a dit plusieurs fois qu'il avait vu Wiera Gran rouler en fiacre sans complexe en plein jour sur l'avenue Nowy Świat. Il se demandait comment c'était possible qu'une Juive célèbre aux traits sémites puisse se permettre une telle chose à cette période. Ma femme Irena a entendu les mêmes remarques. »

Aleksander Jasielski :

« Je n'ai jamais entendu dire qu'elle roulait en fiacre pendant la journée du côté aryen. »

Adolf Hoffman Zieliński :

« En 1943, j'ai vu Wiera Gran une fois dans un fiacre du côté aryen avec Kohn vers la rue Jasna. »

Emilia Mazur, Varsovie :

« J'ai vu Wiera Gran en 1943 dans le tramway qui allait de Babice à Varsovie – habillée avec une élégance insolente, on ne voyait qu'elle. »

Pendant son procès qui dura plus de deux ans, Wiera Gran a été interrogée plus de dix fois.

Elle fit des déclarations catégoriques :

Dans l'enceinte du ghetto, elle n'a jamais vu Franciszka Mann ailleurs qu'au café de Hirszfeld, 16 rue Rymarska et au Femina, 35 rue Leszno.

Elle n'est jamais allée à l'hôtel Britania.

Elle ne s'est jamais assise à la table de Kohn ou Gancwajch au café Sztuka.

Après sa sortie du ghetto, elle n'a jamais roulé en fiacre en plein jour à Varsovie, et n'a jamais fréquenté les cafés. Elle n'a pas roulé en fiacre avec Kohn.

Elle a récolté de l'argent à des fins caritatives avec son ami pianiste Goldfeder auprès de Heller et Kohn. Ils savaient que c'était des gestapistes. Ils considéraient qu'il fallait soutirer le plus d'argent possible à des gens comme eux. Et aujourd'hui, la guerre finie, elle pense qu'elle devait bien aller voir un gestapiste pour lui demander d'acheter une place pour un concert de bienfaisance.

Elle ne s'est jamais trouvée au Sztuka ou dans d'autres clubs en compagnie de Mendel, Czapliński,

Gancwajch, Mirski, l'ami de Mann, Rosenberg, le mari de Mann et officier du Treize, Szymonowicz ou d'autres personnes « douteuses » comme des collaborateurs du Treize, des officiers du service d'ordre ou des personnes connues pour être au service de la gestapo.

Lipski était un collègue de travail, pendant la période où ils travaillaient ensemble au Sztuka, il ne faisait pas partie de la gestapo.

Elle n'a jamais donné de spectacle dans des appartements privés. Une fois elle a chanté chez Szymonowicz. Elle savait quel était son rôle. C'était à l'occasion d'une fête de famille, peut-être un mariage, elle a chanté pour 500 zlotys de cinq à sept heures du soir.

Elle ne connaissait pas du tout Lolek Skosowski.

Elle n'a pas entendu parler d'un café qui se trouvait sur l'allée Ujazdowskie, elle n'y est jamais allée.

Pendant la période où il était interdit de porter des fourrures, elle n'en portait pas. Elle avait toujours le brassard obligatoire.

L'avocat de l'accusée, Maître Landau, a présenté un cadeau offert à Wiera Gran par la femme de Czerniakow, président du Judenrat, en reconnaissance de son travail social. Un poudrier en argent avec une petite plaque où figurait l'inscription : *A Wiera Gran – Les Enfants de la Rue – Refuge du secteur III*, janvier 1942.

En-tête : VERDICT (souligné)

Le Tribunal populaire du Comité central des Juifs de Pologne, composé de...

après examen du dossier de Wiera Gran, accusée d'avoir entretenu des relations avec des personnes

notoirement connues comme ayant été des agents de la gestapo sous l'occupation allemande entre 1941 et août 1942 dans le ghetto de Varsovie et à partir d'août 1942 du côté dit « aryen » ;
constate (souligné, en caractères espacés) :

— que la preuve des faits reprochés à W. Gran n'a pas été apportée et en conséquence, conclut au rejet des charges qui pesaient contre elle et prononce son acquittement.

Suivent les signatures. Copie conforme. Secrétariat du tribunal.

CHAPITRE 10

Elle ne l'appela jamais « mon pianiste »

Elle ne l'appela jamais « mon pianiste », pourtant elle parlait beaucoup de lui.

Il ne l'appela jamais « ma chanteuse ».

Il ne dit jamais rien à son sujet en public.

Les déclarations de Władysław Szpilman au procès de Wiera Gran ne sont pas sorties de la salle du tribunal. Ses mémoires de l'Occupation intitulés *Une ville meurt* furent publiés à l'automne 1946. Il ne cite pas une seule fois son nom.

L'idée du livre naquit juste après la Libération, dans un appartement étriqué rue Targowa où s'installa la première station de la radio polonaise d'après-guerre. C'est là que Jerzy Waldorff retrouva Szpilman pour la première fois depuis 1939. Il ne savait pas comment il avait survécu. Ils avaient habité un certain temps sous le piano à queue. Szpilman jouait et racontait. Waldorff voyait dans ce récit fascinant, comme il disait, « une tranche de cette culpabilité allemande si variée » et « toutes les sortes de souffrances infligées par les Allemands aux peuples opprimés ».

Des fragments de ces mémoires furent publiés dans l'hebdomadaire culturel *Przekrój* déjà pendant l'été 1946. Jerzy Waldorff : *Mémoires de Szpilman*. Le livre sortit quelques mois plus tard. C'est l'un des premiers témoignages de ce genre relatant les difficultés de survie d'une famille juive dans la Varsovie occupée. Une carte maîtresse et à charge.

Władysław Szpilman fut le seul survivant de sa famille. Plus d'un demi-siècle plus tard, Roman Polański fit de son destin un film symbole. Mais lui aussi, ayant pourtant vécu une expérience similaire, était incapable d'expliquer à quoi tient l'instinct de survie ni comment il se libère. Qu'est-ce qui sauve un condamné dans une situation impossible ? Quel est ce gène mystérieux de la survie qui a aidé dans ces circonstances de guerre à ne pas disparaître ? Ne pas se faire tuer quand les autres se font tuer, aller à l'Umschlagplatz avec les autres et ne pas se faire embarquer dans les wagons, jouer du piano pour vivre.

Comment fait-on ? Comment se trouver au bon endroit, ni trop loin, ni trop près, mais juste à portée de main du sauveur ? Et comment la prendre, quand un frère, une sœur, une mère et un père partent sur la route de la mort ? Comment alors s'autoriser à survivre ? Et ensuite ? Errer parmi les étrangers, mourir de faim, toucher l'extrême et tomber à nouveau sur quelqu'un qui vous nourrira et vous donnera son manteau. Comment faire cela ? Et n'est-ce qu'affaire de hasards ?

Comment gérer le sentiment de culpabilité ? Ou le sentiment de défaite ? Les nœuds qui se forment à ce moment-là sont peut-être impossibles à défaire ?

L'adaptation cinématographique faite par Czesław Miłosz et Jerzy Andrzejewski des mémoires de Szpilman, *Un Robinson à Varsovie*, rejetée par la censure, n'a jamais été achevée. Dans la version autorisée à la sortie, *La Ville indomptée*, Miłosz retira son nom du générique en signe de protestation.

En 1998, *Le Pianiste*, le livre de Władysław Szpilman, fut publié en Allemagne. Il est rapidement devenu un best-seller. Il a été traduit dans plus d'une dizaine de langues. En Pologne, il y eut une réédition en 2000.

Jerzy Waldorff, dont le nom fut retiré de la page de garde, et dont le rôle dans la rédaction de ces mémoires fut oublié, publia une chronique dans le quotidien *La Vie de Varsovie* où il accuse Szpilman d'imposture, de plagiat et de vol. Le fils de Szpilman, Andrzej, auteur de la « nouvelle version » des mémoires, convainquit Waldorff à ce qu'il renonce à toutes revendications concernant cette œuvre. Władysław Szpilman est mort en juillet 2000, avant la première du *Pianiste* de Polański. Le film obtint trois ans plus tard trois oscars à Hollywood – celui du scénario, de la mise en scène et du meilleur acteur pour Adrien Brody.

Le ghetto est la scène centrale de l'histoire de ce pianiste sous l'Occupation. L'auteur raconte le sentiment paralysant de l'enfermement, d'autant plus cruel qu'il goûte à un semblant de liberté. Même dans ses rêves, ses amis polonais lui apparaissaient avec des brassards au bras, comme si c'était un accessoire vestimentaire aussi élémentaire qu'une cravate. Les poux tout-puissants envahissaient même le pain et l'argent. Il lui arrivait le soir de trébucher sur des cadavres allongés dans la rue. Il se souvient du son des pièces en or de vingt dollars que comptaient les trafiquants et qui étouffait le son du piano quand il jouait dans le café Le Moderne rue Nowolipki.

Il consacre beaucoup de pages au café Sztuka qu'il appelle « le plus gros club du ghetto aux larges ambitions ». Il vante le talent de la chanteuse Marysia Ajzensztat, disant qu'elle aurait pu être célèbre si elle avait survécu. Il cite son collègue pianiste Goldfeder, et tous les participants du Journal parlé – chronique satirique du ghetto, spécialité de cette scène de la rue Leszno. Il ajoute même qu'il y *obtint un franc succès avec sa paraphrase sur la* Valse de Casanova *de Ludomir Różycki, dont on devait le texte à Władysław Szlengel.*

Pas un mot sur Wiera Gran. Ni sur le fait qu'il avait écrit cette chanson spécialement pour elle dans le ghetto.

Natan Gross écrivait en 2002 après le succès international du livre et du film *Le Pianiste* :

Dans ce récit documentaire, il manque le nom de la vedette principale du Sztuka – Wiera Gran. J'ai senti mon cœur s'emballer. Pas seulement parce que Szpilman était l'accompagnateur attitré de cette exquise chanteuse, mais aussi parce qu'il s'est attribué exclusivement l'énorme succès de ce morceau écrit par Szlengel pour Wiera Gran. Sans l'interprétation sur scène de Wiera Gran pour qui Son premier bal *était un morceau de bravoure, ni le texte de Szlengel, ni les arrangements musicaux de Szpilman n'auraient été remarqués.*

Il a éliminé Wiera de son livre. Il l'a déportée, expulsée de sa vie. Il l'a rayée de son histoire comme si leurs routes ne s'étaient jamais croisées.

Je ne peux pas faire semblant que cela ne se soit pas produit. Surtout dans la situation où ses paroles auraient pu sauver sa réputation.

Dans l'arène publique, il l'a tout simplement ignorée. Il se tut jusqu'à la tuer.

Etait-ce une marque de protestation ? De prise de distance vis-à-vis des charges qui pesaient contre elle ? Niait-il l'existence de leurs spectacles communs pour éviter de tomber dans le sale tourbillon d'accusations ? Qu'est-ce qui dicte une telle décision – la prudence, la prévoyance, la peur ? Qu'est-ce qui fait qu'on se détourne de ses camarades avec qui on a vécu l'expérience du temps du mépris ?

La boue déversée sur elle aurait-elle pu l'éclabousser ? Par hasard ou pour des raisons précises ? Peut-être que sa survie à lui avait aussi un coût ? Peut-être le connaissait-elle ? Avait-il peur de ses fautes à elle ou des siennes à lui ? Quelle souillure craignait-il, quelles accusations ou quelles conséquences ?

Les interrogatoires furent menés entre 1946 et 1948, et l'affaire commença à faire du bruit. J'essaye de comprendre, peut-être ne voulait-il pas s'identifier à elle. Dans son livre, il ne cite pas non plus le nom de Józef Lipski, qui lui aussi se produisait au Sztuka et avait été accusé de collaboration avec la gestapo. Apparemment, il ne voulait pas qu'on puisse faire le moindre rapprochement, qu'on envisage le moindre lien, même fortuit.

Pourquoi ? Parce que Wiera a été accusée ? Parce qu'il était jaloux de son succès, de son talent, de l'intérêt qu'elle suscitait ? Voulait-il la discréditer ? La priver de quelque chose – mais de quoi ? Le ghetto, c'était du passé, maintenant il avait les choses en main, en tout cas, il avait de l'influence...

Pendant plusieurs mois, plus d'un an, ils se sont vus tous les jours dans le ghetto. Ils travaillaient ensemble. Ils répétaient, donnaient des spectacles. Ils jouaient et recevaient les applaudissements. Ils mangeaient, avaient peur et transpiraient ensemble. En tout cas, on dirait. Ils se mettaient d'accord sur les mouvements, les mesures, les refrains, ils devaient certainement parler également des derniers règlements, des mouvements de troupes sur le front, de leurs répercutions dans le ghetto, des signes de ce qui va, doit, pourrait arriver. Se demandaient-ils conseil mutuellement ? Que faire, s'enfuir ou rester, et si oui, comment ? Face à la menace, dans une telle situation, on doit bien avoir des conversations, se poser des questions, se tenir par la main, croiser les doigts... L'exil, la déportation, la faim de pain, pas si dévorante pour eux, l'envie de rester avec sa famille, mais aussi de s'échapper, de s'en aller quelque part, vers l'inconnu, au travail... est-ce qu'ils auront besoin d'artistes là-bas ? Comment est-ce d'avoir peur ensemble, côte à côte, quand on est jeune – une femme et un homme ? Personne n'a jamais suggéré qu'ils aient entretenu une relation autre que professionnelle. Parfois je me demande si cette haine mutuelle en guise de final ne le prouve pas justement ?

Ils étaient si proches dans la plus difficile des périodes. Que s'est-il passé ? Et quand ? Qui a fait du mal à qui ? Qui en savait trop, ou n'aurait pas dû savoir ?

Et après la guerre ? Aurait-ce été facile pour moi d'apprendre, comme ça, la mise en accusation de quelqu'un dont j'aurais été longtemps proche, dont je connaissais ce dont il était capable ? Il l'a connue dans le ghetto, dans les coulisses du Sztuka, pendant des répétitions ou des moments passés ensemble après les représentations quand le public était déjà parti et qu'ils se reposaient après avoir joué, qu'ils récupéraient doucement, qu'ils se préparaient à ressortir dans les ténèbres sinistres... Szpilman s'est-il servi de ce qu'il savait d'elle ?

Pourquoi a-t-il cru des rumeurs plutôt que sa camarade de scène avec qui il avait partagé autant de moments difficiles ? Et moi, qui aurais-je cru ? Est-ce qu'une accusation suffit pour refuser de l'aide à une rescapée ? Et pourquoi a-t-il préféré refuser ? Peut-être sa conscience lui a-t-elle dicté d'agir ainsi ? Et moi, aurais-je donné du travail à Wiera après la guerre ?

Que s'est-il passé entre Wiera et Szpilman dans le ghetto, pendant ces mois de travail en commun et de vie côte à côte ? Comment le Sztuka a-t-il évolué à mesure que les mauvaises nouvelles arrivaient ? Comment les plaisanteries s'affadissent, les gestes du devoir s'étiolent, les bravos s'éteignent ?

Est-il possible que Szpilman ait acheté une casquette de policier juif en été 1942 ? Et si oui, alors pourquoi ? La crainte, un pressentiment, la peur ? Fut-il enrôlé dans la police ou peut-être était-il volontaire ? Et si c'est le cas, je n'en ai aucune preuve. Etait-ce après la déportation des siens ou encore avant ? Croyait-il que la vie puisse s'acheter ou seulement le sentiment de sécurité ? Et pour combien de temps ? Comment envisageait-on cela alors ? Comment pense-t-on quand on vit l'inimaginable ? L'expérience encore jamais vécue d'un anéantissement qui s'approche.

Intégrer les rangs de la police, avoir accès à des lieux pouvant donner une chance de survie, pour un temps encore. Ce n'était pas impossible, disent les historiens. Possible, donc. Possible alors que celui qui a enrôlé soit le même qui a sauvé du transport de la mort.

Dans ses mémoires, Szpilman appelle les policiers juifs des « bandits » contaminés par l'esprit de la gestapo. Il partageait l'avis de son frère Henryk qui, encore avant la grande rafle, a refusé d'entrer dans la police. *Aussitôt l'uniforme enfilé, la casquette de policier sur la tête et la matraque à la main, ils devenaient ignobles.*

Dans le paysage historique après l'Occupation certains principes particuliers étaient de rigueur. Accuser les autres était comme un instinct de révolte. Régler ses comptes était le quotidien d'une comptabilité peu héroïque. On comptait plus volontiers les trahisons que les actions de lutte. On accusait plus facilement qu'on ne disculpait.

La notion de justice était comprise d'une façon particulière, difficile à expliquer.

J'ai du mal à concevoir, et pourtant je devrais, cette aisance à lancer des accusations pendant l'après-guerre. Faire les comptes, vérifier, qu'ils s'expliquent. La rétribution d'une justice. La facture pour des fautes, y compris présumées. Le décompte des péchés. Les nombreux procès de traîtres, de collabos de toutes sortes, pas tous opportuns ni gagnés.

Szpilman racontait à la fin de sa vie comment Wiera Gran était venue après la guerre rue Targowa, à la cantine de la radio, pour lui demander de l'engager. Il refusa, car Turkow lui avait dit auparavant qu'elle avait collaboré avec la gestapo. « Il savait et moi pas ?! Comment le savait-il ? »

« Il paraît, on dit que » – ce sont ceux qui savent, donc ceux qui ont survécu qui parlent ainsi. C'était plus facile de dire en 1945 que quelqu'un avait collaboré que de le faire plus tard.

Le livre de Szpilman dévoile de nouvelles facettes non seulement du passé, mais également de la mémoire et de la responsabilité pour les mots prononcés. Pour la vérité qu'on énonce. Pour ce qui fait notre vie au moment du devenir. Ce n'est pas possible de se dédire d'un simple geste des années après. Ce n'est pas possible ? Cela s'avère être plus simple que je ne le crois.

Szpilman s'est peut-être senti rabaissé ? Il devait l'accompagner, jouer pour elle. Ou seulement à côté d'elle. Elle était une vedette, et il ne faisait que l'accompagner. Dans son esprit il avait l'impression de jouer un rôle secondaire – l'accompagnateur d'une vedette. Etait-il forcé de le faire ? Qui était à l'origine de cet arrangement entre eux ? Qui était le plus important ? Qui se sentait le plus important ?

La rivalité professionnelle est un angle essentiel pour décrypter ces deux destins. Une jalousie professionnelle ? Mais enfin, il composait des mélodies pour elle. Ce qui signifie qu'il l'estimait en tant qu'interprète de ses propres idées musicales. Ou alors il n'avait pas le choix ? Il n'y avait pas d'autre chanteuse au Sztuka.

La concurrence. Le besoin d'être meilleur, plus important sur la scène.

Szpilman se considérait comme un grand artiste déjà avant la guerre. C'est ce que les témoins disent. Wiera aussi était une vedette. Certains disaient que Leon Boruński, lauréat du concours Chopin, était meilleur accompagnateur que Szpilman. Wiera avait une position influente, elle pouvait trouver du travail pour Szpilman dans le ghetto. Après la guerre, c'est Szpilman qui régnait en maître à la radio. En tant que directeur musical, il pouvait poser ses conditions. C'est ce qu'il faisait.

Il est important de comprendre le milieu dans lequel ils évoluaient. Ce microcosme particulier, plein de feux d'artifice et d'illuminations artistiques, d'imbroglios, de jalousies, de rivalités... Il n'y avait peut-être pas la place pour deux étoiles ? Il semble tout de même qu'ils devaient travailler ensemble, se compléter, l'un n'allait pas sans l'autre. Et pourtant, même quand il parle de ses succès dans le ghetto, comme *Son premier bal*, le compositeur ne mentionne pas le nom de sa première interprète.

Ou peut-être s'agit-il de sentiments déçus ? Quelqu'un a dit qu'il avait entendu dire, qu'il paraîtrait... Mais est-ce que le ressentiment peut s'hériter, passer d'une génération à l'autre ? Andrzej Szpilman se comporte comme si son père avait un secret qu'il ne faut pas découvrir. Sombre, redoutable. Ne pas le toucher, sinon il se révélera. Chaque personne potentiellement apte à le découvrir est considérée comme une menace.

J'imagine un autre scénario. Chacun savait quelque chose sur l'autre, pas très casher dans le contexte d'après-guerre. Il a attaqué le premier de crainte d'être lui-même attaqué. Il a trouvé plus rapidement le moyen de neutraliser un informateur embarrassant, quelqu'un qui sait quelque chose et qui peut s'en servir. Et Wiera, comme elle l'affirme elle-même, en savait trop.

Wiera Gran finit par raconter quelques scènes de la vie de Szpilman dans le ghetto. Elle ne montra jamais de bienveillance à son égard.

Ni quand elle raconta comment il était arrivé, pauvre et humble, pour demander à être engagé (« effronté et prétentieux, je lui ai tout de même reconnu des talents d'accompagnateur ») ; ni quand elle raconta comme elle avait eu l'idée folle de créer un duo de pianos au Sztuka, idée à laquelle il s'était opposé (« égoïste, rapace, envieux, il voulait jouer les premiers violons » – *sic* !) ; ni quand elle se moquait de sa manie pour la brillantine Yardley (« il n'y avait que ce cambouis qui pouvait mettre de l'ordre dans ses cheveux »), ce qui lui paraissait à elle un caprice décadent dans les conditions de vie du ghetto.

Elle essayait de minimiser ce qu'il racontait au sujet du répertoire magnifique d'alcools du Sztuka, des sommes engrangées grâce au nombre de clients venant voir les spectacles. Elle refroidissait les élans fougueux du pianiste virtuose. Elle se moquait de lui parce qu'il n'arrivait pas à se faire à l'idée qu'il ne jouait pas dans le club le plus élégant du ghetto (« Un mégalomane, il n'aurait jamais pu jouer ailleurs ! »). Elle minimisait la taille de ce café mais pas son importance. Il préférerait le voir immense.

Elle estimait ses compositions et ses autres chansons.

Elle décrivit à plusieurs reprises sa rencontre avec les deux frères Szpilman au buffet du café. Elle ne fut pas avare de détails. Elle se moquait de ce dont s'était souvenu le pianiste pour construire sa légende – l'abondance de boissons alcoolisées, des succulentes « escalopes de volaille » ou du « bœuf Strogonoff ».

Corrections de souvenirs :

« J'étais assise en face de lui. Henryk vint voir son frère au bar où Szpilman mangeait ses repas – comme les riches. On avait tout avec de l'argent. Szpilman profitait de tout. Le plus succulent des cafés avec la plus succulente des crèmes fouettées. Et voilà qu'il mangeait justement de la glace avec une quantité énorme de crème chantilly. Son frère lui dit : “J'ai faim.” Il ne bougea pas, ne regarda pas dans sa direction. Il ne tourna pas la tête. Pas la moindre gêne. »

Variante ultérieure :

« Il se préparait à dévorer un gâteau revêtu d'une épaisse couche de crème quand un squelette jaune et affamé est venu près de la table. Szpilman n'a pas cessé de manger, prétendant ne rien entendre quand son frère a lâché dans un souffle : "J'ai faim." Le pauvre est resté debout pendant d'interminables minutes pendant que le maître terminait de manger... Il est parti sans dire un mot. Il n'est jamais revenu. »

Quel crédit peut-on accorder à ce récit ? Est-il possible de traiter ainsi un affamé ? Un des siens – un étranger ?

Les mots créent les événements, ils leur donnent une consistance plus durable et plus appuyée que leur durée réelle sur le moment. Il n'y a pas de ghetto, il n'y a pas ce jour de printemps ou d'automne où le frère affamé du pianiste vint demander de l'aide, il n'y a aucun d'eux, aucun témoin, seuls les mots restent. Et l'image qu'ils aident à créer.

Des mots douloureux. Destructeurs comme un coup au visage, comme une injure. Faut-il les croire ou non ?

Et quel sens cela a-t-il des années après ?

Władysław Szpilman a toujours refusé de parler de Wiera Gran. Il disait qu'ils avaient fait partie de deux mondes qui n'avaient rien en commun. Il méprisait sa carrière d'avant-guerre : « Elle chantait debout derrière un poteau pour un public juif. Et ses origines ne l'aidaient pas. »

Il ironisait à l'idée que c'était elle qui l'avait engagé au Sztuka dans le ghetto. « *Sottises ! Elle était manucure. Et moi j'écrivais des mélodies à succès !* »

Il soulignait qu'il ne la considérait pas comme sa partenaire, ni en musique, ni en société.

Cela ne lui plaisait pas qu'elle « ait joué les vedettes » dans le ghetto. *Les serveuses m'en parlaient. Elle voulait faire repeindre sa loge en rouge. A cette époque-là, en des temps pareils.*

Il prenait ses distances avec elle, mais il répétait qu'il n'avait rien contre elle. *Je ne l'ai pas accusée.* A plus de quatre-vingts ans, il jurait dire la vérité.

Szpilman « a vaincu ». Je me demande pourquoi je mets ce verbe entre guillemets. Il n'a ni gagné un concours, ni une course, mais parfois il semble que les survivants jouaient entre eux à un jeu perfide. Le jeu des souvenirs – mis en mémoires, mis aux enchères, rapiécés, rêvés ou transformés. Pas de mensonge dans ce jeu. Mais une fiction omniprésente. Sans preuve, d'aucune part.

Sa version des événements à lui a conquis le monde. Je ne suis plus capable d'affirmer qu'elle soit vraie. C'était la sienne, propre. Wiera a été découpée de cette image, sortie du cadre, comme un ennemi du peuple sur les photographies soviétiques. Exclue de la réalité dont elle avait fait partie.

Note.

Dans les archives des services de renseignement polonais on trouve quelques notes de service établies d'après les entretiens avec Władysław Szpilman. Compte tenu de ses nombreux voyages à l'étranger, il avait éveillé l'intérêt des services secrets. Plus particulièrement dans la seconde moitié des années cinquante, alors qu'il donnait des concerts avec le Quintet de Varsovie et qu'il avait renoué contact avec le violoniste d'avant-guerre Bronisław Gimpel.

Celui-ci eut un rôle déclencheur dans une large enquête menée dans le milieu musical de la radio polonaise.

Extrait de l'« entretien opérationnel » du 20 novembre 1969 (résumé de l'inspecteur de la IIe division du ministère de l'Intérieur) :

Evoquant avec indignation des collaborateurs de la gestapo et des policiers juifs, [Szpilman] mentionna le Treize qui avait sévi dans le ghetto et ajouta qu'il était au courant de l'implication dans la police juive : maître Nowogródzki, maître Piotr Lewiński de Varsovie, maître Gąbiński résidant en France, Zajdenbojtel connu aussi sous le nom de Kruszewski et de Wiera Gran résidant en France, et d'autres.

Cette information est répétée plusieurs fois dans les actes de cette affaire.

Les avocats d'avant-guerre, Henryk Nowogródzki, Jerzy Lewiński et Stanisław Gąmbiński avaient effectivement travaillé pour le service d'ordre du ghetto de Varsovie.

Après la Libération, Szpilman fit un rapport au sujet de l'officier de police Lewiński. Selon ses dires, il avait contribué au renvoi de celui-ci du bureau du procureur. Il reconnut le policier Zajdenbojtel (Kruszewski) en 1945 dans la rue et fut à l'origine de son arrestation (qui dura peu de temps).

Pourquoi disait-il tout cela ? Comme s'il voulait détourner l'attention et faire porter la responsabilité à d'autres.

Extrait suivant :

Lorsque Szpilman travaillait à la radio polonaise, Wiera Gran était venue chercher du soutien et du travail qu'il ne put lui offrir car il savait qu'elle avait collaboré avec la gestapo dans le ghetto de Varsovie.

Quel était le but de cette déclaration faite à un officier des services secrets du ministère de l'Intérieur communiste ? Szpilman savait-il quelque chose qu'il n'a pas révélé lors du procès à la fin des années quarante ? On le menaçait de lui interdire les déplacements à l'étranger s'il n'acceptait pas de coopérer avec les services secrets. A quoi cela pourrait-il servir de révéler de son propre gré des informations sur une ancienne camarade du Sztuka ?

CHAPITRE 11

Les Juifs rêvaient d'avoir leur Mata Hari

Les Juifs rêvaient d'avoir leur Mata Hari. Jeune, belle, artiste et pute. Et si elle n'est pas une pute, nous on en fera une. D'un geste, ils ont fait de moi une Mata Hari. C'est les Juifs, ils ont fait le travail tout seuls. Pas un catholique n'a trempé là-dedans.

Et d'ailleurs, je ne suis même pas sûre que Mata Hari fût de "celles-là". J'ai vu à la télévision, elle était fière devant le peloton d'exécution. Bien droite, un chapeau sur la tête, insolente, elle refusa qu'on lui bande les yeux. Elle voulait regarder. Voir comment ils la déglinguent. Et les Juifs, ils en avaient rêvé ! Une Mata Hari à eux, "pure souche". La petite Wiera ? Parfait, qu'ils la prennent. Je suis évidemment coupable de la mort du Christ et de Mahomet. Je suis aussi coupable de la guerre en Israël. De tout. Je suis juive. Ils sont juifs. Eux et moi, on était dans le ghetto. Cela ne nous libère pas du sentiment de préjudices subis. Ni de culpabilité. Cela ne fait pas de nous des saints certifiés conformes. La mort, ce n'est pas l'acquittement assuré. Nous avons le statut de survivants. Pour beaucoup : de suspects. La tragédie recommence toujours, renaît encore. Elle croît, elle s'accroît en moi. Regardez cette inscription sur le mur. »

Au secours !! La clique de Szpilman et Polański veut me tuer ! À L'AIDE !!!

Elle avait écrit ces mots sur le mur du couloir à l'encre rouge, en lettres d'imprimerie larges, d'un trait décidé. Elle avait dû monter sur une chaise ou tendre son bras très haut. Elle se corrigea plusieurs fois. Ajouts : *pianiste, mon accompagnateur, ils graissent les pattes les uns aux autres. Ils se tiennent par la barbichette...*

« C'est là qu'est la vérité ! Une bande de chiens galeux, de sales menteurs. Je connais le livre de ce monsieur. Des mensonges immondes. Ça m'a rendue complètement dingue, tout ce tissu de mensonges ! Tout est mélangé, manipulé. Ils attendaient leur heure, se faisaient de l'argent et ils viennent encore me chercher. Ils traquent de tous les côtés. La nuit, ils viennent chez moi, ils entrent par les fenêtres ou cassent les serrures. Ils ramassent tout. Ils m'ont volé des photographies et des papiers, ils prennent, ils détruisent ce qu'ils veulent. Ils me droguent pour que je ne me réveille pas avant midi. Ils veulent me détruire. Qui ? C'est interdit de poser la question ? Lui. Celui dont on ne prononce pas le prénom.

Je suis une victime.

Je n'étais pas préparée à être une pute comme à Amsterdam et à rester assise en vitrine. Je me suis enfermée, je me suis emmurée. C'est lui qui a fait de moi une pute. Il me filme sans arrêt. Même aux toilettes, je ne peux pas y aller sans témoin, je dois toujours me couvrir. C'est insupportable. Je suis complètement brisée. Un jour, je lui balancerai tout ça à la figure. Je lui souhaite que sa vie se termine dans les mêmes souffrances qu'il m'a injustement infligées.

Ils viennent toutes les nuits. Pour me voler. Ils se prennent parfois les pieds dans la poussette de marché que je mets devant la porte pour me barricader. Hier, il a dû glisser, il m'a tout flanqué par terre, il m'a taché les draps. Je suis entre les mains d'un fou qui veut me réduire en miettes. Il m'a volé un document important, il a retourné mes vieilles chemises de nuit de flanelle. Et m'a déchiré mes culottes au passage.

Je suis sur écoute, à chaque instant, partout. Ils me filment vingt-quatre heures sur vingt-quatre. Il n'y a pas de doute. Ils dépensent des sommes folles pour ça. C'est pas croyable. Je ne dirai pas qui paye, c'était un certain monsieur qui travaillait avec moi au Sztuka. Vous le connaissez sûrement. Ne pas dire son nom.

Il me prend tout. Il m'a pris des tas de livres dédicacés chers à mon cœur. Il m'a mis des polars à la place. C'est insupportable. Il a du sang sur les mains. Et en plus, il a détruit tous mes enregistrements à la radio. »

Dans son appartement, il n'y a pas de miroir. De toutes parts, ce sont des photos qui nous regardent. En format affiche ou poster. L'image d'une belle brune, des lèvres et un regard expressifs, séductrice, irrésistible, conquérante.

Dans des boîtes à chaussures, dans des sacs en plastique oubliés, j'ai trouvé après sa mort des dizaines de clichés photographiques, principalement des photos de vacances. Ils la montrent en mouvement, au soleil, comme dans un kaléidoscope, Paris, Rome, Caracas, Venise, la mer, la montagne, la plage, les pentes des Alpes. Souvent avec un petit chien, Punia. Jamais avec un homme.

« Je n'aime pas les gens, répète-t-elle, les hommes non plus. Je les utilise de temps en temps, mais je ne les aime pas.

Cette photo, cette grande photo sur la colonne Morris, c'était moi, moi, après tout ça, après le ghetto et tout ce déchaînement de calomnies au-delà de l'océan, après l'horreur et la saleté des accusations. Moi ? Moi, je suis grande. Crois en moi ! »

Elle était très belle, pas grande, potelée et alerte, une grâce féline, mais elle n'aimait pas son corps. Elle charmait, faisait la coquette, elle trouvait du plaisir à séduire. Elle lançait ses filets, ramassait sa pêche, mais elle ne s'intéressait pas au sexe. Elle parlait avec dégoût du corps et des choses charnelles et avec mépris du désir masculin. Etait-ce aussi le résultat de ce qu'elle avait vécu pendant la guerre ? Quelle était pour elle réellement sa plus grande tragédie à l'époque ? Que se passait-il en marge des spectacles donnés dans les appartements d'officiers allemands ou de leurs collaborateurs ? Dans les milliers de témoignages répertoriés à Yad Vashem, il est rare de trouver même parmi les plus bouleversants, des récits d'abus sexuels, ou des témoignages de soumission à la puissance masculine. Ces histoires douloureuses sont encore gardées sous silence. Je ne sais pas combien de femmes ont payé ce prix pour avoir le droit de survivre à ces années-là.

Wiera l'étoile, ne supportait pas la « gymnastique charnelle », comme elle l'appelait. Que le sort du monde en dépende l'étonnait. C'est par cela que ça commence et ça finit. Elle considérait l'acte sexuel comme un viol. Elle ne cédait pas à la passion de l'autre. Peut-être ne la comprenait-elle pas. Elle ne parlait jamais d'amour non plus.

Elle jouait avec les hommes selon ses règles à elle. Elle ne voulait ou ne savait pas s'abandonner totalement, ni aimer à s'y perdre. Elle se contrôlait sans cesse, ne buvait jamais d'alcool. Toujours en alerte. La nature l'a ainsi faite, ou les circonstances ?

Sur un relevé de banque du 21 septembre 1999, elle écrivait :

Je n'ai jamais parlé à personne de ma vie sexuelle. Je n'ai jamais parlé de Dieu – ces deux sentiments, ces deux « actes d'amour » sont trop intimes, trop forts pour que je puisse trouver les mots adéquats. Ceux qui ont besoin de s'exprimer sur ces sujets sont des exhibitionnistes. Et d'ailleurs ils ne savent qu'employer des métaphores. Les gens qui discutent sur ce sujet font partie de la caste des abstinents « asexués » qui ne savent pas vraiment ce que sont les sentiments forts. Je doute que ce genre de discussions puisse éveiller en eux quelque chose qu'ils ne possèdent pas. C'est pourquoi je suis sceptique quant aux « croyants » qui ont besoin d'une église, d'une synagogue, d'une Mecque ou de tout autre endroit de ce genre pour pratiquer un acte si important dans la vie...

« Tout le monde voulait entendre parler de mes amants, personne de mes hémorroïdes. Et moi qui ai chanté des hymnes à l'amour toute ma vie. A quoi bon ? »

Des photos sur les murs, sur les étagères, au plafond, visibles dans toutes les positions et de chaque angle. Elle la regarde, elle se regarde. La jeune regarde la vieille, la bonne la mauvaise, la triomphante la vaincue ? D'où vient ce besoin de se confronter à son propre visage, ou à sa beauté, au portrait d'une étoile ?

Elle faisait très clairement de la réclame pour sa propre personne, elle gardait sous son divan des petits cubes de bois usés prêts à reproduire son image, comme des tampons. Elle a financé le tirage de centaines de photos.

« C'était il y a quarante ans. C'est passé. C'est perdu. J'étais encore relativement jolie. En tout cas c'est ce qu'on disait. Tout ça c'était des flatteries. Effectivement j'avais des adorateurs de différentes parties de mon visage. »

Ce souvenir lui fait plaisir.

« J'avais un admirateur qui adorait mon nez. Il a changé, ce nez, tout change. Mes fossettes avaient du succès. Et mes lèvres. J'avais de belles lèvres. A l'époque, je me maquillais encore. Je me maquillais les lèvres et les yeux. On admirait aussi le teint de mon visage. Il était comme taillé dans de l'albâtre, lisse, ferme, compact, couvert d'un merveilleux duvet quasiment blanc. On me surnommait "la Pêche". »

Ouin, Ouiin ! Elle fait semblant de pleurer, elle se tortille comme une petite fille… *Vsyo propało. Vsyo.* (*Tout est perdu. Tout.*)

« Autre anecdote. J'étais devant la vitrine d'un magasin dans une des rues principales de Tel-Aviv, la rue Dizengoff peut-être. Deux hommes à côté de moi, pas mal habillés, bien mis, bien de leur personne. J'entends l'un dire à l'autre : "Tu la reconnais ? Tu sais qui c'est ?" Un coup d'œil dans ma direction. "Je vois. Comment tu l'as reconnue ?" "A son chignon. Et toi, comment tu l'as reconnue ?" "Moi, à son nez." Je me suis mise à rire. Je ne l'oublierai jamais. Je n'ai pas pu me retenir, en général, je ne me laissais pas accoster. Mais là, je me suis retournée et j'ai souri. "Ah, tu vois, c'est Wiera Gran."

Je me souviens d'une scène similaire à Paris, là aussi je venais d'arriver, j'étais au nord de la ville, près du quartier légendaire de Montmartre. Le soir tombait. Je n'arrivais toujours pas à croire que j'étais à Paris. A un moment j'entends derrière moi : "Tu as vu qui c'est ?". Une voix d'homme. Et un second : "Qui ?" en polonais. C'était totalement inattendu. J'ai éclaté de rire. C'était de mes petits plaisirs. C'était touchant et étonnant. Se faire reconnaître place Clichy, loin de son environnement habituel, de son pays, de sa langue. Tu sais qui c'est... "Wierotchka, c'était Wierotchka." »

Elle reconnaissait qu'elle avait été coquette. Et elle en a toujours eu le besoin.

« Les hommes ? Non, je n'avais pas de problème avec les hommes, j'avais beaucoup de ces petits caniches qui me tournaient autour. Ils voulaient tous coucher avec moi, évidemment. Ils ne savaient pas que j'étais honnête. A cause de ma maman, de mon éducation, de mon ignorance. Personne ne voulait le croire. Ils me demandaient tous "combien". J'étais tellement jeune. Je ne comprenais pas de quoi il s'agissait. Ils voulaient tous me baiser. Ils devaient certainement penser que comme je chantais, je devais avoir un sacré tempérament. Erreur. C'était seulement sur la scène que j'étais aussi courageuse, une femme d'action, qui va à l'attaque. J'ai mis du temps à apprendre l'alphabet de la survie dans ce petit monde. »

Elle se rappelle une actrice d'avant-guerre, Wawa, de sa silhouette massive et de son monologue particulièrement graveleux. « Et il m'a fait un baise-main... Oh lala, et si je tombais enceinte après ça ? » Elle répétait souvent ces deux vers, et trouvait cela désopilant... « Oh lala, et si... »

Longtemps sa conception du sexe se résuma à cela. « Do you love me ? I do, a lot. Don't forget me. I will never do. You are unforgettable. Je n'oublierai jamais, tu es inoubliable ! » Elle aime bien faire sa coquine ainsi. Elle se souvient d'un admirateur qui avait forcé la porte de son hôtel avec un seau rempli de roses.

« Cela me plaisait jusqu'au moment où le type commençait un peu trop à se faire des idées. Du coup, il repartait bredouille. Ou alors, Dieu m'en garde, il se jetait sur moi. Tu seras à moi, tu seras à moi ! Ça arrivait aussi, comme dans les romans minables. Il jetait ses vêtements et moi je lui fichais une claque dans la gueule. Je n'appelais pas à l'aide, j'avais honte. Je suis un peu provinciale. Les histoires de sexe, ce n'était pas mon point fort. Ça ne l'a jamais été. Moi, j'aimais exciter, c'est tout.

— Donc l'amour, sans les organes ?

— Oui. Faire du charme, des compliments, flirter. Avec légèreté, intelligence, humour. Rien de plus. Et comme j'ai été dépucelée de façon ignoble, ça m'a marquée pour toujours. Voilà. Faire du charme. Même aux femmes, c'est pour ça qu'on m'a souvent prise pour une gouine. J'en ai eu quelques-uns de ces accidents lesbiens. Dont un particulièrement pénible à Caracas.

Hier, j'ai regardé un programme pas mal du tout, en passant d'une chaîne à l'autre. Je suis passée du "Casino de Paris", au "Moulin Rouge" pour arriver au "Lido". Sur les trois chaînes... que des culs nus, des culs nus, des culs nus !!! Des culs nus et des nichons nus. Des tas. Certes jolis, jeunes, fermes, mais il y en avait tellement que ça en perdait de son intérêt, de son attrait. Les femmes ne savent pas combien elles ont perdu en abandonnant cette petite part indispensable de mystère.

— Ça enregistre tout le temps ?

— Non.

— Le premier mensonge du jour ?

— Je vais vous dire quelque chose. Je n'ai jamais vu le membre d'un homme. Jamais ! J'ai toujours fermé les yeux. Depuis le début. Ce petit bout de boyau est tellement affreux. Je n'arrivais pas à regarder.

Je détestais cette entreprise. Je restais allongée comme un tronc mort et j'attendais que ça se termine. Je suis bien contente que ça ne risque plus de m'arriver.

J'adore les singes, mais ce que je leur reproche, c'est de parader cul nu. Et avec ce machin qui ressort. Je pense qu'ils devraient être plus discrets. Le seul contact visuel que j'ai eu avec des organes mâles, c'était chez le singe. Je suis une esthète.

Les hommes ne m'intéressent que de la ceinture à la tête.

On m'a demandé, qu'est-ce que tu feras quand tu n'auras plus de cible à charmer ? Parce que j'adore faire du charme, encore aujourd'hui. C'était effectivement ma grande passion. Qu'est-ce que je vais faire si je n'ai plus personne à qui faire du charme ? Je ferai du charme à un mur. Même à un mur.

Essayez avec de la margarine et du miel, et puis un tout petit peu de yaourt. Vous allez voir comme c'est bon. La margarine, ça a du goût, le beurre, pas du tout. La margarine, ça fait un peu toc, mais moi je préfère. J'ai toute une technique. Faites attention, parce que si vous faites goutter le miel et que ça colle partout, là, je vous tue. Ça a déjà coulé quelque part, c'est ça ? Ça me rend dingue, quand il y a un truc qui colle. Il est bon le miel ? *Poprobuj, raz w żyzni, nie choczesz, nie nada, chodzi griazna.* (*Goûte, une fois dans ta vie, tu ne veux pas, il ne faut pas, c'est sale.*)

— Vous étiez très belle.

— J'étais jolie sur scène... à Łódź par exemple, le premier nouvel an après la guerre quand j'ai chanté avec le chœur des Revellers, *Donne-moi ton cœur*... ou *En guise de bonne nuit, dis-moi*... Ou l'année suivante au Roma. Cette soirée avait été annoncée comme la plus gaie de Varsovie, on était en 1946, les ruines à peine nettoyées. Et ensuite toute une série de concerts du nouvel an, j'étais en robe dorée avec un décolleté et des paillettes, et les bis, et les bravos qui n'en finissaient pas. Un vrai hiver polonais, froid dehors, et l'ardeur chaleureuse à l'intérieur. Les blagues et le sapin de Noël. C'était le bon temps. »

Dans un entrefilet de l'*Express du soir*, je lis : *Wiera Gran : Du grand art de magicienne, une voix chaude et fascinante, une chanteuse d'une classe incomparable...*

« On me prenait en photo à l'époque pour les couvertures des magazines en couleurs, en bonnet de pilote d'avion, mon préféré, à la Tamara Lempicka ou sur une moto, l'été avec un éventail. Cet accessoire, je l'avais toujours dans les mains, peut-être parce qu'il avait appartenu à ma grand-mère et qu'on avait réussi à le sauver du ghetto ?

Depuis mon tout jeune âge j'avais entendu les gens s'extasier sur ma beauté. Moi-même je n'en étais pas consciente. Il y avait bien des jours où je me disais avec un certain plaisir en me coiffant devant le miroir : "Je suis jolie aujourd'hui." Quel dommage – j'en aurais eu besoin – qu'on n'ait pas insisté, a-t-on oublié ? – mais j'étais (et je suis toujours !) drôle. Je savais émouvoir – à ma façon d'interpréter les chansons – aux larmes – mais je provoquais aussi de bons éclats de rire, quand je faisais le clown. Et le sens de l'humour se fonde sur l'intelligence – mais ça, ça ne se "pardonne", ça ne s'accepte pas.

Et maintenant je fais une petite boule avec mes doigts, ça veut dire que je me suis mis un nez rouge. Et je suis un "claoune", un "claoune" rigolo. Je peux faire ce que je veux et dire ce que je veux. Je suis un claoune, un rigolo, un amuseur amer. Les clowns sont très sérieux. Tout ce qui est mauvais disparaît complètement.

Je n'aime pas les blagues cochonnes, mais celle-là je l'aime bien. Pendant une promenade dans la forêt, Pouchkine laisse son ami en plan. "Pouchkine, où êtes-vous ?", appelle son camarade inquiet. "Au fion d'une touffe." »

A une époque, elle collectionnait les herbiers. Elle faisait des bouquets. Elle ramassait des feuilles d'érable, de fougères, de tilleul. Dans ses livres, partout des pétales séchés de roses, d'hortensias, de jasmin. Mais le bouquet de lys que je lui ai apporté, elle l'accepta avec répugnance.

« Je supporte mal les fleurs coupées en appartement. Mon Dieu, comme on peut changer. Tant que j'étais jeune et que je croulais sous les fleurs, j'adorais ce genre d'hommage. C'était pour moi le plus formidable cadeau, venant droit du cœur. Aujourd'hui une pensée obsédante m'enlève le plaisir de les admirer. Je sais que j'assiste à leur lente agonie, à leur dégradation inexorable qui précède la mort. Je ne jette pas les fleurs encore jolies qu'on m'a offertes, mais je sais ce qui va leur arriver et ça me paralyse. Je me vois.

Si on me demandait si je voulais naître à nouveau, pour revivre de la même manière cette vie qui n'a pas du tout été ennuyeuse, je refuserais. Trop de souffrance, de déceptions, d'amertume. Ça ne vaut pas les efforts que cela exige de nous. Quelle lutte cruelle.

Personne ne se retourne sur un vieil homme, alors encore moins sur une vieille femme. Je me suis demandé pourquoi je continuais à me teindre les cheveux, à me maquiller ? Réponse : pour forcer les gens à se retourner sur moi ! Question : forcer qui ? Réponse : mais moi, au moins !

J'ai envie de disparaître de la vue des gens, comme si la vieillesse était une honte.

J'ai eu une révélation quand j'ai compris que l'hirondelle qui annonce la mort civile, c'est le téléphone qui ne sonne plus. J'étais presque fière d'accepter ce glas – alarme de la vieillesse – avec dignité. Je n'avais pas le choix – je devais m'en accommoder. Maintenant, j'ai eu une nouvelle révélation en entendant à nouveau le glas – alarme de la vieillesse qui progresse, de la solitude qui s'installe – le courrier ! La boîte aux lettres, aussi, s'est tue. Vide, un sombre silence dans la boîte aux lettres. Et ça ne va qu'empirer. Si je pouvais je m'appellerais, mais pour les lettres... Qui sait, peut-être que je m'écrirai une lettre de temps en temps à laquelle je répondrai. Finalement, ce que je fais maintenant, en parlant au papier avec mon crayon noir, n'est pas si éloigné de s'écrire à soi-même, sur ce que je deviens, comment je me sens, qu'est-ce que j'ai comme problèmes ou comme projets. Tiens, ce sera le seul cas dans ma vie où je serai totalement sûre de la discrétion de ma destinataire, donc libre de mes confessions. C'est une idée géniale. Enfin une âme charitable avec qui je serai en symbiose totale.

Je me suis inventé des prétextes pour m'obliger à sortir de chez moi. J'essayais de prendre le chemin le plus long. A force d'observer les gens que je croisais, j'ai appris à reconnaître les femmes solitaires. Le regard perdu, elles ne font pas partie du spectacle de la rue. L'indifférence et la conscience que personne ne nous regarde plus. Je pense que depuis des années je suis prise dans les mailles d'une grave dépression. »

On est le 20 avril. Son anniversaire. Au feutre rose elle dessine un beau cœur. Elle écrit : *Je te souhaite, ma chérie, ce que tu sais.*

Plus loin : *Je suis complètement seule. Le téléphone reste silencieux – il est mort. La mort et les hyènes attendent. Il y a des années, ma pauvre mère m'a mise au monde.*

On ne devrait pas vivre longtemps. Il ne reste que des petits plaisirs lilliputiens du temps qui s'achève. Il ne faut plus s'attendre qu'à des déceptions qui s'amassent, gonflent, font mal.

Vous ne savez pas, Dieu soit loué, vous ne pouvez pas savoir ce que cela veut dire être totalement solitaire. Les gens que je connais de ma DÉgénération sont des vieillards ; eux aussi sont malades, ils ne connaissent pas non plus la solitude absolue, ils habitent loin et pour arranger le tableau – dans un pays ENNEMI. Si j'étais en Pologne, je ne suis pas sûre qu'il y ait autant de HAINE autour de moi. Elle est partout, car l'« homme » y puise ses forces tous les jours. Sans ce sentiment, les gens mourraient d'ennui, par manque de stimulation à se voler mutuellement, à haïr, particulièrement ceux qui savent et qui voient comme moi.

Dans la pénombre elle se réveille, dans la pénombre elle mange, dans la pénombre elle s'endort. Elle passe beaucoup de temps assise à une table jonchée d'objets où il faut toujours faire de la place pour une assiette, une tasse et le pot de miel. Aujourd'hui, elle a dû pousser une de ces boîtes à chaussures remplies de cordons et de fils de couleur, de rubans, de galons pour les robes et de dentelle à manchettes. Elle y plonge ses mains d'un geste gracile, presque chorégraphique. Elle défait des nœuds, débobine, range par taille et couleur. Rembobine. Range le tout.

Wiera, qui est plutôt petite, a relativement de grandes mains. Des mains fines. Elle les montrait volontiers sur scène. Démonstratives et agiles. Séduisantes, nues. Il y a des siècles.

On leur avait rendu hommage – or, améthystes, perles. Longtemps privilégiées, elles perdirent avec le temps leur utilité. Elles fanèrent, comme dans un conte, car personne ne les regardait. Les voilà, couvertes de taches du temps.

« Je déteste les Juifs.

— Vous êtes juive !

— De premier sang. Mais heureusement, j'ai eu une transfusion ! Je suis athée. Et par ailleurs, je n'appartiens à aucune mafia. Ni catholique, ni juive, ni arabe. Je ne suis pas un bon sujet pour la mafia. Les Juifs me tuent depuis cinquante ans, parce que je suis juive ! Je les déteste – parce qu'ils sont juifs. La boucle est bouclée. »

Puis, un instant plus tard :

« Je suis une vraie Juive et comme j'ai ma dignité, je ne me renie pas moi-même pour jouer un autre rôle. Mais cela ne m'oblige pas à garder le silence. A garder sous silence ce que je sais de mes coreligionnaires. En tant que Polonaise et fière de l'être je ne me serais pas tue non plus.

J'aimerais qu'on me dise quel crime j'ai pu commettre, pour quel crime cette sentence m'a été infligée ? Et ce n'est pas terminé. C'est moi qui me suis imposé cette peine et ce n'est pas terminé. J'aurais pu mettre le feu à tout ça et m'enfuir. Mais ils me retrouveront n'importe où.

J'ai mal au doigt. Caresse-le un peu, sinon je vais pleurer.

Dans la nuit j'ai encore eu un coup de téléphone : "T'es qu'une pute, on va te liquider." A coups de couteau dans le dos. Et ainsi de suite. Quand j'entends le téléphone, j'ai le cerveau qui se liquéfie. La nuit est foutue.

— Plus tard, vous avez cherché à trouver un nouveau but ? Un nouveau sens à la vie, peut-être ?

— Je ne sais pas si quelqu'un a jamais cherché. J'ai survécu. Il fallait jouer avec le destin à la marelle chaque jour. Plus la guerre était loin, plus ça fait mal, plus on se sent seul.

— Pourquoi vous êtes-vous inscrite à un cours de couture à l'automne 1950 à Varsovie ?

— Parce qu'on ne sait jamais. Parce que j'avais un pressentiment. Parce qu'il m'est arrivé de ne pas pouvoir sortir un son tant ma gorge était serrée.

— Cinq ans après la guerre, en Pologne, après le ghetto, que pouvait-il encore arriver ?

— Tout.

— Et que s'est-il passé ensuite ?

— J'ai voulu m'enfuir. M'enfuir. Rien d'autre. Aveuglément.

— En Israël ? Pourquoi ?

— Qu'est-ce que vous savez ? Qu'est-ce que vous croyez savoir ? Là-bas, c'était un cimetière. L'odeur des corps brûlés. J'étais un ennemi pour moi-même. Je n'avais pas d'autre solution pour partir. »

CHAPITRE 12

Au ministère de la Sécurité publique

Au ministère de la Sécurité publique :

Je vous prie de bien vouloir me délivrer les documents nécessaires pour partir en Israël, où j'ai l'intention de m'installer définitivement, de prendre la nationalité de cet Etat et par là même d'abandonner la citoyenneté polonaise. 12.10.1950. Wiera Gran.

Pourquoi en Israël ? Il paraît qu'en 1947 elle s'était fait baptiser. Dans quel but ? Pensait-elle ainsi se soustraire à la juridiction du tribunal juif ? Il ne fait nul doute qu'elle prit la décision de partir pour l'Etat juif ultérieurement, en suite logique au jugement et à tout ce qui y était lié.

J'ai cherché son certificat de baptême. Il ne figure ni à la paroisse Saint-Michel-Archange de Mokotów, non loin de l'endroit où elle habitait après guerre, ni à Babice où elle aurait éventuellement pu se faire baptiser par le prêtre Machnikowski qu'elle connaissait bien.

Juste avant son départ elle invita « toute une bande de bonnes femmes » au Marc (plus tard l'Antique), un café renommé de la place des Trois Croix. Elle commanda du café et des gâteaux. « Elles se sont assises et elles ont bouffé » – je ne sais pas pourquoi, mais il y a de la méchanceté, de la colère dans son récit. Il y en avait toujours. Je l'ai remarqué plusieurs fois.

Elle ne dit à personne qu'elle partait, qu'elle avait signé des papiers stipulant que c'était pour toujours. Elles ne savaient pas qu'elles étaient invitées à des adieux. Wiera avait peur que quelqu'un lui mette des bâtons dans les roues. Cela aurait pu arriver n'importe quand, répétait-elle. Elle voulait faire bonne figure, mit son masque le plus joyeux.

Le document avec lequel elle quitta le pays, à peine plus grand qu'une enveloppe ordinaire, un petit bout de papier minable, portait un nom complexe : carte de contrôle de pièce d'identité (Israël). Il permettait à Wiera Gran (née le 20.04.1918, elle commençait déjà à se rajeunir) de quitter le pays pendant un mois à partir du 26 octobre, en passant par le poste-frontière de Zebrzydowice. Il perdait sa validité de pièce d'identité le 12 décembre. Sur la photographie – un gros plan peu avantageux –, elle a un visage large et son sourire révèle des dents blanches. « Je ris, parce que vous voudriez que je pleure. » Dans l'expression de son regard on voit aussi la charge de la cavalerie. Elle était toujours fière de ses talents de comédienne.

Dans sa requête auprès du ministère de la Sécurité publique elle écrivit encore : *Profession : artiste. Niveau d'enseignement : secondaire. Etat civil : célibataire.*

Pourquoi a-t-elle écrit célibataire ? Dans les documents ou dans le quotidien, elle ne disait pas la vérité. Depuis que la guerre avait éclaté, avec Kazik Jezierski ils avaient profité des privilèges officiels donnés aux couples. Avant son départ elle rendit sa carte de réduction pour femme d'officier dans les transports en commun nationaux. Elle s'était arrangée également pour que les époux Jezierski soient domiciliés ensemble, conformément aux documents administratifs : Weronika et Kazimierz, lieutenant médecin.

Elle n'arrivait pas à sortir de chez elle par ses propres forces. La morphine prescrite par Kazik n'arrivait même pas à soulager les fortes douleurs qui lui venaient dans la nuit et duraient jusqu'à l'après-midi. Dans ses valises, elle avait quelques robes, des partitions, des brouillons de textes de chansons et les copies des documents du tribunal. Dans son sac à main, deux billets de dix et de cinq dollars, somme limite autorisée à prendre à l'étranger. Les voisins, les inestimables Mainke, la transportèrent jusqu'à la gare. Et ils la déposèrent dans le train comme un paquet, oui c'est le mot, un objet, un bout de bois. La paralysie des sentiments. Elle essayait de lutter contre cet état.

Sa destination des prochaines heures : Vienne.

Pourquoi a-t-elle quitté son mari ?

Dans une lettre qu'elle n'a jamais envoyée à Kazik, de toute façon, elle était sûre qu'il la lirait seulement quand elle ne serait plus là, elle essaya de trouver des réponses à cette question. Elle y analysait l'état de sa maladie – de ces « ténèbres qui pesaient de tout leur poids sur son âme » –, faisant le constat que rien ne pouvait la réjouir, qu'elle devait se forcer à vivre, violer la loi du quotidien. Le malheur avait laissé sur elle « une marque trop profonde et trop visible ».

Tu as été mon ami dans la détresse, mais je t'étais étrangère dans la tristesse.

Le règlement qui régit le temps de guerre ne s'applique pas toujours sans crainte.

On dirait qu'elle lui en voulait d'arriver à vivre, qui plus est avec un bonheur évident, malgré tout ce qui s'était passé. Elle lui déclarait son amour tout en disant que cet amour était l'ennemi de leur futur commun. Car il ne pourrait pas l'aider. Par deux fois elle évoque le suicide comme rédemption. Elle comprend que sa tristesse et son amertume le poussent dans les bras d'une autre femme.

Je ne sais pas ce que c'est de partir pour toujours.

Consciemment, sans y être forcée, on ferme derrière soi la porte de sa patrie. A-t-elle tenté de se faire à l'idée de ce nouveau commencement ou de noyer son passé dont elle se détachait ?

Plus tard – le magma. Difficile de discerner les pensées. La peur déformée par la douleur, une légère fièvre, le sommeil comme un marécage. Le coussin humide avec le sigle des chemins de fer. Elle ne regrettait pas sa décision et pourtant elle se sentait orpheline. Elle changea d'adresse, changea de destin. Réellement ? Elle joue encore.

Les Fuks, couple qu'elle connaissait dans le ghetto, font le voyage avec elle.

A l'aube, le train s'arrêta. Zebrzydowice. La frontière.

Elle vit par la fenêtre des gardes en uniforme et quelques hommes en manteau de cuir et chapeau. Elle n'avait plus la force de lutter, elle voulait juste être de l'autre côté. « Uniforme de la Sécurité », pensa-t-elle. Elle tenta de ne pas céder à la panique qui grandissait dans les wagons. Le contrôle des papiers dans le style gestapo. La menace qui pèse sur la suite des événements. Comparable à l'autre, pendant la guerre – la dépendance. Tous les moyens sont acceptables. Le but est de survivre.

L'inscription « confidentiel » et l'en-tête du ministère de la Sécurité publique sur ses papiers ont éveillé immédiatement l'attention des factionnaires de service. De quel droit possède-t-elle de tels documents ? Et la permission officielle ? On l'isola du reste des passagers pour pratiquer une inspection spéciale. Une fouille ? S'il le faut. Ils ne lui prendront rien de plus qu'on ne lui a déjà pris. Le strip-tease ce n'est pas son fort, et le public est minable. On enchaîne.

Les questions, comme avant. Qui, pour qui, comment, pourquoi ? Une chanteuse ? Un procès ? Ils disaient son nom tout haut. Gran ? Grande ? Grynszpan ? Kugelszwanc ? Qu'elle continue sa route, ça vaut mieux ! En sueur, mal rasés, pas de la première fraîcheur. Mais comme les autres, tiens, tout-puissants. Elle les méprisait et pourtant elle était entre leurs mains.

Ils essayèrent en vain de joindre le bureau du procureur pour éclaircir l'affaire. Le train restait en gare.

Un des douaniers trouva dans ses papiers un texte du poète Tuwim, les paroles d'une célèbre chanson russe. *La nuit est sombre aujourd'hui*... Vous la chantez ? Et en russe, tiens ? *Pa russki* ? Elle demanda un verre de café bien chaud, elle sortit en échange une bouteille de vodka qu'elle avait avec elle. Dans sa valise, elle trouva également du saucisson polonais. Elle chanta fort, à la hâte, comme si sa vie en dépendait. Elle savait parfaitement jouer sur la corde de la nostalgie. Elle atteint des sommets.

Le soir tombait. Se séparer, *La Dernière Lettre*, (« Prends soin de toi, je sais tout, tu ne me reverras plus, si tu te sens mal avec moi »). Ils en voulaient encore et elle ne voulait pas s'arrêter. Elle confiait à saint Antoine qu'elle avait *perdu son cœur à la lisière des prés*...

La lisière de terre, le sang battait dans ses tempes, la lisière, bande de terre non cultivée entre deux champs, là où elle va, y a-t-il des lisières et des champs ? Et à quoi bon y aller puisque les pommiers et les lupins ne sont plus en fleurs. Ils buvaient à la bouteille qui passait de main en main le temps de plusieurs chansons. Il était plus de dix heures quand elle termina son spectacle. Elle avait la voix éraillée. Ils la laissèrent partir.

Pendant les heures qui suivirent, les passagers ne vivaient plus que par le récit de ce concert donné sur le quai. Elle ne reproduisit pas l'expérience lors d'un arrêt plus bref en Tchécoslovaquie. A Vienne on tenta de la convaincre de rester. Peut-être aurait-elle dû ? Peut-être qu'alors son destin aurait pris une tout autre forme, lui aurait laissé plus de répit ?

Elle disait que l'intuition lui avait dicté de continuer son voyage, d'aller en Israël, comme pour se sentir profondément « chez elle ». Sinon, on l'aurait jugée, enfin le pensait-elle, c'est ce qu'elle essaya d'expliquer des années plus tard, on l'aurait jugée pour désertion, comme si elle avait eu quelque chose sur la conscience. Et pourtant, elle n'avait rien à cacher.

De l'Italie, elle ne se rappelle pas grand-chose. Le 26 novembre, un dimanche matin, sur le pont du bateau qui les emportait, elle regardait s'éloigner les côtes d'Europe. Elle évoquait les mots « appartenance » et « racines », puis Hitler et Staline, ou encore « griffes » et « enfer ». Des morceaux acérés de son passé lui écorchaient les pensées. Elle essayait de s'en débarrasser, comme dans un mauvais conte pour enfants. De les adoucir. Pour pouvoir encore rêver, ne fût-ce qu'un instant, que se défaire des blessures de guerre est toujours possible.

Un nouveau commencement. Un jour nouveau, une feuille neuve, une nouvelle chanson. Nouveaux certes, mais dans quel sens et dans quelle mesure, puisqu'ils viennent de mon corps et de mon expérience ?

Le commencement présuppose-t-il un changement ? Quelle altérité pour une peau marquée par ce qui a existé avant ?

Dans un cahier à lignes, à l'encre verte elle a noté des mots hébreux qui lui servent dorénavant à nommer le monde.

Kaha – comme ça. *Ein davar* – c'est pas grave. *Ihie Tov* – ça va aller.

Plus loin, un apprentissage laborieux :

je ne comprends pas l'hébreu,

je n'ai pas honte,

je ne veux pas,

je voudrais,

je ne dis pas...

SEIR – chant.

Elle pensait peut-être à ce soir, encore à Varsovie, où, en rentrant chez elle après un concert, on l'avait attaquée dans la rue en la menaçant d'un revolver. Elle n'avait pas eu peur, cela ne lui faisait plus peur. On lui prit son sac à main. Dedans, elle avait des photographies sauvées du ghetto. C'est ce qu'on raconta dans la rubrique de faits divers du journal local. Bizarre qu'elle les ait portées sur elle.

Des images, des images.

Maman. Petite, lourde, elle boit le thé à même la soucoupe, en croquant du sucre. C'est comme ça qu'elle le préférait, à la russe. Elle a de grosses mains, fatiguées. Elle a un regard soucieux. Comme si elle en savait plus... Les mères ont beaucoup en commun partout dans le monde. Pour plaisanter, elle disait que les lundis elle saupoudrerait son palier de poivre, pour qu'elle puisse éternuer, ça porte bonheur.

Kazik qui rentrait de la prison de la Sécurité où il travaillait, rue Rakowiecka. Son odeur. Différente. Elle le voyait brièvement, d'habitude l'après-midi elle sortait répéter ou donner ses concerts. Pour quelle raison s'est-il fait embaucher là-bas ? Pas pour elle tout de même, quoiqu'il l'eût parfois suggéré. Ils avaient besoin d'argent et elle n'avait pas de travail fixe. De représentation en représentation, Katowice, Łódź, Cracovie. Les hôtels, les trains, les loges exiguës, les projecteurs qui aveuglent. Cela sonne pas mal, mais il fallait bien gagner sa vie, donc voyager dans tous les sens, et mouiller sa chemise. Certes dans des conditions luxueuses, mais tout de même. L'émission « Les Goûters au microphone » était plus facile, parce que c'était sur place.

Médecin contractuel de prison. Il envoya sa requête en juin 1947. Après la Libération, il travailla en tant que chirurgien à l'hôpital du quartier de Wola. Il fut mobilisé au printemps. Dans l'état-major général de l'armée polonaise, il avait le grade de lieutenant. Elle s'en souvient. Trois étoiles sur les épaulettes. Elle avait un faible pour l'uniforme. Elle avait vu qu'il portait un pistolet. Il trouvait ce statut tout aussi pesant que satisfaisant. Il travailla un moment dans une école avec internat pour les enfants d'officiers de l'armée soviétique. Elle ne sait pas comment il est arrivé rue Rakowiecka. Cela avait peut-être même un rapport avec son histoire à elle. Cela ne l'intéressait pas de savoir. Elle manquait de connaissance et d'instinct politique. Cette prison – symbole de la dictature communiste –, ne lui disait pas grand-chose. De plus Kazik n'avait pas l'habitude de se confier. A quoi peut servir un médecin à des prisonniers qu'on tuait ? Son nom à lui figure sur le procès-verbal d'exécution de peine de mort du capitaine de cavalerie Pilecki. Et certainement sur ceux d'autres condamnés.

Elle se souvient des personnes étranges qu'elle voyait passer chez eux, rue Odolańska. Cette Volksdeutsche, une prisonnière engagée comme employée de maison, pour qui Kazik s'était porté garant. Elle s'enfuit et on ne la retrouva jamais. Il fut alors assigné à résidence. Pourtant, il amena un autre prisonnier. Mais lui aussi, après avoir biné le jardin et transporté le charbon de la cave au grenier, avait filé ; c'était elle qui devait le surveiller, elle avait oublié. Plus une trace de lui. Malgré les amendes pour ce genre de manquement, ils ne se plaignaient pas du manque d'argent. Kazik était un peu insouciant. Elle aimait sa nonchalance. Et aussi quand il l'emmenait à moto sur le Krakowskie Przedmieście et que les passants se retournaient sur eux.

Je ne sais pas si elle savait qu'il avait accepté de travailler pour le ministère de la Sécurité publique. Ni si cela eut quoi que ce soit à voir avec son affaire. Cela semble impossible à établir. Le 27 décembre 1950, il signa un document où il s'engageait au plus strict secret professionnel. On peut supposer qu'il y était soumis depuis plus longtemps.

Le visage ovale, yeux marron-jaunes, cheveux blonds-noirs (*sic* !). Ailleurs : châtain. Signes particuliers : néant.

« Nous avons vécu onze ans ensemble avec Kazik, me dit-elle un jour, et pourtant nous ne nous connaissons pas. Il ne me connaissait pas, je ne le connaissais pas, non plus. Nous n'avons pas eu le temps d'apprendre à nous connaître, de parler ensemble. Les obligations professionnelles ne nous aidaient pas. Il travaillait le jour et moi la nuit. Nous nous croisions sur le palier ou dans le lit. C'est tout. Il me satisfaisait très mal et très maladroitement. »

Bel homme. Le front haut, les cheveux coiffés en arrière, le visage mat, lisse, une légère teinte olive. Une bouche expressive et pulpeuse.

Deux photos, une en manteau et une autre en uniforme. À l'Institut de mémoire nationale (IPN) on trouve plusieurs dossiers, souvent appelés « dossiers personnels » de Jezierski Kazimierz, fils de Zbigniew, né en 1914. Des dossiers cartonnés gris-bleu, verdâtres, aux couleurs passées, avec de nombreux tampons et divers numéros d'actes. Des multiples paraphes, civils, militaires apposés à côté d'autres rayés au feutre rouge. A l'intérieur, des fiches de renseignements et de statistiques d'un fonctionnaire d'Etat du ministère de la Sécurité publique. Médecin, pas de fortune personnelle. Langues pratiquées : français – courant, allemand – notions.

Marié. Les documents disent : épouses successives – Weronika Gacka (1947), Weronika Grynberg (1949) et Weronika Zofia Tomaszewska (1949). La même Wiera. Les modifications adéquates furent apportées aux notices biographiques de chacun d'eux.

Son épouse a toujours exercé la profession d'artiste. D'abord de nationalité polonaise, catholique, d'une famille d'artisans. Peu après, de confession hébraïque et d'origine bourgeoise.

Aucun d'eux n'a un casier judiciaire enregistré au ministère de la Justice.

Les parents des deux époux changent dans la série de documents et de curriculums. Qui a autorité pour procéder à ces changements et quelle est la marge de manœuvre ? Tout d'abord officiellement et très précisément aryens, ils deviennent avec le temps des citoyens d'origine juive. A l'encre verte, sur du papier à carreaux, Kazimierz Jezierski a dessiné leurs silhouettes.

Natan Grynberg, de confession hébraïque, instituteur. (Jamais et dans aucun souvenir il n'a rempli cette fonction. Je ne sais pas s'il en aurait été capable. Il était de nature destructrice.)

Kaplan Luba, de confession hébraïque, femme au foyer, corsetière. (Couturière pour poitrine. Wiera n'a jamais évoqué ce métier. Cousait-elle sur mesure ? Des corsets de lingerie et de soirée ? Mais aussi des ceintures et des corsets médicaux. Etait-elle compagnon ou maître artisan ?)

Quelques années plus tard, il étaya davantage les informations concernant ses propres parents. Il s'empara de ces rubriques administratives pour raconter une sorte d'histoire.

Je précise que le véritable prénom de ma mère était : Amelia. J'ai mentionné le prénom Wanda car je me suis rapporté à un acte de naissance qui avait été modifié sous l'Occupation. Le prénom de mon père est : Jerzy. J'ai cité le prénom Zbigniew Jerzy pour les mêmes raisons évoquées ci-dessus.

Dans le *Dictionnaire biographique des médecins* publié en 1999 je lis :

Jerzy Jezierski né Rubinsztejn (1886-1940), à Suwałki, fils de Leïba et Sima née Jezierska. Membre de l'Eglise évangélique, sera confirmé en 1920. C'est à ce moment-là certainement qu'il changea de nom pour prendre le nom de jeune fille de sa mère, Jezierski. Obtient son diplôme en 1915, avec une spécialisation en chirurgie. Exerça à Varsovie.

Emprisonné en 1939 en Union soviétique dans des circonstances inexpliquées. Déporté au camp de

Starobielsk. Son nom figure dans la liste des prisonniers de guerre du NKVD de ce camp (matricule 1094). Il mourut à Kharkov à l'âge de quarante-trois ans.

Dans les déclarations qu'il a faites à l'administration, Kazimierz ne mentionne jamais ces faits. Dans ses conversations privées non plus.

J'ai trouvé ces documents au cours de l'été 2009. Je ne peux pas cacher la surprise que fut leur découverte. Jezierski devenait quelqu'un de brave et responsable. Il méritait une plus grande admiration qu'auparavant. Sauver Wiera, sa femme juive, en étant juif lui-même, quoique rebaptisé, ce n'est pas la même chose qu'en tant que Polonais. Je ne sais rien de ses peurs, et pourtant il a dû en avoir.

Wiera ne parla jamais de reconnaissance. Sa présence et son aide étaient pour elle une évidence. Un cadeau.

La vanité des survivants ? Cela existe-t-il ? Etait-ce seulement leur propre vanité innée et inchangée par les événements de la guerre ? Elle n'a jamais vanté devant moi le courage de son mari. Elle n'a jamais reconnu qu'il se mettait en danger pour elle, qu'il faisait de son mieux, qu'il mettait son existence au second plan pour sa survie à elle. Pas un mot à ce sujet. Comme si cela allait de soi pour elle, comme si cela était facile et ne nécessitait aucun effort ou attention particulière. Elle ne savait pas être reconnaissante ? Etait-elle la seule dans ce cas ? Peut-être que l'humiliation annule le réflexe de reconnaissance. Emousse l'instinct de solidarité. Peut-être.

Ces mêmes documents, à la toute fin de mon travail sur le destin des Jezierski, révélèrent encore un secret. Au printemps 1952, Wiera avait quitté la

Pologne depuis deux ans déjà. Kazimierz, son mari de longue date, comme ils le disaient eux-mêmes, ainsi que leurs amis et les administrations avec lesquelles ils étaient en rapport, écrivait :

Selon l'état civil, je suis célibataire, je n'ai été engagé dans aucune union formelle.

Le véritable nom de ma femme est : Grynberg Wiera. Les autres noms étaient des pseudonymes d'Occupation. J'ai vécu huit ans avec elle et me suis séparé d'elle il y a un an et demi. Signature (encre bleue).

« Wiera Gran est demandée auprès du capitaine », entendit-elle par les mégaphones du pont, une fois qu'ils étaient soumis pour de bon au droit maritime. Elle ne se sentait pas en sécurité parmi eux, elle refusa donc d'autant plus fermement le verre de cognac que lui offrait cet officier qui parlait polonais. Il insista au nom d'un voyage heureux et de l'amitié. Il tenta une flatterie raffinée : « Je vous connais, Madame... en tant qu'artiste. » Il se fit encore plus pressant, menaçant. « Je connais aussi... l'affaire ! »

Tension électrique. Gorge serrée. L'alerte. La sensibilité exacerbée. La faiblesse aussi.

L'ondoiement monotone de l'eau renforçait le trouble des pensées. Les nerfs, les insomnies, voguer vers l'inconnu. Déjà avant, la tête lui tournait. Il fallait qu'elle s'en aille, sur-le-champ.

Il buvait. Il se mit rapidement à l'appeler par son prénom et voulut lui mettre les mains là où il n'aurait pas osé si c'était une dame. Elle se rappelle son rire, quand elle trouva enfin la porte après avoir cogné de ses bras à l'aveuglette. Elle se rappelle ces mots : « Mon équipage sait ce qu'il a à faire quand je reçois des putes. »

Quel âge avait-elle ? Plus de trente ans. Elle était seule. Seule, sans famille, les Allemands les avaient tuées. Seule, sans homme, elle l'avait quitté. Au nom de quoi, elle ne savait plus. Elle n'était pas capable de lui donner le bonheur qu'il lui réclamait. Impossible d'être légère, après ce qui s'était passé. Singer a dit sur ces femmes qu'elles sont restées pour toujours du côté de la mort. Maintenant, elle se trouvait dans cet espace maudit du « entre-les-deux », à l'endroit qui aurait pu être béni ; lui redonner du souffle avant la prochaine confrontation. On ne lui donnait pas l'occasion de se reposer.

Il faut continuer à être vigilant. Il faut apprendre à se défendre. Griffer, frapper des poings et mordre. Pour la première fois ? Pas la dernière. La robe déchirée, les cheveux en bataille et la promesse qu'il la détruira en Israël parce qu'il a suffisamment de preuves de sa collaboration avec la gestapo. Il essuya du dessus de la main sa joue écorchée, défit le verrou et ouvrit la porte. Elle s'enfuit. Elle fut malade le reste du voyage.

A Haïfa elle fut accueillie par la même comédie qu'à Zebrzydowice, seulement « interprétée par ceux de sa race ». Elle descendit la dernière du bateau. En manteau de fourrure, en toque fourrée et en bottes. Décembre. Le soleil brûlait.

Personne ne l'attendait et elle n'attendait personne. Elle n'avait pas d'argent, pendant son voyage elle s'était acheté du savon. Elle s'arrêta, aveuglée par la lumière. Elle se frotta les yeux. Des traits noirs sur les joues, du rimmel, des larmes, de la tendresse peut-être ? Quelque chose tomba près d'elle. On lui avait déjà jeté des objets, à l'époque, à Lwów, elle pensait que c'était des œufs, mais c'était un geste d'admiration, une boîte de crème, et maintenant, c'était une orange. Juste après, elle se vit entourée de personnes étrangères. Bienvenue dans sa nouvelle patrie.

Je me demande toujours pourquoi elle est partie précisément là-bas. Pourquoi n'est-elle pas restée avec son mari ? Elle ne se sentait pas en sécurité avec lui ? Elle ne l'aimait pas ? Décision périlleuse de tout plaquer : son homme, sa patrie, sa carrière. Et ce, à peine quelques années après la guerre et ses événements cruels et exténuants. Faut-il lire cela comme un acte de courage ou plutôt comme un acte de désolation et de désespoir ?

De tous les endroits du monde, elle choisit celui qu'elle connaissait le moins et pour lequel elle n'avait pas spécialement d'affinité. La Pologne lui était-elle devenue à ce point insupportable et pourquoi ?

Elle se sentait blessée et surveillée, pourtant elle ne blâmait pas les Polonais mais les Juifs. Il ne lui était pas venu à l'esprit que venir vivre parmi ceux qui avaient survécu à la guerre raviverait « l'affaire », provoquerait des commentaires malveillants. N'avait-elle pas senti que choisir le jeune Etat juif avec le poids de ce qu'elle avait vécu pendant la guerre pourrait provoquer une tempête ? Elle ne devait pas en avoir la moindre idée.

Empressée, elle rassemblait des copies des notifications et des décisions du tribunal. Les unes après les autres – non coupable. Elle recopiait les dossiers. Quand elle est partie, elle se munit de tout cela. Peut-être avait-elle senti les ennuis venir.

On pouvait croire qu'en Pologne elle était chez elle et entourée. Et surtout que le public lui était resté fidèle. Je me trompe apparemment.

Le jeune Etat d'Israël par principe ne voulait pas regarder en arrière. Les souvenirs de l'Occupation portaient avec eux la mort et l'humiliation. Et l'humiliation semblait faire plus de mal. Les nouveaux Juifs dans leur propre Etat ne la connaîtront jamais. Ils doivent être forts et courageux. Ils doivent construire et se battre. Toujours garder la tête haute. Ne jamais passer pour une victime condamnée à être brûlée.

Ils traitèrent la tragédie des diasporas juives pendant la guerre comme une gifle douloureuse. Qui avait sali leur honneur. Et était venue contrarier la légende d'un pays en construction.

A peine deux ans après la création de cet Etat, on promulgua une loi pour juger les nazis et les gens qui les avaient aidés. Cette loi concernait les criminels de guerre ainsi que les collaborateurs. A l'époque en Israël, les membres des conseils juifs (les Judenrat) ainsi que les kapos des camps étaient traités avec mépris. La plupart des Juifs épargnés par l'holocauste et jugés là-bas furent accusés de collaboration avec les nazis. Jusqu'au début des années soixante, près de quarante personnes furent condamnées.

Il arrivait que les survivants reconnaissent leurs persécuteurs du temps de la guerre, leurs citoyens, dans les rues de Haïfa ou de Tel-Aviv. Ils étaient souvent pourchassés et couverts d'injures. On ne faisait pas de tri dans les mots, la pierre la plus souvent lancée était le mot « gestapiste ». Dans le code israélien, le Juif collaborateur était mis à l'index de façon particulière. Le besoin de purification était tout aussi important que celui d'infliger une peine. Le collaborateur juif, aux yeux de ses accusateurs, se trouvait couvert d'opprobre pour avoir participé à des crimes nazis. On n'étudiait pas dans le détail les motifs ni les buts de la collaboration. Pas de circonstances atténuantes.

On n'essayait pas de comprendre. Ceux qui prononçaient les verdicts étaient sûrs d'agir pour le bien.

Elle ne connaissait rien de la Terre promise des Juifs. Avant cela, elle se l'était rarement imaginée – désertique, sauvage, peu familière. Et voilà devant ses yeux des ruelles de Tel-Aviv pareilles à celles de Varsovie, des étals de marchands poussiéreux, des articles de mercerie comme dans les environs de Nalewki. La lumière plus intense, mais dans les rues la langue est familière, un brouhaha ni tout à fait celui des bonimenteurs ni tout à fait celui de la prière. Et quand elle vit dans un kiosque à journaux *Notre Revue* à côté de titres en hébreu, elle se sentit chez elle. Elle fit un signe de la main signifiant qu'elle voulait l'acheter. La femme la regarda avec mépris, « Vous savez, il n'y a qu'une Juive pour faire ça » et elle ajouta : « Si on veut un journal polonais, **siffit** de le dire en polonais. » Wiera n'en croyait pas ses oreilles : ce ton, cet accent, tout cela, c'était comme à la maison.

Elle avait abandonné la Pologne pour un lit de camp dans un pensionnat minable qu'elle partageait avec d'autres. Pour des admirateurs douteux qui promettaient la lune si elle se donnait à eux. Pour la perspective d'un héritage qui s'avérait tout aussi illusoire qu'une renaissance sur la Terre promise des Juifs. Apparemment, là-bas c'était comme en Pologne voire pire, le chantage lié à « l'affaire » était l'argument ultime. Une gifle. Une pierre. Un écho et son ombre dont elle ne put jamais se débarrasser. Elle ne le savait pas encore à l'époque. Elle ne voulait pas et ne pouvait pas le savoir. Car une fois qu'on sait cela, c'est impossible de vivre avec.

Elle n'évoquait pas le mal du pays, sa nostalgie de Varsovie. La première lettre de Jezierski (une petite enveloppe grise, un timbre avec le camarade premier secrétaire Bierut) lui arriva quatre mois après son départ. Il lui disait qu'il parlait avec elle (« Mon cher petit poisson – Rybeczka ! ») tous les jours, pendant de longues heures. Il évoquait la santé des chiens qui, quoique peu soignés, se portaient très bien. Il fit allusion à ses larmes, mais tournait rapidement cela à la blague pour ensuite parler de la partie de chasse au cours de laquelle il n'avait tué aucun animal.

Il décrivait sa solitude dans cette pièce qui n'avait pas beaucoup changé et où étaient pendus des petits rideaux jaunes qu'elle avait confectionnés elle-même. « Je la sens comme vivante, comme une personne à qui je parle et que j'entretiens avec beaucoup de soin. » Il évoquait ce livre toujours posé sur l'étagère, *Seul dans Berlin* de l'auteur allemand Hans Fallada. Il comparait la lecture de ses lettres, douloureuse, à une mélodie lointaine et extrêmement pure. Il était ému en pensant à elle, à ses succès (elle avait dû lui en parler), cela lui remontait le moral.

« Qu'est-ce que c'est que cette histoire qui vous est arrivée en Pologne ? », lui demandait-on l'air de rien, nonchalamment, pour lui faire comprendre que ça se savait et que cela pourrait être utilisé contre elle. Ou alors, si elle consentait à remplir certaines conditions, l'affaire pourrait être étouffée, oubliée, peut-être même pas évoquée. Jusqu'à la prochaine fois, où il faudrait à nouveau se racheter.

Les délateurs sont partout. Les maîtres chanteurs également.

Quelle différence entre eux ? Quel rapport avec les « vendeurs de Juifs » dont les activités pendant la guerre ont coûté la vie à des milliers de personnes ?

Pendant l'Occupation, ces vendeurs donnaient des Juifs à la gestapo. Ils dénonçaient pour de l'argent ou de leur propre initiative, pensant que c'était ce qu'il fallait faire ou que cela irait mieux ainsi. Ou que pour eux, c'était une évidence, comme c'est une évidence que la Pologne doit être un pays pur et aryen sans cette juiverie en masse en grands manteaux et calottes sur la tête.

« C'en est une, elle est capable de tout... » murmurait-on, chuchotait-on avec une insistance grandissante. Elle avait l'impression qu'on lui en voulait pour tout. Son passé, sa beauté, et plus récemment – à Tel-Aviv ouvertement – sa relation avec un homme marié. Où qu'elle aille, elle pouvait sentir la malveillance des regards et des mots. Finalement, tout comme à Varsovie juste après la Libération, elle se présenta à la police au printemps 1951. Elle produisit tous ses documents et exigea qu'on lance une procédure pour la délivrance d'un permis de travail écrit.

Elle l'obtint au bout de quelques semaines. Avec la carte de syndiquée de l'Histardut elle se sentait un peu plus en sécurité. Elle fut invitée à participer au spectacle du bal de bienfaisance de la police. Ce fut pour elle le début symbolique du droit à une nouvelle vie.

Une photographie d'elle « les lèvres sensuellement entrouvertes » dans le style tsigane de cabaret fit la couverture de l'hebdomadaire israélien *HaOlam HaZeh*. Elle passa à la radio dans une émission du vendredi après-midi, à une heure de grande écoute. Elle embaucha un imprésario qui lui organisa tout un programme de concerts. Tout semblait s'arranger. Elle attendait sa première prestation, paralysée par le trac.

Le 30 mai 1951, le théâtre Ohel fut totalement assiégé. Elle se rappelait les corbeilles de fleurs qui ne rentraient plus dans sa loge et qu'elle fit finalement disposer sur la scène. La salle comble et les policiers le long des murs. Elle eut d'abord du mal à libérer sa voix, la nervosité lui fit perdre de sa couleur, l'assourdissait et l'étouffait. Elle chanta à pleine voix seulement dans la seconde partie de son récital.

Elle ne se souvient pas vraiment avoir éprouvé de la joie. Juste après elle accepta de travailler dans un cabaret, en attendant de meilleures propositions, c'était toujours mieux que la couture. Un des premiers soirs, un collègue déjà ivre voulut s'en prendre à elle dans les loges. Elle se débattit avec vigueur. « Espèce de pute de la gestapo, tu vas voir… » Elle fut longtemps malade. Et elle se faisait accompagner à ses concerts allongée dans un taxi. Elle essaya encore. Mais les médecins lui imposèrent le calme absolu.

Je pense que partir était une erreur. Partir là-bas. Partir alors que les échos de la guerre résonnaient encore, que les cendres des fours crématoires étaient encore chaudes.

Elle avait besoin de se purifier. Elle se lavait sans arrêt les mains, comme Lady Macbeth. Elle ne voulait pas seulement être propre mais surtout reconnue comme telle.

Survivante de l'holocauste. Victime des persécutions de la guerre et détruite maintenant par les « siens », par les survivants.

Le 6 juillet 1952 elle monta à bord du *Negbah* à Haïfa pour rallier Marseille. Elle avait la cabine 56 en seconde classe, juste à côté de l'espace réservé à la synagogue. Dans la nuit du 12 au 13, elle s'en souvient parfaitement car elle avait peur du chiffre treize, elle fut réveillée par un bruissement violent, différent de celui du voyage en mer caractéristique et familier. Quand elle se leva, l'eau lui arrivait jusqu'aux genoux et montait encore. Elle voulut appeler à l'aide, mais eut beaucoup de peine à ouvrir la porte.

Un tuyau s'était rompu dans une cabine voisine. L'eau inonda ses valises rangées par terre sous son lit. *Suite à un séjour prolongé dans l'eau* – écrivait-elle dans sa plainte à la société d'assurances – *mes affaires ont déteint, ont été détruites, et sont par conséquent hors d'usage*. Plus loin : *Je suis artiste professionnelle. Ce que je possède et que j'emporte présentement en Europe constitue mon seul bien et ma seule propriété. Je suis partie en qualité de touriste mais j'espérais pouvoir me présenter devant le public français en tant que chanteuse israélienne.*

Elle exigea d'être dédommagée en conséquence. Elle se plaignit également du comportement scandaleux des employés responsables du service aux passagers qui ne lui avaient ni apporté leur aide ni accordé aucune attention particulière.

Elle procéda à une description minutieuse des affaires endommagées :

Une petite valise en tissu. Une valise en cuir (valeur 35 000 Fr.). Un costume d'été en soie (valeur 25 000 Fr.). Deux robes de cocktail noires (35 000 et 30 000 Fr.). Un coupon de tissu de soie blanche (20 000 Fr.). Un chemisier en soie brodée (4 000 Fr.). Un sac à main de ville. Un sac de sport. Une paire de gants en cuir. Une veste et une jupe de sport. Du tweed pour faire un cafetan. De la georgette pour un chemisier.

CHAPITRE 13

Le train de Marseille entra en gare...

Le train de Marseille entra en gare de Lyon à Paris en fin d'après-midi. Elle n'a jamais pu m'expliquer pourquoi elle avait choisi Paris.

Elle n'était attendue par personne.

C'était le 13 juillet 1952.

Ce treize fatal. Ce treize maléfique. Le treize du pogrom. Cette superstition-là était très prégnante en elle. Toute sa vie elle n'eut de cesse de lui trouver de nouveaux qualificatifs.

Elle chercha le métro pour aller à Montmartre. C'était le seul quartier de Paris qu'elle connaissait. Je ne sais plus si c'était de renom ou de sa propre expérience. Parfois elle disait y être venue avec sa mère quand elle portait encore son uniforme à col marin.

Dans sa bouche, le français sonnait comme un dangereux grognement quand elle essayait de demander son chemin.

Sa garde-robe poisseuse d'eau de mer, irisée, était toute boursouflée après plus de dix heures de voyage. A cette seule pensée, elle fondit en larmes. Elle n'a rien à se mettre. Elle n'a rien pour se produire sur scène.

Enfin, c'est tout de même l'été, elle ne va pas geler. Peut-être l'assurance va se manifester et lui donner un petit sou ?

Elle observait cette ville en pleine effervescence la veille de la fête nationale. Le brouhaha des cafés, les tables sur les trottoirs, l'odeur appétissante de la nourriture, les échos de musique. Ce quotidien étranger lui paraissait de prime abord sympathique, accueillant. Mais il était également tout ce qu'elle ne connaissait pas. La langue se détachait des mots et du sens. Les noms de rues et de sentiments appartenaient à un ordre inconnu. Tout comme ces gens qui avaient l'air heureux.

Elle avait sous les yeux un conte de fées et il lui semblait qu'il lui suffisait de tendre la main pour entrer dans ce cercle magique.

Elle interpellait les pensées chagrines qui tourbillonnaient dans sa tête. Tu es seule, tant pis, il faut faire avec. C'était ton choix.

Elle s'installa dans un petit hôtel que lui avait recommandé un passager sur le bateau. Wiera... Vera, très bien, Vera, le « r » durci pour mieux se faire comprendre, Gran. Non, pas Grande, si, grande, ça l'amusait. Gran. Dans sa chambre on pouvait faire trois pas en longueur et deux en largeur. Elle s'était assise à la fenêtre, elle buvait de l'eau du robinet.

Le lendemain, elle alla voir les vitrines avec des sous-vêtements dans le quartier du Moulin-Rouge.

Un relent de luxe. C'est à Paris qu'elle vit des bas nylon ! Elastiques et faciles à laver. Ils collent joliment aux mollets. Il paraît qu'ils filent vite. Trop chers pour son porte-monnaie.

Sur les couvertures en couleurs des magazines, la Gina Lollobrigida des *Belles de nuit* et Edith Piaf, le rossignol de Paris et fiancée depuis peu la regardaient.

Elle ne fit jamais la connaissance de l'interprète hors pair de l'*Hymne à l'amour*. Elles avaient à peu près le même âge, elles approchaient la quarantaine, Edith était plus jeune de quelques mois. Piaf était connue du monde entier à l'époque. Paris accueillit avec indifférence Wiera Gran.

Quelques années plus tard, en Amérique, on l'appelait la Piaf polonaise. On comparait sa voix – grave, comme douce au toucher – à celle d'Edith Piaf sur son dernier disque *La Vie en rose*. « Quand il me prend dans ses bras », Gran interprétait en polonais la chanson-titre. A l'écouter chanter, certains disaient qu'elle semblait encore plus solitaire que Piaf.

Les Mainke, ses voisins de Pologne. Elle est toujours en contact avec eux. En 1952, elle leur envoie des bas et une caisse d'oranges pour Noël. Elle fait ce qu'elle peut pour les accompagner dans leur vie à distance. Elle suit les grossesses successives de madame Mainke, les nombreuses fausses-couches, les fœtus morts. Ils pensent à elle, se disent que si elle avait un enfant, elle serait plus heureuse dans la vie. Mais ce n'est peut-être qu'une impression, peut-être qu'ainsi, solitaire, elle vit une seconde jeunesse ?

Alojz travaille toujours à l'usine à béton. Leur fille Jola se porte bien. Quand elle sera grande, elle veut être artiste, comme sa marraine ! A la Toussaint, avec son père ils vont fleurir la tombe du petit et font brûler des bougies. La chèvre a arrêté de manger les feuilles des haricots mais n'arrive pas à mettre bas aussi bien sans l'aide de Wiera (!). Le jardin fleurit. Kazik travaille beaucoup, il est un peu abattu.

Janina écrit à Wiera : *J'ai rêvé de toi. Tu me manques.*

Le 8 mai 1955, elle accoucha d'un fils, grand, quatre kilos. Quelque temps avant, elle était allée « désherber la tombe du petit ». Elle remercie à chaque fois de tout son cœur pour les paquets, elle pour la jupe, Alojz pour la cravate.

Peu de temps après, Wiera se produisit à l'hôtel Comodor boulevard Haussmann. Devant une salle comble. Elle disait que cela aurait pu continuer ainsi, mais elle eut l'audace de repousser les avances du directeur. Il la traita de gestapette et la renvoya sur-le-champ. Elle fit alors des démarches pour obtenir un contrat au cabaret Dinarzade. Un enchevêtrement de machinations et de protections de journalistes entraîna les mêmes conséquences. Dans les récits de Wiera, tout le monde n'en avait que pour ses charmes. Ils la voulaient. La traquaient. Et les éconduits promettaient de se venger. Avec « L'affaire gestapo » bien entendu.

Je ne sais pas si telle fut la réalité, ou si tout cela n'était que le fruit de sa mémoire endolorie. Peut-être réagissait-elle plus vivement aux blessures que ses collègues de travail traitaient d'un haussement d'épaules condescendant.

Elle me raconta un jour un rêve dans lequel elle envoyait des cartes postales de ce monde à sa mère et à ses sœurs. Elle savait que c'était les seules nouvelles qui arrivaient là-bas. Dans son rêve, elle hésitait à leur dire la vérité, à les égayer en racontant son quotidien ou à leur confier les souffrances que la vie lui avait réservées.

A son réveil, elle n'arrivait pas à se défaire de ses doutes.

Il lui resta plusieurs cartes postales de ce rêve.

Chacune bien oblitérée. Avec une pierre jetée à sa face.

J'en choisis quelques-unes. Elle voulait que cela se passe ainsi. Elles sont le symbole des plus grandes étapes du combat : la lutte, les coups, les faux pas. L'ombre des victoires. Le destin imprimait peut-être une nouvelle forme, mais dans l'album de sa vie, ces chapitres-là sont les plus importants. Je les lis parmi des centaines de pages écrites à chaud. Des cahiers, des carnets, des calendriers. Oui, la même encre verte, les mêmes mots pesants. Le même destin.

Il n'y a pas de continuité dans la narration du destin. Ni dans le quotidien, ni dans la mémoire. Il y a des traces (des signes). Des images pour reconstruire le passé.

Caracas, 1954

Le vent brûlant. L'océan tumultueux. La fièvre pendant toute une année.

Caracas s'englue dans sa mémoire dans cette moiteur de sieste de l'après-midi. Pour moi, cela vient en écho aux récits de Singer sur ces femmes bizarres en qui la guerre n'a pas fini de se consumer. Possédées dans ce conte de fées tropical par le dibbouk et sa cohorte de fantômes sortis du passé. Et l'érotisme qui est l'épreuve du vide. Car « ceux qui furent au seuil de la mort, restent morts ».

Elle avait succombé à la promesse de calme et à l'envie de chaleur. A cette pensée illusoire que la protection des autres la libérerait de l'effroi, qu'une présence amicale apaiserait le chaos.

Elle s'était offert une évasion. Je pense qu'elle avait besoin de soutien.

Pour Wiera, ce devait être le paradis. Un paradis chaud, le calme et l'amitié. Une de ses connaissances, qu'elle appelait parfois son amie, mais plus tard uniquement son ennemie, insistait, depuis qu'elle avait quitté la Pologne, pour qu'elle lui rende visite. Cette Stefa était devenue une femme riche grâce aux affaires de son mari. Il achetait de la vodka contre des wagons entiers de meubles, de montres, d'objets de valeur spoliés par les Russes. Et il envoyait l'or et les dollars au Venezuela dans un transport différent. La présence de son amie chanteuse pour qui elle éprouvait sans aucun doute de l'admiration devait soigner l'ego blessé de Stefa. Je ne suis pas sûre si Wiera racontait des histoires ou si c'était bien réel quand elle disait que sa jolie amie était tombée amoureuse d'elle et qu'elle essayait de la séduire. Elle fit le récit de tout cela par le menu. Avec les visites dans sa chambre qui se terminaient en négligé dans le lit.

Elle donna des représentations au bar Atelier qui se trouvait dans l'élégant hôtel Potomac, dont il ne reste aujourd'hui aucune trace. Ni du public fidèle et passionné qui la gratifiait, elle et ses chansons, de ses applaudissements et de son enthousiasme.

Mais il reste le souvenir des excursions à travers le Venezuela, que Christophe Colomb appelait Terre de Grâce. Les après-midi à la plage, en bonne compagnie, le visage radieux, les dancings. Elle, sur la place principale, la Place Bolivar et ses pigeons, dans cette ville d'un million d'habitants. Les promenades au bord de la mer des Caraïbes. Il y a des photos. Plusieurs au balcon, en robe d'été élégante. Ce qui lui avait fait le plus plaisir, c'était d'avoir ouvert un compte en banque à son nom pour la première fois de sa vie. Elle disait qu'elle caressait son carnet de chèques.

Raconter encore la lumière qui remplissait le cadre de son nouveau destin à qui elle prédisait un long avenir.

Non loin de là, à Mexico, Frida Kahlo présentait sa première exposition monographique. Des années plus tard, Wiera évoqua son exhibitionnisme brutal avec une aversion bien nourrie...

Elle aimait regarder les plantations de cacaoyers. Elle s'empiffrait de chocolat. Au verso d'une photo elle avait inscrit, peu tendre avec elle-même : *ça, je n'étais pas maigre...*

Un jour, le président de la communauté juive de Caracas la convoqua pour un entretien. Si elle avait l'intention de rester plus longtemps, elle devrait s'expliquer sur son passé avec la gestapo. D'où tenait-il cela ? De Stefa et Staszek, ce couple qui l'avait invitée. Ils lui avaient donné des documents. Peu flatteurs à son égard.

Elle quitta le pays peu de temps après.

Elle se souvient que dans l'avion, c'était bien Paris qui lui manquait, pas Varsovie. Et elle se dit que les sentiments changeaient rapidement.

Le chantage exercé par ce couple ne s'arrêta pas de l'autre côté de l'océan. Ils la dénoncèrent aux autorités françaises pour collaboration avec la gestapo juste après son départ. C'est pour cette raison qu'elle n'obtint jamais ni nationalité, ni passeport français.

Michał Borwicz, historien, lui donna rendez-vous dans un café à Paris le 13 octobre 1955 (ce treize de malheur). Il lui parla d'un texte dans lequel on l'attaquait suite à sa plainte contre l'Institut historique juif de Varsovie pour falsification de documents. On pouvait y trouver une phrase évoquant le « passé gestapiste » de Wiera Gran qui menait alors une vie de débauche à l'Ouest. Il ne lui cacha pas la grande peine que lui avait causée cette histoire. Il lui conseilla de porter l'affaire devant le tribunal et de porter plainte contre le journal français qui avait reproduit le texte polonais.

C'est ainsi qu'elle consulta à plusieurs reprises un des meilleurs avocats français qui lui donna finalement le conseil suivant : « Laissez tomber. »

Peu de temps après, elle rédigea une petite note que je considère comme la plus significative. Sur du papier à carreaux, à l'encre verte comme de l'herbe.

J'essaye de m'en servir pour expliquer ses actes, pas pour l'accuser.

Cette note m'explique le passé et le présent, pourquoi elle s'est battue dans le métier, pour la scène, pour son image de star.

Mon métier a davantage de mauvais côtés que de bons. Mais il faut l'aimer comme je le fais pour pouvoir tout accepter. C'est comme avec l'homme qu'on aime, on tolère beaucoup plus facilement ses défauts que ceux, pourtant bien moindres, des gens qu'on n'aime pas.

Mon métier est une drogue que je consomme depuis tellement, tellement d'années qu'elle fait partie intégrante de mon existence, non seulement matérielle mais aussi morale, psychique. C'est comme la faim, on veut les bravos, les projecteurs, un stimulant, qu'on appelle familièrement le « trac », la faim d'être sur le ring, où il faut non seulement terrasser sa victime avec une chanson, mais aussi séduire la masse tant hostile, critique que variée. Cette faim de stimulant n'est rien de moins qu'une drogue. Et malheureusement, même des paroles sensées dictées par la raison ne font rien à l'affaire. Les mises en gardes amicales n'apportent pas de salut. La drogue est plus forte.

Israël, printemps 1956

Marseille, comme jadis, mais dans le sens inverse. Un voyage sur le bateau sans histoires. Haïfa. Elle appela ce voyage, le pèlerinage vers la patrie spirituelle. Heureuse d'être invitée à se produire sur scène.

Et puis cette image qui s'était enracinée d'une façon si déchirante dans son destin. Et dans ma façon de l'envisager.

« Que la transparence rayonne. » Dans ces mots résonnaient un avertissement et un désir de lyncher.

Des enfants distribuaient des tracts portant cette inscription dans la rue, dans les cafés, à l'entrée du club où elle devait se produire. Des chansons en polonais, en hébreu, en français, en russe... L'unique récital de la chanteuse... On appela au boycott de « la pute gestapiste ».

Ni son agent Wallin, ni la direction du club ne voyaient qui pouvait être à l'origine de tout cela. Un certain K., on pourrait changer de nom de famille à l'envi, avait propagé la rumeur de sa collaboration ignoble. Cette fois, quand elle quitta Israël, elle se fit la promesse de ne pas y revenir de sitôt.

Suède, à partir de 1957

Note du 23 février 1957 sur les petites feuilles de son carnet à carreaux, Stockholm.

Elle évoque le côté glacial du public suédois. Leur mentalité étrangère, comme des Chinois.

Je chante deux fois, à 21 h et à 23 h. La première représentation est la plus difficile. Ils arrivent guindés, élégants, conscients de leur « valeur » et il est impossible de les faire sortir de leur froideur et de leur calme, quelle que soit la chanson ou l'interprétation. Et mon effort n'est récompensé que par des gueules éteintes, une indifférence totale et des bravos contenus. A moins qu'un intrus étranger, chez qui le sourire est de rigueur, vienne sauver l'artiste « en pleine défaillance »...

Dinarzade, 1958

Il y a deux ans, début, tout dans ma vie devait changer et plutôt pour le mieux. J'avais enregistré des disques chez Ducretet-Thomson, là où Charles Aznavour faisait ses enregistrements. J'avais enfin trouvé un studio et j'avais été engagée au Dinarzade [en 1958], chose dont j'avais longtemps rêvé.

Je m'étais dit que je ferais tout pour garder ce travail. J'ai fait de la lèche à Madame Wagner, directrice et associée, autant avoir une femme de son côté.

Il fallait faire du gringue au barman, au directeur de la salle et à tous les serveurs. Chacun d'eux, jusqu'à la dame-pipi, pouvait baver dans mon dos. Chacun des cinq membres de l'orchestre se prenait pour Dieu et voulait des honneurs ! Ils couvraient ma voix, même quand j'avais un micro. Une bande de mufles qui roulent des mécaniques.

Jalousies, ordures, bassesses, potins. Elle en parlait en de courts aboiements.

Londres, août 1959

C'est Feliks Konarski, connu sous le pseudonyme de Ref-Ren, qui la retrouva et l'invita à Londres. Elle devait chanter dans un théâtre qui venait d'ouvrir avec Marian Hemar comme présentateur. L'autorité et le soutien de Hemar furent d'un secours inestimable.

Elle partit avec sa propre voiture, une Renault blanche. Ses amis l'attendaient à Douvres pour lui tenir compagnie et l'aider à passer à la conduite à gauche. Dans des clubs polonais du cœur de Londres, elle revit des gens qu'elle avait perdus de vue depuis vingt ans. Il lui arriva même de ne pas les reconnaître. Elle se fit des ennemis.

Dans *Les Nouvelles*, un journal d'émigration polonaise à Londres, on publia un entrefilet sur ses concerts, avec sa photo. Quelqu'un dit que la rédaction recevait des lettres de protestation.

Pendant ce séjour, elle enregistra plusieurs fois pour Radio Free Europe des chansons de Hemar qui l'accompagnait et faisait des commentaires.

C'est un miracle que je n'aie pas empoisonné la moitié de l'humanité pour me venger du mal qu'on continue à me faire. C'est un miracle, que je n'aie pas essayé cent fois de me suicider. C'est un miracle qu'on me considère comme quelqu'un de normal, que j'arrive à peu près à m'épanouir tant dans mon travail qu'intellectuellement, en un mot, que je fonctionne avec ce crabe qui s'accroche et me ronge, m'empoisonne et me paralyse.

Et plus loin, une longue digression sur Dreyfus. Elle le trouvait malgré tout chanceux, car il avait été défendu par les grands de ce monde, dont Emile Zola avec son texte « J'accuse ! », qui appelait à son acquittement.

Je soupçonne Dieu de réserver les grands malheurs aux plus forts. Je me sens comme un gladiateur moral. Sans cette force, j'aurais déjà avalé cette capsule que je m'étais préparée pour la première situation de crise, c'est-à-dire après mon séjour à la prison de la Sécurité.

Londres, 1960

Je ne sais pas si c'est une nouvelle visite ou le prolongement de son séjour précédent.

Elle avait quitté son pays depuis dix ans. Dix ans qu'elle avait été officiellement lavée de tout soupçon, reconnue innocente et que les accusations avaient été jugées infondées. Le temps de cicatriser les plaies.

Elle était venue à Londres pour des concerts. Elle essaya de renouer contact avec d'anciennes connaissances. Et d'en lier de nouvelles.

On lui présenta Ben Koller qui organisait des spectacles dans lesquels il faisait jouer des émigrés. Une de ses amies ne tarissait pas d'éloges à son égard. Wiera notait : *jeune Juif séduisant, insolent, grande gueule, et très très très arrogant, qui aurait pu de prime abord éveiller ma sympathie, si je n'avais pas par déformation professionnelle l'habitude de me méfier de ce genre de type. Ce nouveau Christ des Polonais expatriés a daigné me montrer un tant soit peu d'intérêt, il m'invita à boire un gin, que j'ai dû payer de ma poche. Je lui ai permis de m'embrasser les mains, puis les joues, de me tenir par la taille ; me laisser « tutoyer » dès le troisième jour, tout en continuant de le vouvoyer.*

Elle continue avec ce commentaire : *c'est le genre de situation que j'avais vécue à quinze ans...* À cet âge, ça l'embarrassait.

Dès son arrivée, elle avertit les maîtres de cérémonie, Feliks Konarski et consorts, qu'elle refusait la présence d'invités pendant les répétitions. Elle n'aimait pas se montrer tant qu'elle n'était pas prête. Elle travaillait chaque accord.

La veille de la générale, Koller est arrivé. Il était

venu « embrasser ton petit cou » et s'assurer que « tu seras mienne ». Elle manifesta un certain mécontentement. Koller éclata. *Il se mit à vomir un flot d'injures et de mots orduriers. Il fila en un éclair et quitta le théâtre comme une bombe en proférant des jurons et des menaces.*

Et la suite était selon le même schéma bien connu. Il se mit à raconter ses « histoires abjectes de collaboration » et à la traîner dans la boue. Il affirma que si d'aucuns n'étaient pas encore parvenus à la détruire, il s'en chargerait.

Le petit monde d'émigration polonaise qui s'ennuyait, se déchaîna. Elle inscrivit Koller sur la liste de ses bourreaux.

Elle complétait cette liste à chaud. Elle la recopiait dans son journal. Elle avait du mal à effacer les choses de sa mémoire.

C'est Beno Rand, directeur de l'Association des combattants juifs de Londres, qui lui présenta le persécuteur suivant. C'était – comme elle le racontait – un vieillard de soixante-dix ans, riche, célibataire, qui avait décidé de l'engager pour être sa maîtresse. Il voulait se payer une Lola Montez.

Il l'invita à dîner et lui proposa un marché. Pas question de mariage, il aimait vivre dans le luxe, il voyageait beaucoup, il voulait que son amie soit bien habillée, et il était prêt à payer pour.

Wiera écoutait sans rien dire. Cela l'amusa même un moment. Quand il dit que son âge et sa beauté lui convenaient, qu'il n'aurait pas honte de se montrer avec elle en société. En revanche, une chose était sûre, elle devait arrêter de travailler. Et ne pas compter sur sa fidélité. Lui, il se réservait le droit d'avoir autant de femmes qu'il le désirait. Mais il était jaloux, donc pas question de coup en douce de sa part à elle. Il ne fallait pas qu'elle s'imagine rouler en Cadillac ou porter une étole de vison blanc, mais il lui garantit qu'elle serait satisfaite.

En guise de conclusion, il ajouta avec dépit que la veille chez Zosia Terne – « vous vous êtes connues à Lwów » –, on lui avait beaucoup parlé de cette sale histoire qui nuisait à sa réputation... Certains clients ne pouvaient pardonner qu'on ait laissé « une de celles-là » entrer dans le club. Plus jamais ils ne viendraient la voir en spectacle. « Mais à vrai dire, je m'en fiche un peu, parce que vous me convenez très bien et Koller, j'en ferai mon affaire. »

Elle lui va très bien, même si c'était une collabo. Ou justement parce qu'elle était collabo. Il peut l'avoir, une de celles-là au moins ne risque pas de refuser. On peut lui demander tout ce qu'on veut.

J'ai cru que j'allais rendre mon dîner. J'ai failli m'évanouir. Le début de sa tirade-proposition avait l'air engageant. Une fois à la maison, j'ai longtemps vomi de la bile.

La veille de son départ de Londres l'Association des combattants juifs lui proposa de participer à son bal annuel. Elle refusa. Non sans satisfaction.

1959, 1960, 1961... et un peu plus tard...
(carnet à spirale à lignes)

Longtemps elle n'eut pas d'endroit à elle à Paris. Elle habita des hôtels, chez des amis, loua des chambres.

Il y avait plein de mites, plein de cafards. Quand je rentrais du cabaret, j'attrapais le balai-brosse que j'avais laissé près de la porte. Quand j'allumais la lumière, ça grouillait au plafond. Je les gaulais, je les balayais et puis je courais pour les écraser. Moi, je suis maniaque de propreté, ça me rend dingue. Mes vêtements étaient pleins de mites, c'était terrible, un vrai problème. On m'avait dit que pour les liquider il fallait mettre des écorces de citrons. Et elles ont complètement disparu.

Elle fut très heureuse de trouver enfin un petit studio au métro Chardon-Lagache.

Son travail lui demandait de se rendre régulièrement en Suède. Elle partait vendre des collections de bijoux et de vêtements parisiens à la mode. A des clients individuels et à des grands magasins... *Un one-woman show*. La présentation de nouvelles collections était une activité qui l'absorbait plus que le chant. La vente et les rendez-vous avec son amant, rythmés par les hôtels, les voyages, les complaintes... un déchirement, mais j'ai l'impression que c'était un sort qui lui convenait.

Entre ses allées et venues en Suède, Wiera continue sa carrière de chanteuse à Paris. Les années soixante, l'ère de Gaulle en France, l'époque d'autres grandes figures. Les affiches des spectacles les plus intéressants en ville couvraient tous les Champs-Elysées. Même le roi de Jordanie était venu en visite. Il s'ennuya vite aux dîners présidentiels et s'éclipsait dès qu'il le pouvait. Quelqu'un lui avait dit qu'à Paris se trouvait un petit cabaret, le Tsarévitch, où une jolie jeune femme chantait fort bien. Il décida de s'y rendre.

Ce cabaret n'était pas grand, en effet, le roi s'assit près de la scène.

Elle aimait s'appeler l'enfant terrible et elle avait un plaisir enfantin à raconter cette histoire. Elle chantait en plusieurs langues, et finit par chanter en hébreu. Cela l'amusait, le souvenir de la propriétaire du club à deux doigts de la crise cardiaque.

Je lui ai balancé Laïla, *une berceuse, qu'il sache que je suis juive, tiens. Le Roi(telet) n'a pas desserré son bec pour éviter de trop sourire. Il avait apparemment compris mon ironie, ou mon agressivité, qui sait comment il avait interprété cela. Il écouta jusqu'à la fin, applaudit et dit bravo. Ses gardes du corps regardaient comment il allait se comporter. Il écouta encore sans me quitter des yeux. Il revint tous les jours.*

Plus tard, elle lui chanta une chanson russe *Solowi, solowi, nie triewoz ie rebiat, poust rebiata niemnochko pospiat.* (*Rossignols, rossignols, n'effrayez pas les enfants, qu'ils dorment encore un peu.*) Il fut conquis par cette mélodie. Le lendemain, il demanda qu'elle la chante à nouveau. *« S'il vous plaît, SALAMI ! »* (c'est ce qu'il avait compris en entendant « Solowi »).

J'ai vécu quelques victoires. La grande satisfaction de chanter avec Charles Aznavour à l'Alhambra.

Je ne me souviens plus qui avait proposé que je me produise avec lui. J'ai été invitée à une répétition. Puis il y eut un entretien. J'avais promis de me débarrasser de mon accent slave. J'ai supplié, je voulais être convaincante. Alors j'ai entendu : « Si vous perdez votre accent, ce ne sera pas la peine de revenir. » Je n'arrivais pas à y croire, j'ai eu envie de me mettre à genoux. Je ne savais pas quoi faire tellement j'étais heureuse.

Mais Aznavour n'avait pas l'intention de me laisser chanter. Il cherchait quelqu'un de connu pour l'accompagner. Malin l'animal, il ne voulait pas porter tout le poids sur ses épaules. J'ai entendu derrière un mur sa conversation avec la directrice de l'Alhambra. Il criait : « Non, non, non ! Qui c'est celle-là ?! Je ne veux même pas l'écouter. »

Après de longues tractations, il finit par dire, laconique et sec : « Très bien, je vais l'écouter, mais je vous préviens tout de suite, ce sera non. » C'était une grande salle de deux mille places, comme l'Olympia. Entrez dans cette salle, sans lumières, sans orchestre, dans le noir, courage ma chère Wiera. J'ai dit que j'allais chanter une chanson d'un de mes ennemis, mais que c'est une chanson que j'aime et que je chante souvent au cabaret. C'était une chanson d'Aznavour sur les acteurs.

Je ne me souviens pas de grand-chose. Il faisait sombre, froid, et nikomou mordou pobyt *(personne à qui casser la gueule). Seule sur cette scène. Avec un pianiste inconnu. Ils écoutèrent. La directrice cria : « Encore une, Wiera, encore. » Une deuxième, une troisième. J'ai fini par me mettre en colère. Combien en faut-il à ce monsieur pour le faire changer d'avis ? Ça suffit. Le bourreau est satisfait ? Je ne connaissais pas très bien le français, mais le mot* « bourreau »*, je savais le prononcer sans difficulté.*

On l'engagea. Des photos d'elle, des portraits immenses recouvraient les colonnes Morris de Paris – elle fut très heureuse.

Elle eut de nombreux imprésarios. Elle était fière de connaître le plus influent, Leonid Leonidoff, grâce à qui elle put se produire dans des salles prestigieuses. Elle participa à des galas donnés dans d'élégants hôtels parisiens, le George V et le Lutetia. Elle chanta souvent dans les bals de combattants juifs. Elle avait peur des Juifs de Pologne, elle faisait en sorte de les éviter. Ils ne voulaient pas qu'elle oublie...

J'ai toujours été très difficile, ça m'a réussi dans la vie.

Elle se produisait dans ce qu'on appelait les clubs « russes », très élégants : le Dinarzade, l'Etoile de Moscou... Au cabaret Novy et au Tsarévitch. A l'époque, il y avait peu de clubs avec orchestre et là-bas on pouvait écouter un vrai orchestre tsigane avec un violoniste.

J'ai commencé à enregistrer des disques chez Ducretet-Thomson, le studio d'Aznavour.

Rien ne tombe du ciel.

Elle pensait qu'elle pourrait faire une grande carrière à Paris, mais sa personnalité l'en empêcha. Elle ne savait pas demander.

1961 – Rencontre chez Zosia Cybulska, dont l'importance fut telle qu'elle lui consacra bon nombre de notes dans son journal. Cela commença de façon très banale, un café dans l'après-midi.

Il y avait là une Juive polonaise et une Israélienne qui connaissait Wiera. *Evidemment elle, elle me connaît et moi, non.* La conversation tourna autour du ghetto, elle ne sait pas vraiment comment elles en étaient arrivées là, car d'habitude elle évitait ce genre de sujet ; c'est quelqu'un d'autre qui avait commencé à parler des traîtres, des mouchards et de comment on reconnaissait les Juifs.

De même, elle ne se rappelait pas d'où elle tirait cette histoire. Un jour, après la guerre, elle avait fait le pari avec des amis que le serveur était juif. Elle voulut leur prouver. Qu'elle savait, qu'elle avait raison, qu'elle l'avait bien vu. Il servit le hareng et la vodka. Elle attendit qu'il revienne servir le plat... Elle parlait, et parlait, enchaînait des tas de mots, les uns après les autres, et soudain en plein éclat de rire de la tablée, elle lui posa la question, et il devint tout rouge...

Elle n'entendit pas immédiatement ce silence. Un silence de fer, hostile. Elle prit une cigarette, elle avait arrêté de fumer, mais elle ne savait pas comment effacer ce qui venait de se passer.

J'ai compris qu'ils ne pourraient jamais me pardonner ni oublier CELA. Que je m'amusais à jouer à Juif ou pas Juif, tout le monde a le droit de s'amuser à ça, mais moi, la plus innocente, non, je n'ai pas le droit... En un instant toutes les souffrances et toute la tragédie grecque que j'avais vécues pendant toutes ces années sont revenues. Que j'avais réussi à oublier un moment. C'est comme persuader quelqu'un qu'il est bossu et il oublie de faire semblant d'avoir une bosse. J'ai essayé ensuite de discuter normalement, mais même un comédien-amateur complètement minable aurait mieux joué son rôle.

Elle ne ferma pas l'œil pendant plusieurs nuits, et pendant plusieurs longues semaines elle n'arriva pas à apaiser son esprit.

L'Alliance française, travailler les chansons en français, chercher des contacts professionnels. Elle renoua ainsi connaissance avec Szumacher et Dżigan, ses partenaires à l'écran aux côtés d'Ida Kamińska dans le film yiddish d'avant-guerre *Les Sans-abri*. Ils lui proposèrent de les accompagner en tournée. Elle accepta. Amérique et Canada, fiefs de l'émigration polonaise. On la surnomma le pilier du programme. Elle conserva les critiques de ces spectacles. Comment a-t-elle voyagé avec tout cela ? Tant d'années, tant de bagages, tout ce temps passé chez elle à découper, rassembler, ranger minutieusement tout ces papiers.

A Paris, elle se lia d'amitié avec Albert Willemetz. Il a écrit plus de trois mille chansons, dont de grands succès pour Maurice Chevalier, Mistinguett, Joséphine Baker. Elle l'appelait « mon parrain », son conseiller. Elle se rendit au bureau du sous-préfet de police pour prolonger sa carte de séjour. Elle déposa à nouveau une demande de naturalisation. Elle se heurta à un mur. Une rumeur venant du Venezuela l'accusait d'être un agent de la gestapo.

Un nouveau voyage en Scandinavie. C'est là que la personne de Tutu apparaît dans son journal, drôle de personnage, qu'elle décrit très précisément et qui reste pourtant énigmatique. Il commerce avec la Russie, habite à Stockholm, il est marié, entretient une maîtresse, c'est pour lui que Wiera travaille en Suède. Il habite avec sa femme qui – d'après Wiera – perd la tête, se drogue, a des idées suicidaires (elle fit quatre tentatives de suicide), et est responsable de la déprime de son mari. Il manque à Wiera, elle arpente en catimini la rue où se trouve son bureau... C'est là qu'il passe toutes ses journées. Le cœur battant, elle lit son nom sur une carte de visite. Elle observe ce qu'il voit tous les jours de sa fenêtre. C'est là qu'il marche, là qu'il vit. Amoureuse ? Enjouée quand il est là, désespérée quand il part. *Mon Tutu ! Il a appelé, mon chéri ! Il m'a envoyé de l'argent, et moi qui avais peur de ne pas pouvoir payer mon hôtel. Il appelle. Mon âme fait des petits bonds. Il est tout le temps triste. Comment le laisser dans cet état ? Et pourtant je ne peux rien faire. Je ne suis d'aucun secours.*

On dirait que Tutu fait partie de son business, il lui donne de l'argent, contrôle les ventes. Wiera fait de son mieux, elle se met en quatre, fait tout ce qui est en son pouvoir. Elle compte l'argent pour le bus qui va à l'aéroport, elle fait des économies (self-service), ne mange pas et se rattrape avec lui au dîner. Elle consacre de nombreuses lignes dans ses carnets à un quotidien terne, à la réception des colis à la douane par exemple, aux soucis de transport, aux bagages perdus. Elle attend le retour de Tutu ou ses appels téléphoniques entre ses clients, son bureau, sa femme, sa maison, son chien... Elle se plaint des hôtels (saleté) ou bien elle est impressionnée (des rangements bien agencés sur le bureau, une protection sur la lunette des toilettes, « idée à méditer pour cette France tellement sale »).

Les aventures du « métier de mode ». Plan de bataille téléphonique, appeler les clients, le texte comme une petite boîte à musique : « *J'aimerais parler au propriétaire ou au directeur, je me présente..., j'arrive de Paris, voudriez-vous voir les nouveaux modèles de notre collection... ce sera avec plaisir.* » Ils s'enquièrent parfois des prix, du genre de tissu, du nom de la société. Wiera les invite à l'hôtel, leur offre des chocolats. Long et fastidieux est le récit de ces anecdotes liées à sa méconnaissance de la langue (elle travaille principalement en Scandinavie)... Un jour c'est une personne de la filière fromagère qu'elle invita, une autre fois on lui demanda d'attendre... « ett ögonblick » – « un instant »... pensant alors qu'il s'agissait d'un nom de famille, elle demanda ce monsieur « ett ögonblick » au téléphone.

C'est frappant comme elle ne sait pas faire le tri, ni raconter les histoires, elle écrit des paragraphes entiers en s'étendant sur les hémorroïdes du propriétaire de la société, sur les boîtes de chocolats achetées en zone franche et à moitié remplies, sur cette fois où elle s'était enfermée à clef à l'hôtel à la grande stupéfaction du personnel, sur la bible dans la table de nuit de chaque chambre d'hôtel.

Elle sait s'arrêter sur les troncs d'arbres rose brique dans la lumière du soleil couchant : *La nature a précédé le fauvisme. Quelle folie ces couleurs !*

1963. *Je suis sur la route depuis tant d'années. On peut dire toute ma vie, et malgré cela, je n'ai pas appris à me reposer pendant les trajets. J'ai toujours un peu la fièvre du départ. Pendant des heures je reste assise dans un train que je « pousse » littéralement, pendant des heures j'essaye de me « dépêcher » (...) Le voyage en lui-même est pour moi une perte de temps. Des heures inestimables perdues bêtement.*

Août 1962 dans le train pour la Suède. Elle cite Alfred de Musset parlant des hommes – des menteurs, inconstants, faux, bavards et lâches –, et les femmes – dépravées, perfides, artificieuses.

A Turku en Finlande elle se plaint de l'absence de voilage à la fenêtre de sa chambre d'hôtel. *On se sent comme nu. La chambre perd de son intimité.*

Juillet 1963 – en déplacement avec la collection.

Atmosphère de fête, joyeuse, oui, car je vais voir Tutu. Je passe mon temps à préparer les sujets que nous pourrions évoquer ensemble dans nos conversations. J'ai tellement de choses à lui raconter. J'attends qu'il me donne de nombreux conseils, toutes les décisions que nous avons à prendre ensemble. C'est bien le seul moment où j'ai l'impression d'appartenir à quelqu'un dans ce monde.

Il est en Russie, elle, en route pour Stockholm (c'est là que Tutu a sa maison et sa famille) – elle fait, comme elle dit, Copenhague, Malmö et Göteborg. Clients en vacances, elle est désespérée.

Elle note que Tutu est venu un bouquet de sept roses Baccara à la main, rencontre pleine de joie après une longue séparation (trois mois). *Après l'amour – sommes allés dîner.*

Tutu lui promet de l'aider à nouer des contacts, soudain il disparaît, puis vient boire son café en écoutant très fort le compte rendu d'un match de tennis. Ensuite il doit rentrer chez lui. Ce ton étranger, sûr de lui, cette attitude condescendante à son égard. Elle a envie de lui cracher au visage. L'assurance qu'il aura du temps à lui consacrer le lendemain. Il n'appelle pas, comme il l'avait promis le matin. Elle attend. Il téléphone à l'heure du déjeuner, ils vont au restaurant. *Et puis il me supplie d'aller à l'hôtel un instant, tant il a envie de m'embrasser. On a fini par faire l'amour. Je faisais ce que j'avais à faire sans y prendre plaisir car j'étais perdue dans mes pensées.* Dans son bureau, il lui demande une nouvelle fois de patienter. Il est au téléphone, encore un match. Elle s'en va à l'hôtel en larmes.

Elle fumait cigarette sur cigarette, et le téléphone ne sonnait toujours pas. Il la rejoint après la fermeture du bureau pour lui faire une scène et lui dire que son comportement dépassait les bornes, et l'obliger à analyser le résultat de son « comportement » !

Le lendemain, pas le moindre coup de téléphone. *Dieu, faites qu'il vive ce que j'ai vécu, que son cœur s'étiole, que la nervosité lui donne la courante et qu'il souffre à s'en tordre de douleur comme moi, qu'il n'arrive plus à rien faire, ni à avoir les idées claires, ni la force de vivre. Dieu, faites-le pour moi. Amen.*

Je sentais un arrière-goût de mort ! Je ne tenais plus sur mes jambes, j'avais la tête qui tournait, j'étais comme sous narcose...

Il la laissa sans nouvelles jusqu'au lendemain après-midi, puis lui fit savoir qu'il était souffrant. La traversée en bateau pour rallier Turku en Finlande ; elle n'arrive pas à se réjouir de rien, elle est consciente qu'il n'en vaut pas la peine et cela lui fait mal. La nuit blanche sur ce ferry fut bien noire. Pas de nourriture, que des cigarettes.

Les jours suivants, la sale besogne. C'est toujours mieux, même si elle en souffre. *Finalement, il m'appelle :*

les ventes, ça va ? Et la santé ? Et il m'embrasse. Je lui ai demandé des nouvelles de sa production de sperme. Je me serais giflée moi-même, tellement j'étais contente de ce coup de fil. Tout à coup, tout s'est mis à chanter en moi.

Il se mit à nouveau à se plaindre : la bonne s'était cassé la jambe, il allait devoir s'occuper de sa femme. Elle se moque de lui (certainement à juste titre). Le dimanche arriva, impossible donc de se voir (ils recevaient). Elle est déchirée. Elle n'attend plus, si, elle attend un coup de téléphone, un rendez-vous. Après le déjeuner. Elle ne mange pas toute seule. Elle s'affame, fait des économies. Il arriva en retard. La conversation ne collait pas. Il était absent. Il devait certainement penser qu'il était en train de perdre son temps en ville au lieu de profiter de son jardin. Elle fumait cigarette sur cigarette. *Et puis, comme un automate, je me suis laissé embarquer au lit – quand il a fait sa petite affaire, il a jeté un œil à sa montre. Je lui ai demandé combien de temps il daignait me consacrer. Il a répondu pour la forme que j'étais une idiote et que vers cinq heures (une heure après) il devait sortir promener son chien ! Incroyable ! Cela dépasse totalement les limites de la bienséance !* Tout en contenant fortement sa colère elle lui dit ce qu'elle pensait de sa conception du « devoir ». *Il a fait la grimace, tant pis, il sacrifierait la santé de son chien pour moi. Il m'a accordé encore une heure pendant laquelle il s'adressait à moi comme à une armoire. Il a retrouvé un peu d'entrain seulement quand il est remonté dans sa voiture, il rentrait chez lui donc, dans cette captivité qu'il préférait, auprès de sa despote paralytique.*

Nouvelle tournée de ventes en Scandinavie : modèles et bijouterie.

6 novembre, vendredi, Grand Hotel.

Elle se démène pour présenter les modèles à ses clients (*je m'habillais et je me déshabillais cent cinquante fois de suite, trois fois j'ai défait et refait cette satanée valise*), elle montre les collections, elle a des rendez-vous. Elle mange peu, le petit déjeuner, une pomme, les affreux repas de la coopérative. En astrakan et en brocart, elle mange avec la populace. D'autres rendez-vous. Trop de rendez-vous.

Göteborg. La course. Boras. Le train. Tranas. Tutu attendait à la gare avec des fruits pour plus tard. Hôtel, dîner. Elle est heureuse avec lui. Journée nuageuse, terrible fatigue, mais les affaires avancent.

Stockholm, Baltic Hotel. 15 novembre, dimanche. *Tutu est arrivé, il sentait le parfum dès le matin. Sommes restés à l'hôtel jusqu'au déjeuner. Buffet froid, avons bien mangé. Puis Tutu m'a raccompagnée à l'hôtel, car il ne pouvait pas rester « au golf » si longtemps. Seule dans ma chambre. Affreusement triste, quand il me quitte. Je me faisais sans cesse violence pour ne pas lui téléphoner. Le pauvre, il ne peut rien dire de toute façon. Au moins j'entends sa voix un instant.*

Le jour suivant, elle vendit dix modèles. *Ai passé le déjeuner avec mon amant. Je m'empiffre, je ne mange que du poisson. Je me rattrape pour toutes ces autres fois. Quand je suis rentrée, Tutu est passé me voir brièvement, il m'avait acheté des fruits et m'a laissée inconsolable. C'est horrible pour moi à chaque fois quand il me quitte.*

17 novembre. *La neige tombe en rafales, la ville est toute blanche. Je n'ai pas beaucoup de chance ici avec mes modèles, mais je me réjouis, car je le vois tous les jours. Après le travail – 17 h 30 – il est venu me voir, sommes restés à l'hôtel et avons fait l'amour jusqu'au*

dîner. Ensuite, sommes allés manger chinois – fatigués, heureux et tendres l'un envers l'autre. Puis au Bacci Vapen pour boire un verre. Les artistes suédois – ultra-minables, très dommage qu'il n'y ait pas de spectacle digne de ce nom dans une si grande ville.

18 novembre. *Tutu occupé jusqu'à 15 h 30. Ensuite, courses. M'a acheté trois adorables lampes pour mon appartement et malheureusement a dû rentrer chez lui. Je suis rentrée triste. Il m'a encore fait une joie, il m'a téléphoné.*

19 novembre. *L'ombre des adieux planait déjà sur nous et provoquait une nervosité artificielle. Dîner dans un restaurant élégant, puis chez Tutu, pour que je voie comment c'est, puisqu'elle n'est pas là et la bonne non plus. Une très jolie villa arrangée avec beaucoup de goût, mais chose effrayante – tout y est mort. On dirait un magasin, une vitrine, sans chaleur humaine, pas de joie, pas de vie. Pauvre Tutu. Il m'a raccompagnée en voiture à l'hôtel. Des adieux rapides, un peu artificiels, car nous avons vraiment du mal à nous quitter. Me suis traînée jusqu'au train comme un chien abandonné.*

22 novembre. Malmö. Tutu a téléphoné. Il est extrêmement abattu. Elle devient complètement folle, elle l'épuise. A tel point qu'il a peur de retourner dans cette maison. *J'aimerais tellement lui donner un peu de joie, de chaleur, d'amitié. Visite d'un client, lui ai montré ma collection de bijoux.*

Sur la page suivante :

Tutu : je suis inquiet de te faire si peu l'amour. Moi : l'intéressée te souhaite que ce soit ton seul souci.

C'est la dernière fois qu'elle mentionne Tutu. Pas de point final. Juste après est arrivé Guido.

Elle tomba amoureuse d'un Italien relativement plus jeune qu'elle, peintre de son état. Un amour autant réciproque que vorace. Elle était touchée par sa sollicitude et son attachement. Il n'avait pas d'argent mais n'était pas avare de gestes tendres à son égard. Le plaisir de lui envoyer un immense bouquet de roses. Comme ça, pour rien. Lui offrir des parfums luxueux. Réserver les meilleures places de théâtre alors qu'il n'en avait pas les moyens.

Et il n'a pas besoin de faire cela pour me conquérir. Je vais au lit avec lui avec un vrai plaisir et il le sait. Surtout qu'il fait tout cela au prix de se refuser des repas ou d'autres choses essentielles.

L'indépendance de cet amour, son équité émotionnelle, sa grande tendresse qui lui resta jusqu'à la fin, la grisaient.

Les doutes n'étaient pas absents, mais elle essayait de s'en moquer. En attendant qu'il lui présente sa remplaçante, elle dégustait ce cadeau inespéré du destin.

C'est là que mon censeur intérieur tire sa langue et me chuchote – « ça ne va pas durer ! » Je sais bien que ça ne va pas durer. Et cela me faisait d'autant plus penser que cette aventure, cette passion qui m'avait dès le début fait perdre mes moyens, serait éphémère.

D'abord j'étais sûre que ce serait la fin quand j'ai décidé de lui dire que j'étais juive. Il a été enchanté. Mon censeur m'a sifflé en ricanant : « Tu en as de la chance, ça l'amuse ! »

J'ai donc décidé de lui faire passer une épreuve encore plus dure. Je lui ai avoué que mes cheveux longs qu'il aimait tant étaient... gris. Presque sans réfléchir il m'a répondu que c'était dommage que je les teigne, parce que si j'avais les cheveux gris, cela ne le dérangerait pas du tout.

Cela dure déjà depuis trois ans ! Trois années charmantes à me donner du courage, du bonheur, à répondre dans la mesure du possible à mes caprices et à ma mauvaise humeur trop fréquente.

Guido est mort à l'âge de quarante-neuf ans.

Varsovie, 1965

De Varsovie, elle se souvient de l'accueil dans l'avion qui tournait au-dessus de la ville. C'était le 20 octobre. L'hôtesse de l'air annonça que se trouvait à bord la grande chanteuse Wiera Gran qui allait retrouver sa patrie pour la première fois après des années d'absence. Elle tenait dans ses bras sa petite chienne adorée.

Le procureur et sa femme avec qui elle s'était liée d'amitié depuis des années vinrent l'accueillir à l'aéroport. Le compositeur Ryszard Sielecki était là lui aussi, ainsi que quelques gens de radio et de télévision, et son ancien accompagnateur Wiktor Osiecki. Le directeur, Kazimierz Krukowski, qu'elle ne reconnut pas. Dans d'autres circonstances, elle l'appelle le larbin juif. Selon elle, c'était lui qui avait incité les journalistes à ne parler d'elle que du bout des lèvres dans leurs critiques de la revue dans laquelle elle chantait à Varsovie. D'après son contrat, elle devait apparaître en vedette, or son nom était à peine visible sur les affiches. *J'ai dû montrer que je n'avais pas peur des mauvaises langues qui me dénigraient sans cesse.*

Problèmes avec sa voix, visites quotidiennes dans une clinique réservée aux gens du pouvoir.

Krukowski lui demanda de retirer de son répertoire la chanson russe *C'est peu et pourtant c'est tout* sur des paroles de Słonimski pour laquelle Witold Elektrowicz avait composé une superbe mélodie en 1946. Elle s'y opposa. C'est la censure qui trancha ce conflit.

Invitation à l'inauguration de l'Opéra de Varsovie le 17 novembre 1965. *Le Manoir hanté* de Moniuszko sous la direction de Witold Rowicki.

L'amitié du comédien Jan Świderski. Selon son témoignage, elle présenta ses vœux de nouvel an aux téléspectateurs avec son chien Punia dans les bras. On la voit chanter deux chansons dans un enregistrement du programme télévisé « Vous avez demandé ».

Elle écrit : *J'ai reçu de* L'Estrade de Varsovie (agence artistique de la capitale) *cinq petites roses jaunes avec des vœux de succès. Six gros chrysanthèmes de la part de Stefania Grodzieńska, Jerzy Jurandot et leur fille. Dix énormes et magnifiques roses saumon du traiteur de luxe Blikle. Un télégramme d'Irena Prusicka, ma professeur de danse avant guerre : « Ma chérie, je t'accueille avec émotion à Varsovie, je t'embrasse de tout mon cœur, salutations. »*

Elle resta quelques semaines. Elle n'avait jamais envisagé de revenir. Elle enregistra un disque où elle chante la composition de Szpilman *Son premier bal*. Il demanda qu'elle chante des paroles de Bronisław Brok. Seule Wiera Gran connaissait les paroles de Szlengel, après son départ c'est comme si elles avaient disparu.

New York, 1969

22 mars, spectacle au Carnegie Hall, concert de deux heures. Eddy Courts, auteur de la mélodie de son premier tube, *La Lettre*, avait appris à Wiera la prononciation anglaise des paroles de ses chansons et les lui avait traduites avant le concert. Il lui avait

envoyé des bandes magnétiques avec des instructions pour tout lui expliquer.

Elle donna ensuite un concert au Mexique. Holzer s'était proposé comme mécène pour organiser un concert à l'attention de la communauté polono-juive. La direction de l'organisation du B'nai B'rith prêta gracieusement la salle. Rumeurs nauséabondes. Boycott de la part de l'Organisation des femmes juives.

Elle retourne à Manhattan où elle rend visite à son amie, le docteur Maria Sałacińska.

Elle se produit encore une fois au Carnegie Hall, mais elle n'a pas de salle de répétition à sa disposition. Désespoir. La climatisation ne fonctionnait pas. Elle chanta. Elle reçut des fleurs de la part des représentantes de l'Organisation des femmes juives.

Sa grosse valise en cuir jaune bien esquintée porte plusieurs autocollants de la compagnie de navigation CUNARD. Du temps de sa splendeur elle l'accompagnait dans ses voyages. Elle fit le voyage en Amérique sur le paquebot de ligne *Queen Mary*, elle la suivit sur une tournée de plusieurs semaines, du Venezuela en Israël, en passant par le Mexique, elle servit aussi certainement sur les routes européennes. Ensuite Wiera l'utilisa comme boîte à archives. Elle renfermait des chemises et des petits sacs en plastique où on pouvait trouver des photographies, des coupures de journaux, en noir et blanc et en couleurs, en français, en espagnol, en polonais, en hébreu, en suédois, en anglais… Il y avait également des tickets. Des petits blocs roses. *VERA GRAN,* récital de chansons. Le 24 janvier 1970, à la Salle Pleyel.

CHAPITRE 14

Ils menacèrent de venir au spectacle en pyjama rayé des camps

Ils menacèrent de venir au spectacle en pyjama rayé des camps si elle montait sur scène.

Le local sera détruit et l'artiste lynchée.

Les organisateurs des récitals de Wiera Gran en Israël furent inondés de lettres de ce type provenant des membres du Groupe mondial de lutte contre les criminels nazis.

Pourquoi ? Elle est victime de guerre. Et eux aussi. Elle n'arrivait pas à comprendre.

Elle-même avait quitté la Pologne. Israël, la patrie des Juifs, la Terre promise de ses ancêtres, lui avait déjà refusé l'asile plusieurs fois. Et les gifles qu'elle reçut là-bas furent les plus douloureuses.

Malgré les mauvais pressentiments et les scories blessantes de « l'affaire », elle y retourna, obstinée. Pourquoi, ce n'est pas très clair dans mon esprit. Elle répétait des phrases teintées de nostalgie à l'égard d'Israël où – malgré tout – elle comptait passer le reste de ses jours. Je ne la croyais pas vraiment. D'autant plus que les affiches portant la mention « que la transparence rayonne » et appelant au boycott de la pute gestapiste revenaient souvent dans ses rêves et dans ses récits.

Peut-être cette douleur pressante qui l'accompagnait ne voulait-elle pas se séparer d'elle ?

Roman Messing, l'imprésario israélien de Wiera Gran, avait organisé en mai 1971 dix concerts pour la chanteuse.

L'annonce de ces spectacles avec sa photographie est parue le 7 mai dans le seul journal populaire des Juifs polonais, *Nouvelles – Courrier*. Il y eut bon nombre de réservations.

Pendant ce temps, les organisateurs de concerts, les directeurs de théâtres, les loueurs de salles se mirent à recevoir des coups de téléphone qui les informaient « avec bienveillance » quant au passé de la vedette qu'ils avaient l'audace d'inviter. Puis les menaces se firent plus concrètes, de Pesach Burstein, président de l'Union des combattants juifs, des prisonniers des camps et des victimes du nazisme. Catégoriques. Claires. Adolf Berman, activiste clandestin du ghetto de Varsovie, lui emboîta le pas.

On tolérait son existence. Mais il était inacceptable qu'elle se produise en public ou qu'elle s'exprime au sujet de la guerre. Sa bonne foi et sa crédibilité étaient remises en cause, et son comportement dans le ghetto, soumis à jugement moral, continuait (comment était-ce possible ?) à être source de rumeurs. C'était la course aux dénonciations sensationnelles et aux révélations croustillantes.

Elle racontait que quelqu'un l'avertit qu'au musée de Yad Vashem on pouvait voir une affiche du ghetto où figurait son nom. Pourquoi était-ce si important de la montrer ? Elle avait fui la guerre et cependant elle y revenait sans cesse. Elle la cherchait – en elle, dans le monde qui l'entourait, dans ses souvenirs.

Sa réaction fut enthousiaste quand on lui proposa d'enregistrer un témoignage pour l'Institut de la mémoire de Jérusalem. Elle considérait qu'elle devait mettre à leur disposition son témoignage. Mais sous le soleil accablant et dans la promiscuité israélienne, l'écho des rumeurs et des accusations sans fondement rebondissait avec une force incroyable. Avalanche d'attaques, tas de coups de téléphone accusateurs, explications tournées en dérision.

Voyant se profiler de nouveaux démêlés, Messing décida, pour sa propre sérénité, celle de la chanteuse et même du pays, d'annuler la tournée.

Yad Vashem renonça à faire l'entretien, arguant qu'après consultation générale, son témoignage ne les intéressait pas.

Rien ne se déroula comme prévu.

Burstein annula un rendez-vous avec Wiera, le considérant sans objet. Lui-même n'est au courant de rien, il n'a pas passé l'Occupation à Varsovie, il s'appuie sur des documents accablants fournis par Jonas Turkow en qui il a confiance. Par ailleurs, il agit officiellement au nom de l'Union.

Berman s'en remit à Turkow, chose curieuse, car lorsque Wiera fut jugée par le Comité central de Juifs de Pologne, c'est justement Berman qui présidait le Comité. Cela voudrait peut-être dire qu'il avait connaissance de preuves nouvelles ou jusque-là non divulguées de sa culpabilité. Ils ne l'accusèrent pas de délation, mais « il était de notoriété publique qu'elle vivait avec des nazis ». Malgré les sollicitations et les tentatives de Wiera Gran, Turkow ne la laissa pas franchir le seuil de sa maison.

Le directeur de la radio locale, Spira, voulant venir en aide à Wiera, en ami, téléphona au légendaire Antek

Cukierman, insurgé du ghetto de Varsovie. Il avait entendu dire qu'il s'était lui aussi opposé à ce qu'elle monte sur scène. Il voulait s'enquérir plus avant de ce qu'il savait sur l'affaire et de la véracité des documents à charge. Il reçut la réponse suivante : « Moi je n'ai rien, c'est Turkow qui sait. »

Toutes les accusations semblaient se baser sur les soi-disant documents compromettants de Turkow.

Les tables de cafés que les Juifs de Pologne occupaient, et ce n'est pas ce qui manque à Tel-Aviv, Haïfa et Bat Yam – écrivait Wiera peu de temps après – *servaient à ces langues de vipères à pratiquer ma vivisection à coups de scalpels. J'étais devenue un monstre.*

Elle voulait agir, lutter, encore – défendre son innocence. Et s'ils avaient des preuves, elle était décidée à passer devant le tribunal. Le chantage et les jugements sommaires la dégoûtaient mais ils pouvaient aussi la paralyser. Qu'ils portent l'affaire devant les tribunaux, qu'ils viennent encore la regarder. Elle était prête une nouvelle fois à se soumettre à une juridiction officielle. Elle attendait l'accusation publique.

Personne n'eut l'audace de la faire, comme si une guerre d'embuscades semblait plus efficace. Plus cinglante, plus blessante. Destructrice. Qualificatifs douloureux.

Elle essaya encore de régler toute cette affaire à l'amiable. Elle chercha la manière la plus judicieuse de la dénouer, elle tenait à arriver à un armistice. Elle se heurta à un refus.

Les lettres qu'elle envoya partout dans le monde n'étaient que cris déchirants. Elle fit part de son désespoir également à Kazik. Ils échangèrent alors un peu plus d'une dizaine de lettres, et toutes celles de

Kazik tentaient de refréner l'instinct belliqueux de Wiera qu'il considérait dans les conditions présentes déraisonnable et dangereux. Voire autodestructeur.

Il voulait la convaincre d'abandonner.

Le 26 mai 1971 il écrivait :

Le simple fait que tu sois là-bas « crée » l'affaire. Et c'est toi seule qui payes la note, pour tout le monde. Certains en tirent profit, d'autres des émotions, et d'autres encore s'en amusent. C'est toi qui vas payer. Toi, toute seule, tu n'as rien à y gagner, car dans le meilleur des cas tu te retrouveras au point de départ.

C'est difficile d'avoir des amis dans cette affaire, ils vont s'ennuyer ou se lasser, en revanche tu vas te faire des ennemis. Tous ceux qui se sentiront « épinglés » seront tes ennemis.

J'ai l'impression qu'il faut changer totalement de tactique. Il ne faut pas mener seule cette « affaire » ni la « défendre » seule. Il faut « se détacher de l'ennemi ». Adopter une posture adaptée à toutes les investigations. Donner gentiment des renseignements par correspondance, sans laisser d'arguments ou de documents clés à disposition. L'engouement des gens va rapidement s'éteindre, ils trouveront d'autres choses auxquelles s'intéresser. C'est tout de même le comble de l'absurde de se laisser ainsi ridiculiser et de permettre à une bande de brutes épaisses de te forcer à porter cette croix tout droit sortie de leur imagination malsaine.

Wiera ne pensait pas ainsi. Elle avait peut-être perdu patience. La douleur était peut-être trop intense, et était devenue insoutenable avec les années. Elle essaya de convaincre Kazik, qui voyagea en Amérique, de venir en Israël pour témoigner en sa faveur. Son refus fut délicat mais catégorique. D'après lui, elle faisait une erreur en croyant que le témoin majeur qu'elle voyait en lui pourrait neutraliser quoi que ce soit.

Je ne voudrais pas me mêler de quelque chose qui pourrait soudain se retourner contre toi. Les circonstances de toute cette affaire sont tellement absurdes qu'en suivant une ligne imposée on risque non pas de réparer une bêtise mais de l'afficher encore plus sans aucune utilité.

Longuement, patiemment, à plusieurs reprises – pas comme avant – il lui demanda « sois raisonnable » au lieu de « sois brave ».

Peut-être avaient-ils deux conceptions différentes du bon sens ?

L'été de cette année-là, elle rentra passer quelques jours à Paris pour récupérer des documents, bien décidée à intenter un procès en diffamation. Elle était certes désespérée, mais prête au combat.

Elle demanda à rencontrer Michał Borwicz qui la soutenait depuis des années dans sa lutte. Il avait préparé un témoignage spécial qu'elle pouvait utiliser quand elle en sentirait le besoin.

En tant qu'historien, je connais peu ou prou toutes les publications à ce jour au sujet du ghetto de Varsovie. Je puis affirmer qu'à part ces typiques hâbleurs invétérés parlant sans preuves, je n'ai jamais rencontré le moindre motif d'accusation argumentée à l'encontre de Wiera Gran. Par ailleurs, parmi l'étendue de souvenirs publiés j'ai trouvé des témoignages de grande sympathie et de reconnaissance à son égard.

Bon nombre de fois, par pure honnêteté, j'ai demandé aux personnes ayant accusé Wiera Gran, entre autres mon ami Jonas Turkow que j'aime et que j'apprécie, de me citer leurs sources et de motiver leurs accusations. J'affirme de façon catégorique qu'aucun d'eux n'a jamais été capable de me produire quoi que ce fût sans s'en remettre à autre chose que des rumeurs.

Tout ceci bien considéré, et vingt-six ans après la guerre et tous les verdicts prononcés par les tribunaux, dont celui du Tribunal populaire juif, que je connais très bien, je pense que ces nouvelles accusations faites par des inquisiteurs improvisés sont sans fondement, moralement inadmissibles et méritent d'être très sévèrement condamnées.

Début juillet 1971, un article d'Aleksander Klugman fut publié dans le journal israélien de langue polonaise *Nouvelles – Courrier* publié sous le titre *Vieux et nouveaux comptes à régler*. Je l'ai lu trente-huit ans après sur un microfilm dans une bibliothèque de Jérusalem.

L'auteur du texte est passé par le ghetto de Łódź, Auschwitz et d'autres camps sur le territoire allemand. Il quitta la Pologne en 1957.

Il y a peu, une artiste à qui on avait fait en son temps de graves reproches quant à son comportement pendant l'Occupation, avait le projet de se produire en Israël. Elle affirme avoir été réhabilitée et qu'une certaine commission l'a reconnue non coupable. D'anciens prisonniers des camps hitlériens ont cependant annoncé leur intention de manifester dans le théâtre où elle allait jouer son spectacle. Séjourner en Israël, soit, mais monter sur scène et recueillir les applaudissements du public d'Israël, c'est autre chose.

Heureusement, toutes les parties prenantes dans cette affaire, même celles qui s'étaient prononcées en faveur de cette artiste, se sont retirées. Car l'affaire ne mérite pas d'être défendue – nous avons d'autres dossiers bien plus urgents et plus brûlants. Seul l'ennemi peut tirer profit d'une telle bataille, et c'est ce qu'il fait.

Je lui ai demandé ce qu'il voulait dire par là.

Il m'invita dans son appartement de Tel-Aviv rempli de livres et de dictionnaires polonais et hébreux dont il est l'auteur. Il ne tenta ni de revenir sur ce qu'il avait dit, ni de se justifier. Il n'avait pas changé d'opinion. Aujourd'hui comme alors il était un Israélien patriote.

« Je considérais qu'il fallait faire attention à la réputation de notre pays, Israël aurait pu souffrir à cause de cette affaire. A quoi nous auraient servi, entre des guerres douloureuses et juste après le procès Eichmann, de nouvelles querelles liées à la collaboration ? Je n'étais pas pour alimenter ni attiser les discussions sur la collaboration, la complicité, les arrangements avec les Allemands sous l'Occupation. C'était déjà assez difficile de juger le cas des chefs du Judenrat : Czerniakow dans le ghetto de Varsovie et Rumkowski dans celui de Łódź. On change d'opinion. On relativise. Dans quelle mesure la survie justifie un compromis moral ? L'application de la règle du moindre mal trouve peut-être une justification ? C'est dans le ghetto de Łódź qu'on a sauvé le plus de Juifs. C'était une idée difficile à admettre à l'époque. Ça l'est encore aujourd'hui.

Selon moi, je le répète, cela n'aurait pas été dans l'intérêt de notre pays qu'une personne soupçonnée de collaboration – à tort ou à raison peu importe, les soupçons suffisent – se produise en public. Ceux qui avaient survécu à l'holocauste considéraient cela inadmissible. Et puisque les plaignants étaient eux-mêmes des victimes, il fallait prendre ces protestations en considération. Je n'étais pas pour entretenir les querelles, cela n'aurait profité à personne, et le pays en aurait grandement souffert. »

En Israël, on disait du sioniste hongrois Rudolf Kastner qu'il avait vendu son âme au diable. Alors qu'il pensait être accueilli en héros, on l'accusa de traîtrise et de collaboration. Klugman se rappelle les circonstances de son assassinat. Il était venu au « pays » quelque temps avant.

Au printemps 1944, Kastner s'arrangea avec Eichmann – aussi inconcevable que cela puisse paraître, cet activiste juif « marchanda » avec un officier SS – afin d'épargner près de deux mille Juifs. Le prix de cette survie fut lourd à payer : diamants, dollars, or. Il fallut pratiquer alors la sélection, choisir ceux qui pourraient vivre. Ont-ils le droit ? Ils ont de l'argent. Ils vivront.

Le 30 juin 1944 le fameux « train de Kastner » avec à son bord 1 670 personnes arriva en Suisse neutre. Les autres furent envoyés à Auschwitz.

On lui reprocha de ne pas avoir informé intentionnellement les gens de leur fin proche. Le choix des passagers épargnés fut remis en question. Tous n'étaient pas en mesure de payer pour survivre.

La fille de Kastner fut surnommée la nazie à l'école, on lui crachait dessus et on lui jetait des cailloux.

L'été 1952, un certain Malchiel Grünwald, Juif d'Israël né en Hongrie, hôtelier et journaliste amateur, accusa Kastner de collaboration et d'être responsable de la mort de 400 000 Juifs hongrois. Il distribuait dans les cafés de Jérusalem une brochure gratuite fabriquée à la maison. Kastner lui fit un procès en diffamation. Un jeu politique se mit en place dans lequel le juge prit fait et cause de façon surprenante pour l'auteur du pamphlet.

Kastner fut tué cinq ans plus tard « par vengeance » par un autre rescapé de l'holocauste, comme lui.

Des années plus tard, le regard sur le passé a changé en Israël. Ce qui était le plus douloureux juste après la guerre, avec le temps commença à être perçu dans une autre perspective.

Il sauva plus de Juifs que tous les partisans, tous les combattants du ghetto de Varsovie et tous nos autres héros réunis, écrivait un survivant en 2008 dans le courrier des lecteurs du quotidien *Haaretz*.

Qui sauve une vie, sauve le monde entier..., dit-on en Israël, en reprenant la devise de la médaille des Justes parmi les nations du monde. Kastner a sauvé 1 670 mondes. On ne lui a jamais manifesté aucune gratitude. Peut-être était-il trop tôt ?

Aleksander Klugman disait encore :

« Aux yeux des Israéliens, sur ceux qui avaient survécu pesait un sombre mystère.

J'ai juste appris qu'il ne faut juger personne tant qu'on n'est pas à sa place.

Nous nous sommes tus. D'autres se sont tus, comme si survivre était une faute. C'est la passivité qui a tué les Juifs des ghettos et des camps, disait-on. Mais nous avons survécu. Comment ?

Je ne peux pas lire l'histoire de la guerre objectivement, car j'en étais un sujet. Une atmosphère étrange a longtemps régné ici autour de nous, ceux qui ont fait la guerre, les survivants. Je ne sais pas si Wiera Gran était coupable. L'exposer quand les rumeurs circulaient à son sujet était à mon avis un malentendu. »

J'ai eu deux entretiens avec le journaliste Ran Kislev. Il a toujours défendu Wiera Gran et les survivants. Elle le considérait comme le seul Juste sur cette terre.

Le 3 décembre 1971, dans le supplément du vendredi du quotidien *Haaretz*, il rédigea un article intitulé *Wiera Gran se bat contre les ombres*. Il habitait en Israël depuis dix ans au moins. Il avait eu vent de ce que disaient les survivants de Pologne dans les cafés de Tel-Aviv. On disait qu'elle avait donné souvent des concerts dans le ghetto pour les hommes de la gestapo, qu'on l'avait laissé sortir du ghetto seulement pour qu'elle indique des Juifs qui se cachaient. Il paraît que cette information fut publiée dans un bulletin de la résistance polonaise. Personne n'a jamais retrouvé cette information.

Moi non plus. Et pourtant j'ai cherché.

Il raconte encore :

« Je n'ai aucun doute, Wiera Gran était innocente. Les Allemands, malgré les apparences et les rumeurs, ne couchaient pas si volontiers avec des Juives. Ils risquaient d'être punis pour cela. Cela pouvait arriver dans les camps, mais pas dans les ghettos. Ils avaient leurs femmes à eux, qui leur convenaient, ils ne couchaient qu'avec des aryennes. Et s'il y avait quelqu'un dans le ghetto à qui on demandait de se produire chez les Allemands, c'était plutôt madame Turkow, Diana Blumenfeld, que Wiera Gran. »

Il affirme que c'est Szpilman, juste après la guerre, qui lui mit des bâtons dans les roues. Il lui était difficile de dire pourquoi. Peut-être avait-il des raisons d'avoir peur ? Peut-être avait-il ses raisons ? En tout cas on ne peut rien prouver. Il est formel cependant, ce n'est pas Szpilman qui a organisé sa traque en Israël. C'est Jonas Turkow.

« Sa femme ne brillait pas par une grande pureté morale, et les ragots qui la concernaient collaient à Wiera. En fait, je pense que Wiera Gran attirait les rumeurs plus que quiconque. Il faudrait peut-être se demander pourquoi.

Turkow racontait sa version des faits à qui voulait l'entendre. Il prenait son temps. Impitoyable. Efficace. C'était sa façon de régler ses problèmes. Il était intraitable. Invulnérable. Et en plus il se considérait comme un spécialiste de l'holocauste. »

Je vérifie.

Le livre de Turkow, *La Lutte pour la vie*, fut publié en yiddish par l'Union Israelito Polaca à Buenos Aires en 1949. Il y évoque avec répugnance le café Sztuka où le yiddish était banni et où le répertoire polonais régnait en maître.

Ce n'est que vingt ans plus tard qu'il révéla les informations sur le café Mokka, rue Marszałkowska à Varsovie, où se réunissaient les gestapistes juifs, dont : Leon Skosowski, Adam Żurawin, Könige1, Włodawski, Marek Rozenberg, Franciszka Mann et la chanteuse de cabaret Wiera Gran. Le livre *Un jour Varsovie était juive* fut publié en hébreu en 1969. Il y cite également des listes de collaborateurs qui avaient été publiées par la résistance polonaise dans de nombreux numéros du « Bulletin d'information de l'AK[1] » de 1942 à 1943.

A quel groupe appartenait Wiera Gran ? Turkow n'en sait rien. Il est catégorique : elle était liée à Skosowski et

1. AK : Armia Krajowa – Armée de l'Intérieur.

Żurawin. Il écrit que ces derniers furent condamnés à mort en 1943 par des groupes clandestins polonais et juifs. La sentence a été exécutée à Varsovie en 1943 par des membres de la résistance. En revanche, Żurawin s'est enfui. Après l'assassinat par balle de Skosowski, Gran s'est cachée à Babice sous le nom de Jezierska.

Żurawin survécut à la guerre. Son chef, un officier SS du siège de la gestapo dans l'allée Szuch, Gerhard Stabenow, en récompense pour ses services rendus à Varsovie, fut promu et muté à Karlsbad. Il fit venir avec lui son fidèle collaborateur Żurawin. *Żurawin est millionnaire*, écrivait plus loin Turkow, *et il habite à New York*. Il manifesta son étonnement de ne pas voir la Pologne exiger *l'extradition de cet individu afin de le juger dans son pays.*

Puis, Stefan Grajek, membre actif de la Résistance dans le ghetto, sioniste et combattant, vint grossir la liste des accusateurs de Wiera en Israël. Michał Borwicz lui écrivait dans une lettre :

C'est donc ce à quoi sert cette « Union mondiale », à faire ce que souffle Turkow, comme ce monsieur Burstein qui menaça (au nom de « l'Union » !) de se déguiser comme à la fête de Pourim en pyjama des camps, et Grajek ne voulant pas « se perdre en détails inutiles » tenta de faire la même chose de façon « officielle » sur un formulaire au nom du « Syndicat mondial »..., etc. ? C'est donc cela votre conception du « rôle » de ces pyjamas pathétiques ?

Cela me dégoûte. Ça fleure le stalinisme et Kafka, mais avant tout il y a l'irresponsabilité de gens qui entraînent l'Union dans des manifestations minables de haine personnelle et d'entêtement, doublées d'une absence des notions même les plus primitives de ce que requiert la loi.

Le 28 février 1972, elle reçut une lettre de Szymon Wiesenthal, activiste juif connu pour être le « traqueur de nazis » : *Votre nom ne figure pas parmi les gens qui ont collaboré avec les Allemands.*

Fin juin 1972, les journaux israéliens rapportaient que Wiera Gran avait engagé auprès du tribunal de Tel-Aviv une action en dommages et intérêts pour une somme de 250 000 livres pour diffamation car on répandait le bruit qu'*elle avait donné des concerts dans un café fréquenté par des gestapistes et leurs sbires,* qu'*elle entretenait des relations intimes avec des nazis,* que *son nom était cité parmi les agents juifs de la gestapo.* Ce recours était intenté à l'encontre du président de l'Union mondiale des combattants juifs, des prisonniers des camps et des victimes du nazisme, Pesach Burstein, de Jonas Turkow, membre du conseil de cette union et du docteur Adolf Berman. Il visait également la maison d'édition Mifalej Tarbut Wechinuch, 53 rue Weizman à Tel-Aviv.

En 2009 j'ai tenté de retrouver les actes de ce dossier.

En Israël, les actes juridiques sont brûlés au bout de dix ans, à moins qu'ils aient été envoyés à la Cour suprême de justice ou qu'ils soient d'une certaine importance pour l'Etat. Ma recherche auprès du tribunal civil de Tel-Aviv n'a donné aucun résultat. Je n'ai même pas trouvé mention de l'affaire dans les dossiers de 1972 pourtant bien rangés par ordre alphabétique.

Je me suis également adressée à diverses études d'avocats. Les avocats ont le devoir de garder les actes pendant un certain temps. Assez indéterminé. J'ai vérifié les quatre noms des défenseurs engagés pour le procès. Les fils de deux d'entre eux, Trunk et Cymerman, possèdent leur propre étude. Le fils Trunk a trouvé un numéro d'acte et d'affaire (enregistrés sous le nom Gran Mara, catégorie : DIFFAMATION – LASHON HA RA, *mauvaise langue*, mais vérification faite dans la base de données centrale, il apparaît que ces actes ont été détruits. La piste s'arrête là.

Au bout de quelques mois, Turkow exigea l'abandon de l'enquête pour prescription. Berman persistait à dire que la demanderesse entretenait des relations intimes avec des Allemands et leurs agents.

La prochaine séance de débats fut fixée à octobre 1975.

Wiera quitta Israël le 3 mai 1973. Elle avait décidé de ne pas abandonner et de tout raconter.

Deux ans plus tard, elle se trouvait dans la salle du tribunal de Tel-Aviv. L'affaire fut effectivement jugée en sa présence, mais en hébreu – elle ne pouvait donc pas comprendre. Le défenseur de Berman proposa une conciliation pour le « bien d'Israël ».

Les avocats de Gran demandèrent que Turkow produise au tribunal des copies des bulletins dans lesquels figuraient les informations concernant les activités de Wiera Gran ainsi que les notes qui citaient son nom aux côtés de ceux de Skosowski, Żurawin et d'autres.

Turkow chercha en vain ces bulletins dans les archives et les bibliothèques du monde entier.

Moi non plus, je n'y ai pas trouvé de preuve de sa culpabilité.

Centre d'étude de la Pologne clandestine à Londres, B.I/36/29.

Lettre de Turkow à S. Żukowski, 1972.

Manuscrit, destinataire incertain [Lesław ?]. Concerne Wiera Gran et le procès qu'elle lui avait intenté et sa requête en dommages et intérêts. Turkow se plaint qu'elle a de meilleurs avocats et soupçonne Żurawin d'être derrière tout cela [*un groupe de gestapistes juifs avec Adam Żurawin à leur tête*].

Tu peux comprendre, tout de même, que ce document concernant les actes de délation de Wiera Gran m'est indispensable. Par conséquent, je te demanderais d'arrêter de chercher ce « Bulletin d'information » et de m'envoyer sur-le-champ les dépositions des témoins de l'organisation clandestine comme tu me l'avais proposé. Il serait très souhaitable que ces témoignages, portant la signature des témoins et le cachet du notaire, soient joints au formulaire de l'Institut de la Pologne clandestine. J'attends donc avec impatience ce document. […] Je t'embrasse fort. Ton Jonas.

De toute évidence Turkow avait déjà cherché des documents visant à démasquer Wiera Gran. Cette lettre prouve sa détermination. Il voulait vérifier si des documents compromettants figuraient dans l'organe de presse du commandement général de l'Armée intérieure-AK. Il voulait également trouver des témoignages d'anciens résistants de l'AK.

D'après ce que je sais, il ne les a pas obtenus.

J'ai également eu entre les mains la lettre de Turkow envoyée de Paris à Casimiro (Kazimierz) Netzel à Barcelone, datant du 1er octobre 1976. Je ne sais pas qui était ce Netzel, mais Turkow devait avoir confiance en lui car il décrit par le menu sa situation et donne les détails concernant le procès.

Wiera Gran m'a envoyé au tribunal pour diffamation. Le procès traîne depuis quelques années et est financé par un groupement juif d'anciens collaborateurs de la gestapo. Ils voyaient Wiera Gran au café

Mokka rue Marszałkowska (Adam Żurawin, Skowski, Königel, Rosenberg et Wiera Gran). Ceux qui ont témoigné en ma faveur et moi-même nous l'avions bien lu dans le Bulletin d'information de l'AK. Pendant les trente dernières années, ils ont réussi à faire retirer et détruire les numéros où figuraient leurs noms.

J'ai également écrit aux archives de la Bibliothèque nationale de Varsovie. On m'a répondu que ces numéros n'existaient pas. Peut-être qu'Irena s'en souvient. Il est possible que Wiera Gran, Żurawin, etc. aient été mentionnés dans d'autres bulletins, comme Le Glaive et le soc, *l'organe des Forces armées nationales (NSZ*[1]*).*

Dans cette lettre, il demande qu'on intervienne auprès d'Irena Sendler, qui avait travaillé pendant la guerre avec l'AK pour venir en aide aux Juifs, et qui est actuellement – c'est ce qu'il écrit – *directrice du musée de la prison de Pawiak, et qu'il compte sincèrement sur son aide.*

Correction : Irena Sendler a été incarcérée à la prison de la gestapo de Pawiak pendant l'Occupation, elle y a été condamnée à mort. Après la guerre, elle n'a plus jamais été directrice de ce musée ni approché ce lieu funeste de Varsovie de près ou de loin.

Netzel envoya à la demande de Turkow une gentille lettre à Irena Sendler de Barcelone à Varsovie, datée du 10 décembre 1976. Il lui demande son aide et si elle se souvient de quoi que ce soit, de la

---

1. NSZ : Narodowe Siły Zbrojne – Forces armées nationales, mouvement de Résistance polonais sous l'occupation allemande pendant la Seconde Guerre mondiale, d'orientation nationaliste.

moindre preuve. Il énumère en détail ce que sait Turkow.

En l'espèce : jusqu'en 1942, juste avant la liquidation du quartier juif, Wiera Gran collaborait avec le groupe Gancwajch-Szerfeld-Mandel-Szymonowicz. Après la liquidation du Treize et l'assassinat de Szymonowicz, Gran se rapprocha de Skosowski. Szymonowicz fut tué au cours d'une fête qu'il avait organisée chez lui et où Wiera Gran avait également été vue en compagnie d'un groupe de gestapistes.

Il demande au nom de Turkow que Sendler *ait la gentillesse de contacter le pianiste Szpilman, célèbre en son temps, et qui habite Varsovie. Lui aussi sait pas mal de choses au sujet de Wiera Gran.* Il est convaincu que s'il avait réussi à obtenir de Pologne les documents nécessaires au tribunal israélien, l'affaire aurait pris une tout autre tournure.

Je vous prie de croire, Madame, à ma reconnaissance personnelle pour l'aide que vous apporterez à monsieur Turkow qui est un homme extrêmement respectable.

Le 23 mars 1977 dans l'hebdomadaire polonais *Le Droit et la vie*, communément appelé « *Le Droit et le poing* », paraît un article de Jacek E. Wilczur intitulé *Une criminelle accuse.* Il s'agit d'une attaque haineuse et sans pitié contre Wiera Gran.

L'accusée paya cher la lecture de ce texte. Elle fut victime d'une crise cardiaque.

La langue utilisée dans ce récit rappelle les modèles classiques de la propagande nazie :

En 1950, la chanteuse de cabaret coupable de crime de trahison à l'encontre de son propre peuple et de crime de collaboration est partie pour Paris. On peut supposer que ceci lui fut facilité par la complaisance de ses puissants protecteurs.

La vérité au sujet de Wiera Gran-Jezierska et du reste des agents de renseignement est bien connue à l'Ouest, d'ailleurs des articles bien documentés sur les groupes de gestapistes juifs Kohn-Heller, Gancwajch-Szternfeld et Dawid Gertler (Łódź-Varsovie) ont été largement diffusés en Pologne. L'affaire du Treize *et du Flambeau*[1] *collaborationniste n'est pas un secret et pourtant certains milieux sionistes influents ne souhaitent pas s'exprimer au sujet d'une affaire aussi « honteuse ».*

C'est pour cette raison que, lorsque le dossier d'accusation de Wiera Gran est arrivé sur le bureau du juge de Tel-Aviv, Jonas Turkow dut apporter au tribunal la preuve de ce qu'il avait avancé dans ses livres et qu'il continue d'affirmer aujourd'hui.

A l'automne 2008, j'ai un entretien avec Jacek Wilczur, auteur, trente ans plus tôt, de ce texte virulent. Il m'expliqua pourquoi il avait écrit alors cet article sans le moindre doute et avec la conviction d'avoir raison. Dans sa jeunesse, sous l'Occupation, il avait été membre de l'AK sous le commandement du chef légendaire Jan Piwnik « Ponury » (le « Sinistre »). Il faisait totalement confiance aux services d'espionnage et de contre-espionnage de l'AK. A leur honnêteté et leur fiabilité.

Il ne se rappelait pas exactement quand on lui apporta les dossiers du contre-espionnage concernant Wiera Gran. Pour lui, cela ne faisait aucun doute

1. Żagiew : Le Flambeau, organisation collaborationniste juive dans le ghetto de Varsovie.

qu'ils étaient authentiques et qu'ils décrivaient la vérité. Plus tard, il fit de plus amples recherches au ministère de l'Intérieur. Il trouva d'autres documents. Il fut assisté par la Haute Commission d'enquête sur les crimes hitlériens. Dans le dossier de Gran au ministère de l'Intérieur, il manquait plusieurs documents. Des lacunes dans la numérotation des pages l'alertèrent. La chronologie n'était pas respectée. A l'évidence on avait supprimé quelque chose, ce qu'il considéra comme un indice contre Gran.

Il se pencha également sur les circonstances de son départ de Pologne. Il m'expliqua que d'après ce qu'il savait, en 1950 on ne laissait pas sortir si facilement les gens du pays. Pour lui, c'était un nouvel élément à charge contre Wiera Gran. Il soupçonnait les services secrets communistes de l'avoir protégée. Je n'ai trouvé aucun document qui pourrait confirmer cela.

En tête de son texte, il joint une photocopie du rapport de contre-espionnage de la Résistance. Ecrit à la machine : *extrait de la liste des indicateurs et des collaborateurs de la gestapo.*

Gran Wiera. Aucun domicile connu. D'origine juive. Profession : chanteuse de cabaret. Traîne dans les cabarets au service de la gestapo.

Aucun de ces documents n'était connu lors de son procès devant le Tribunal populaire du Comité central des Juifs de Pologne. Ils sont conservés dans le dossier Wiera Gran à l'Institut de mémoire nationale.

Le professeur Andrzej Kunert, historien, conseille de redoubler de prudence pour en analyser le contenu. De ne les traiter en aucun cas comme des preuves irréfutables de sa culpabilité. Sans la confirmation des trois différents niveaux de structure (échelons organisationnels) de la Résistance, il est difficile de tirer des conclusions définitives. Je me tiens à cela.

Il existe sept rapports contenant le nom de Wiera Gran. Tous datent de 1943, le premier de janvier, le dernier de septembre. Son nom est écorché deux fois (Grant, Grun), mais il n'y a pas de doute, il s'agit bien d'elle. De même, elle est mentionnée deux fois en tant que danseuse. Elle apparaît aux côtés de son amie danseuse, Mann. Aucun domicile connu.

Le 9 janvier 1943. Cette Juive, danseuse de cabaret avant guerre, dirigerait actuellement un bureau d'indicateurs de la Gestapo qui s'intéressent tout particulièrement aux Juifs. Cette information provient de deux sources différentes, entre autres du ghetto et des relations de Staszauer-Fichna.

Commentaire : Józef Staszauer – Juif, officier de l'AK, indicateur de la gestapo. Liquidé par les milieux clandestins dans le bar Derrière le Rideau rue Mazowiecka.

6 avril 1943, Avertissement. Agents de la Gestapo (...) La confiserie au coin des rues Koszykowa et du 6 août, est le lieu de rendez-vous de la bande de Skosowski, et il s'avère que c'est aussi le lieu de contact, outre les personnes déjà mentionnées, de : Fokszański, Mirecki, Clondau, Grun Wira, Juifs des milieux artistiques et de cabaret.

6 mai 1943, source « Karol ». Grant Wiera, ancienne chanteuse de la radio polonaise, habite avec un certain Fuks, Juif, propriétaire d'une pharmacie rue Orla et propriétaire du café Le Moderne.

Commentaire : Fuks (Piotrowski) fut cité plusieurs fois pour avoir entretenu des liens avec Wiera. Elle raconta elle-même qu'il lui fournissait des médicaments, des bandages et des pansements pour les enfants sans abri. Ils se voyaient au Sztuka. Il était d'au moins vingt ans son aîné. Elle partit avec lui et sa femme en 1950 pour Israël.

Extrait du dossier de Jacek Wilczur, qu'il mit à ma disposition :

12 avril 1977. Déclaration de Helena Maria Dunin, connue dans la clandestinité sous le pseudonyme de Teresa Nowacka ou Wiśniewska :

En lisant votre article... j'ai remarqué une fiche de la cartothèque du contre-espionnage de l'AK qui citait Wiera Gran comme agent de la gestapo.

Pendant la guerre, en tant que soldat de l'Union pour la lutte armée puis sous-lieutenant dans l'AK, j'ai servi les six premiers mois de l'année 1943 dans l'unité de contre-espionnage de l'AK pour la ville de Varsovie. C'est cette unité qui a livré l'information que vous citez.

Pour cette raison, je tiens à vous informer que :

Nos agents qui avaient des informateurs au sein de l'administration de l'occupant et parmi la population polonaise et juive savaient très bien que qualifier quelqu'un d'agent de la gestapo signifiait son arrêt de mort, ils vérifiaient donc leurs rapports scrupuleusement avant de les remettre à leurs supérieurs.

Avant d'inscrire définitivement un agent de la gestapo dans la cartothèque principale du contre-espionnage de l'AK, on vérifiait à deux fois la fiabilité d'une accusation aussi sérieuse et lourde de conséquences.

Je vous souhaite courage et ténacité dans votre quête à démasquer les traîtres et les participants au génocide encore impunis.

Un peu plus tard, elle ajouta que le rapport concernant les activités de Wiera Gran avait été rédigé en

1943 par un de « nos employés » engagé en tant que serveur dans un bar de Varsovie.

La cartothèque du contre-espionnage de l'AK fut utilisée après guerre par l'organe des services secrets de la République de Pologne populaire et servit à plusieurs reprises lors d'enquêtes et de procès pour actes de trahison à l'encontre du peuple polonais. A ma connaissance, il n'y a pas d'exemple où ces informations aient été erronées.

Henryk Grynberg dans son texte *La survie peut être un cauchemar* (*Le Quotidien polonais* du 8 août 1981) jugeait *Le Droit et la vie* comme l'hebdomadaire le plus antisémite d'Europe depuis la chute du Troisième Reich et il le considérait comme l'organe non officiel des services secrets du régime communiste.

L'utilisation du terme « criminelle » pour qualifier Wiera Gran sur la base des *sources relativement indéfinies des archives du Comité central du PZPR (POUP – Parti ouvrier unifié polonais), de rapports tout aussi peu concrets des services de renseignements de l'AK et de l'AL*[1] *et de documents totalement confus de la délégation (de Londres) du gouvernement polonais* est ce qu'on pourrait appeler un assassinat biologique.

Suite à l'article de Jacek Wilczur, Wiera Gran est intervenue au printemps 1977 auprès du consulat polonais de Paris, elle a contacté un cabinet d'avocats à Varsovie et elle a rédigé un démenti. Ils ont laissé passer quasiment trois mois avant de publier son texte sous le titre plat de : *Mémoire, témoins, documents*,

1. AL : Armia Ludowa – Armée du peuple, mouvement de résistance communiste polonais pendant la Seconde Guerre mondiale.

duquel ne ressort rien d'autre qu'un relativisme général.

On l'appelle dorénavant « madame » et non pas « la criminelle » et l'organe de l'Association des avocats polonais s'explique en disant que l'article fait référence aux deux livres de Turkow et à leur documentation.

Ce Wilczur n'a même pas signé de sa sale griffe, commenta-t-elle.

Courrier de Wiera Gran à la rédaction de *Le Droit et la vie*, datant du 12 avril 1977.

Suite à cet article infamant à mon encontre (...) je vous prie de bien vouloir insérer dans votre revue le démenti suivant.

Jonas Turkow n'était pas pendant la guerre un « paria » dans le ghetto, c'est faux. Ce qui est vrai, c'est qu'il gagnait très bien sa vie en dirigeant une agence de concerts, chose facilitée par son statut officiel de seul censeur aux ordres des autorités allemandes à l'intérieur du ghetto jusqu'à sa liquidation. La femme de Turkow, Diana Blumenfeld, se produisait alors trois à cinq fois par semaine dans des soirées privées qui avaient lieu chez des gestapistes juifs bien connus, ainsi que dans des soirées publiques organisées à leur initiative par l'agence de Turkow. Double avantage, car sa femme percevait 500 zlotys par concert, ce qu'a reconnu la secrétaire de Turkow (dire que ce « paria » avait une secrétaire dans le ghetto !), Elżbieta Neumark, à mon procès devant le Comité central des Juifs de Pologne (CKŻP – Centralny Komitet Żydów Polskich). Ce n'est pas moi, avec mes 100 zlotys par jour, qui pouvais passer pour une grosse légume à côté de lui.

Mon seul « crime » pendant la guerre et même après, Turkow l'a crié sur tous les toits, c'est d'avoir UNE SEULE FOIS été obligée de chanter chez ce gestapiste de Szymonowicz – Turkow fut le premier au courant, pas seulement en tant que censeur mais aussi à cause des 500 zlotys que ne toucherait pas sa femme.

Ce qui est vrai aussi, c'est que pendant l'Occupation Turkow disait aux gens du milieu artistique de se méfier de Wiera Gran la collabo. Oui, c'est vrai. Turkow transmettait le virus de la haine qui le rongeait. En colportant cette accusation montée de toutes pièces, il se vengeait de moi, car il n'avait ni la popularité, ni la réussite ou l'énorme sympathie qu'on me manifestait.

Ce n'est pas vrai que le Tribunal populaire juif m'a innocentée par « manque de preuves », mais... « par manque de charges ».

Dictionnaire phraséologique de la langue polonaise, Stanisław Skorupka :

JALOUSIE

Envie cruelle, égoïste, enragée, féroce, humaine, implacable, impuissante, maligne, méchante, mesquine, partisane, personnelle, petite, ravageuse, réciproque, secrète, vindicative, violente.

Jalousie contre, envers, à l'égard de quelqu'un.

Oui, qu'est-ce que la jalousie ? De l'envie qui se consume. L'incapacité de pardonner aux autres leur réussite et leur succès. Ceux qui réussissent éveillent la malveillance, la haine même, comme s'ils avaient enlevé quelque chose à ceux qui sont encore sur la route. Comme s'il n'y avait pas assez de place dans le monde pour plusieurs étoiles. Comme s'il n'existait qu'un sommet et qu'il était déjà conquis.

Comment est-ce possible qu'après un quart de siècle ces sentiments soient encore si prégnants ? A tel point mordants qu'ils jouent encore au détriment de gens injustement privilégiés.

Mais peut-être s'agit-il d'autre chose ? Peut-être faut-il revenir aux sources, à la guerre ? Refaire les comptes. Revoir les prix. Les prix acceptables de la survie... ?

C'est avec émotion que Jonas Turkow remercia Jacek Wilczur de s'être occupé de son affaire d'une façon si désintéressée.

Dans une ébauche d'article au sujet de Wiera Gran, conservée dans ses archives (non datée), Wilczur notait : *Sa lettre est une mixture de sournoiserie, de mensonge et de fausseté*. Pour lui, cela ne fait aucun doute : *elle était destinée à « frapper les esprits » !* Il insinue que l'*ex-chanteuse de cabaret se souvient parfaitement à qui et à quoi elle doit sa survie, ces jours de mai 1945... Et comment elle a évité de peu la potence.*

Il suggère qu'elle a préféré fuir la Pologne consciente que ceux qui lui avaient été fidèles, *ses grands protecteurs* (suit toute une kyrielle de noms de hauts fonctionnaires des services secrets du régime communiste : Józef Światło, Anatol Fejgin, Roman Romkowski, tous trois d'origine juive), pourraient faiblir dans leur rôle de bouclier. Et qu'il lui serait plus difficile de s'arranger avec d'autres. Wilczur essaye de convaincre tous ses lecteurs qu'en 1950 Gran savait très bien qu'elle était protégée.

On peut admirer la perspicacité avec laquelle il reconstruit sa pensée. D'après lui, elle devait être consciente que les Polonais n'avaient qu'une connaissance parcellaire du passé du ghetto sous l'Occupation et de ses secrets, et que ceux qui connaissaient la vérité n'étaient pas en mesure de la révéler sans se mettre en danger. Après 1949, les anciens fonctionnaires des services de renseignement de l'AK *croupissaient déjà eux-mêmes en prison sous des charges infondées et ceux qui n'avaient pas encore été arrêtés ne se pressaient pas pour rencontrer Różański, Światło ou Luna Brystigerowa.*

Il est impitoyable : *Elle avait compris qu'il valait mieux s'éloigner le plus possible du lieu du crime.*

Dans les monceaux de papiers de Wiera Gran, tous les actes des différents procès, l'abondante correspondance s'y rapportant, les déclarations, les attestations, j'ai trouvé une feuille volante portant le cachet de l'Association des combattants pour la liberté et la démocratie[1], datant du 2 octobre 1981.

Bernard Zakrzewski, connu pendant la guerre sous le pseudonyme d'« Oskar », chef des services secrets et du contre-espionnage auprès du commandement général de l'AK depuis mars 1941, y déclare qu'à sa connaissance il n'y a eu aucune enquête pas plus que de procédure pénale dans l'affaire Wiera Gran. Il est certain que son service d'information personnel et le bureau de Varsovie l'auraient informé que pesaient sur elle d'éventuelles charges de ce genre. Il rejette ainsi toutes les accusations contre elle, les considérant comme infondées.

Il est mort deux ans plus tard à Varsovie, à l'âge de soixante-quinze ans. Il avait été arrêté à plusieurs

---

1. ZBoWiD : Związek Bojowników o Wolność i Demokrację – association d'anciens combattants polonais de la Seconde Guerre mondiale créée en 1949, longtemps liée au pouvoir soviétique.

reprises après la guerre, et il passa de nombreuses années en prison. Il fut libéré et réhabilité en 1956.

Le professeur Kunert reste sceptique. Même l'autorité d'« Oskar » ne garantit pas dans ce cas un jugement sans équivoque. Si Zakrzewski n'a pas reçu de rapports de délation concernant Wiera Gran cela ne veut pas dire pour autant qu'il n'y en ait pas eus. Moi-même j'en ai trouvé. Mais dans quelle mesure sont-ils fiables ? Nous en savons trop peu. Soixante-dix ans après la guerre, sans témoins, qui, s'il y en avait, pourraient encore se tromper, avec des documents incomplets, établis par des gens faillibles – il est impossible d'établir quoi que ce soit avec certitude. Les chances sont plus que maigres.

La solution serait alors l'humilité ?

Dans un entretien qu'il a avec moi, Jacek Wilczur est plein de repentance. Difficile de reconnaître en lui le personnage assoiffé de sang d'il y a trente ans, avide de démasquer les traîtres, appelant avec passion à poursuivre ceux qui ont échappé à la justice et à la punition.

« Ma connaissance du sujet a changé, elle est plus large mais aussi moins aveugle. Mon expérience également a changé. Aujourd'hui, je n'oserais pas formuler de telles accusations. Je sais maintenant qu'il ne fallait pas croire aveuglément les informations fournies par l'AK. J'ai compris comme il était facile de faire du mal à quelqu'un.

Aujourd'hui, je voudrais aller sur la tombe de Wiera Gran. Je lui apporterais des fleurs et je lui allumerais une bougie. »

Quelques mois plus tard il fit paraître un texte dans *La Parole juive*, mensuel polono-yiddish, dans lequel il explique ses choix de l'époque. Il n'avait pas eu accès aux actes du Comité central des Juifs de Pologne et il ne savait pas que ce tribunal l'avait innocentée. Il avait omis le fait qu'« Oskar » n'avait pas confirmé pendant la guerre l'accusation de délation concernant Wiera Gran. Aujourd'hui, il n'écrirait plus d'article à charge contre elle.

L'affaire au tribunal de Tel-Aviv s'est éteinte en 1982 sans aucun verdict final.

Ran Kislev écrivait : *D'un point de vue social, Wiera Gran, en tant que telle, n'existe pas, elle a été condamnée à mort par un tribunal de lynchage dans lequel le principe de justice n'avait pas sa place.*

« Le destin me fait payer très cher d'avoir survécu à l'holocauste juif », disait-elle.

Elle arrêta de chanter.

CHAPITRE 15

C'est la dernière lettre

C'est la dernière lettre parmi une centaine écrite pendant un quart de siècle.

Kazimierz Jezierski de Smithtown, Etat de New York, écrit à Wiera Gran à Paris, France, Europe. Il avait collé un timbre de 26 cents et dut payer un supplément de 95 cents pour l'envoi en recommandé (registered nr 959). Le cachet indique la date du 17 octobre 1975.

L'enveloppe est plutôt jolie. Longue, bleu pâle, rehaussée d'un cadre rouge et bleu. Des inscriptions de la poste aérienne, PAR AVION, en anglais et en espagnol. L'adresse de Kazik dans un petit cadre en haut à gauche (K.J. MD). Il avait tapé l'adresse de Wiera au milieu, à la machine. Sur toute la longueur de l'enveloppe, Wiera écrivit à la main en lettres majuscules au stylo rouge et soulignées deux fois au stylo noir puis au feutre. *Encore un faux jeton qui ment à mort ! Pour moi, il est mort !* « Mort » écrit en gros. Au dos de l'enveloppe : *Est-ce qu'il est mort en 1993 ou en 96, en fait ?*

Le dernier accord d'une relation qui aura duré trente-six ans entre Wiera Gran et Kazimierz Jezierski.

La guerre les avait réunis et avait cimenté leur liaison. Ils ne restèrent pas beaucoup plus longtemps ensemble.

C'est elle qui prit la décision de quitter la Pologne et tout ce qui lui était lié. Son homme et bienfaiteur, les concerts, le public, la réussite professionnelle. Mais aussi les tombes. Les souvenirs. Les endroits où elle avait vécu la tragédie de la perte, les échos des accusations et ce mal qu'on lui avait fait.

Elle pensait peut-être que partir réglerait tout, adoucirait les souffrances de l'âme, la douleur de la solitude, sa vie de couple décevante. Permettrait de s'extirper de cet entrelacs d'accusations. Que ce serait un remède. Elle pouvait penser ainsi, même si cela peut paraître infantile.

Kazimierz Jezierski, encore jeune chirurgien, organisa après la guerre un service de santé dans différents hôpitaux, avec le temps, il revêtit un uniforme. Dans son échelle de valeurs, le travail venait toujours en tête. « L'hôpital... puis longtemps, longtemps rien et ensuite Wiera », disaient les mauvaises langues ou peut-être seulement les gens bien informés. Grâce à son métier et à son courage, il fit traverser l'Occupation à Wiera. Les fuites successives, le ghetto, et l'indispensable vigilance du côté aryen. Perpétuelle menace et perpétuelle présence mutuelle. Cela a dû être difficile pour tous les deux, en définitive.

Je ne sais pas du tout s'ils ont parlé ensemble de sa décision d'émigrer. Elle ne dit pas s'il a essayé de l'arrêter, de la persuader, de lui expliquer qu'elle faisait une erreur ou qu'elle devait encore réfléchir. Ni s'il a tenté de la convaincre de partir. Des années après, on dirait qu'il n'a pas joué un rôle clé dans ce pas qu'elle a franchi et qui était peut-être le plus important après le fait d'avoir été épargnée.

Mon petit poisson chéri !

Mon petit poisson chéri – C'est ainsi qu'il s'adressait presque toujours à elle, il disait « chéri » ou « cher » ou bien encore « vénéré ». Parfois, il l'appelait par son prénom (« Wierotchka ! ») et ajoutait en russe : *Kak diela ?* (Comment ça va ?). Il en fut ainsi dès le début, dès la première lettre écrite d'une petite écriture quelque peu paresseuse de quelqu'un au « tempérament changeant ». C'était ainsi quand il se donnait encore la peine d'arranger les choses entre eux, mais aussi plus tard, quand il avait perdu alors espoir et ne faisait que le récit de « choses pratiques », qui s'avérèrent finalement assez exotiques compte tenu du départ du docteur Jezierski en Afrique.

Il l'accompagnait dans ses pensées, où qu'elle fût et quel que fût son destin. Elle notait scrupuleusement sur les enveloppes le jour où elle lui répondait. Elle ne me parla jamais de la place qu'il avait dans sa vie. Nulle. Réconfortante. Bienfaisante. Epistolaire. Téléphonique. Nulle.

J'ai reçu aujourd'hui ta lettre et j'y réponds immédiatement, car si je ne le fais pas sur-le-champ, j'ai peur de prendre un retard incalculable.

En ce moment, mon rythme de vie est le suivant – je travaille à la clinique trois jours et trois nuits de suite, j'ai un repos de deux jours et je travaille encore vingt-quatre heures.

Le docteur Jezierski, alors âgé de soixante ans, habitait depuis cinq ans en Amérique. Et même s'il se plaint d'*avoir déjà utilisé voire gâché sa dose de vie*, au moins il n'a pas reculé devant ce nouveau défi. Déjà plus tout jeune, après des années de pratique en

Afrique, il passa avec succès deux examens de médecine ainsi qu'un autre lui ouvrant droit à pratiquer la médecine privée et il trouva du travail dans son domaine. Il changea à nouveau de pays et de langue. Il passa beaucoup de temps à potasser ses livres, ce dont il se plaignit un peu, mais il envoya en cadeau à Wiera un « dollar » symbolique pris sur la première somme gagnée de l'autre côté de l'océan. Il attendait son approbation.

Il travaillait beaucoup. Il se plaignait d'un côté de sa solitude et d'un autre côté de l'assiduité de ses voisines américaines. Il se frayait difficilement un chemin dans la syntaxe des rapports de dépendance entre hommes et femmes, dans ce monde new-yorkais très spécifique.

Il avait déjà beaucoup voyagé dans les années cinquante, en Chine, en Union soviétique, en Tchécoslovaquie et à l'Ouest, dans le cadre de l'Organisation mondiale de la santé. Il connaissait le français et l'allemand. Il possédait alors un passeport de fonction.

Il quitta définitivement la Pologne en 1963 à cause des perspectives de carrière minables et de son état de santé. Il quitta son pays, convaincu de ne jamais y revenir. Dans le questionnaire à remplir pour obtenir son passeport il cacha le départ de sa « femme » pour Israël et le fait que son frère (Andrzej, né en 1925 et devenu entre-temps spécialiste en électricité en Amérique du Sud) avait longtemps séjourné à l'étranger.

Début 1954, il avait demandé à être libéré de ses fonctions au sein des organes du ministère de la Sécurité publique. Pour motiver sa requête il évoqua son envie de travailler à nouveau dans la recherche (chirurgie de la cage thoracique), et qu'il avait le foie malade. Sa demande fut acceptée fin janvier.

Combien y avait-il de ces travailleurs, gris, disciplinés, indifférenciables et pourtant jouant tous un rôle dans la construction du socialisme du côté de la Pologne populaire ? *Politiquement actif, socialement passif* – notait un de ses supérieurs. Banal.

Les documents conservés dans les dossiers en carton de l'Institut de la mémoire nationale font de lui un personnage plein de contradictions. Dans les rapports de ses supérieurs, je lis : *Manque de mobilité et de détermination autour de la table d'opération. Calme, cynique, a une haute opinion de ses capacités et de son expérience. Effronté et nonchalant. Manque de discipline et de ponctualité. Peu précis. Pas méthodique. Manque d'organisation et d'esprit d'initiative. Tolérant et faible vis-à-vis du personnel. Bon rapport avec les malades. Poseur. Exprime ses opinions avec un pathos artificiel.*

Dans les lettres à Wiera il apparaît sous un jour romantique sans être futile. Il aime à citer des vers de poètes, surtout de Julian Tuwim et des chansons sentimentales de son répertoire qui trouvent leur écho dans l'atmosphère du moment. Il pense maîtriser en spécialiste la loyauté et la solidarité.

Souviens-toi que tu peux toujours compter sur moi.

Souviens-toi qu'il est plus facile de vivre dans l'attente qu'ensemble.

Au début, juste après son départ, il essaye encore de la reconquérir. Il se fait pressant, lui déclare son soutien, fait de son mieux pour la réconforter *dans son lourd destin d'émigrée solitaire.* A mesure que le temps passe, il lui parle de moins en moins d'amour. (*Veux-tu toujours être ma Punia au ventre doux et à l'âme généreuse ?*)

Il admire sa vaillance mais réprouve sa naïveté. Il regrette de ne pas être capable de s'occuper d'elle comme il faut.

A la fin de l'automne 1972, j'étais à Paris et j'ai tourné comme un papillon de nuit en bas de chez toi. La concierge m'a dit que tu allais arriver, mais tu n'es pas venue. Je voulais discuter avec toi de ces histoires qui n'ont pas leur place dans une lettre.

Ce n'était pas la première fois qu'il l'avait cherchée dans Paris en vain. Il avait voyagé plusieurs fois en Europe et essayé plusieurs fois de lui téléphoner avec l'espoir de la voir. Il avait un camping-car, il voulait l'inviter à voyager avec lui. Mais le téléphone ne répondait pas. Plus tard, il lui envoya des fleurs, des roses le plus souvent. De Genève, d'Amsterdam, de Munich…

Qu'y avait-il de plus entre eux que ces lettres ? Des conversations téléphoniques, attendues, coûteuses, d'abord en Israël, puis en France, qu'il fallait réserver à l'avance (l'international, « veuillez patienter ») – pour lui, c'était *une expérience bouleversante. La voix est si proche, et il est si difficile de se comprendre.*

Il se donna du mal des années durant. Mais il ne parvint pas à surmonter ce mur de verre transparent qui s'était érigé entre eux, qui laisse voir, laisse s'extasier et rêver, mais qui rend tout contact impossible. Il était ravi qu'elle soit si active. Il se réjouissait de la voir invariablement en excellente forme, son équilibre psychique plus grand qu'avant.

Il avait l'impression d'être son protecteur. Pourquoi était-il investi de cette mission, on ne sait pas. Je ne sais pas non plus comment cette relation a débuté, dans quelles circonstances il est tombé amoureux d'elle. Et elle ? Est-ce la panique de septembre 1939 qui a provoqué cette union ?

Il se rappelait sans cesse à son souvenir. Il la traitait comme un oiseau de grande envergure. Il voulait trouver son propre bonheur dans sa réussite. *Le plus important c'est que tu assouvisses tes ambitions et tes besoins. Il faut que tu vives intensément, que tu aies ton public, tes succès et tes expériences, c'est très important.*

Parfois, il lui semblait pourtant qu'elle menait ses luttes dans la vie comme un papillon de nuit qui va vers une flamme. Il s'en plaignait tout en se demandant si toute grande artiste n'éprouve pas justement ce besoin de *ne serait-ce qu'un instant serrer le cœur de ces bouffe-tout blasés*. Il essayait comme il le pouvait de l'aider à distance. Il lui demanda souvent son numéro de compte – pour lui acheter un cadeau d'anniversaire.

Au printemps 1960, après une visite en France, il finit par comprendre qu'elle avait décroché une « victoire catastrophique ».

Dans une lettre amère il s'épancha sur la tragédie de son amour difficile et insatisfait. Il lui reprocha son égoïsme et son manque total d'intérêt pour sa personne. On ne sait pas ce qui s'est passé. Ni ce qu'ils se sont dit, ni ce dont ils s'étaient convaincus. Ni comment.

J'ai presque peur de te demander si je compte pour toi, car la réponse pourrait être blessante. Je suis conscient que ces mots peuvent être vexants pour toi, pas parce que ce n'est pas vrai, mais parce que tu ne les comprends pas.

Il se tut pendant trois ans.

Quand il quitta l'Europe, il lui envoya en cadeau de l'ambre et un appareil photographique Zorki. Il reprit sa correspondance peu après s'être installé à Luluabourg, ville d'une province du Sud-Ouest du Congo belge où il avait réussi à obtenir un contrat.

Il aimait cet endroit, où les saisons n'existaient pas et où il ne se passait rien. Le temps était suspendu. Il lui raconte cette vie « démoralisante » dans une apesanteur brûlante. Il ne se plaint pas du climat, il bronze. *Je me suis un peu requinqué et j'ai retrouvé la santé.*

Une grande et confortable villa, où il ne profite que de la chambre, de la salle à manger et du bureau. C'est un boy « formidable » qui gère la cuisine qui se trouve un peu en retrait. Il a déjà préparé douze repas à base d'une tortue qu'il promenait avant en laisse, ainsi que divers plats à base de crocodile. Posée sur la table, une goyave, curieux fruit au goût exotique, embaume. Il est entouré de verdure et de fleurs. Il s'intéresse plus à un élevage de volaille, à ces trois canes qui couvent leurs petits, à la classification des singes anthropoïdes, aux scorpions qu'à ses patients et à la chirurgie.

Parfois, ce qu'on appelle le monde élégant lui manque, mais les excursions, les voyages pendant les vacances ainsi que les hebdomadaires illustrés et les magazines automobiles qu'elle lui envoie satisfont ses modestes besoins. Il a également des disques pour apprendre l'anglais et des chansons d'Aznavour.

Il collectionne les masques africains et d'autres babioles de la tribu Bassa Lampas, *qui encore aujourd'hui se font des steaks de chair humaine, mais les Blancs les dégoûtent. Par ailleurs, ils sont charmants.* Il lui envoya un masque en guise de cadeau d'anniversaire symbolique, en lui faisant remarquer qu'ils sont très recherchés par les spécialistes « en la matière » de Hambourg. Une autre fois, il lui envoya un napperon. Une Noire très douée met un mois pour le broder.

Il évoque à de nombreux endroits dans ses lettres le monde des animaux, pour lequel ils ont tous les deux apparemment un faible.

Il a donné le biberon à un petit singe femelle, appelée Massina, très belle et intelligente. Elle a une jolie chambre avec une moustiquaire. Lui et le singe envoient souvent leurs salutations de conserve au chien « Punia et sa maîtresse ».

Avec le temps, son domaine de Luluabourg vécut une réelle expansion. Il y avait des moutons (« deux et demi »), deux lapins, deux pintades, des canards, des poules et près d'une centaine de poussins. Et une mangouste – *très curieux petit animal*, petit prédateur chassant les scorpions et les lézards.

J'imagine que ces récits réjouissaient beaucoup Wiera. Elle répétait sans cesse que les animaux ont atteint un niveau de développement moral bien plus élevé que les humains. Le sentiment de jalousie leur est inconnu et s'ils sont cruels, c'est uniquement pour satisfaire leur faim.

Massina est de plus en plus mignonne. Je n'arrive pas à me débarrasser de ces gens qui viennent en processions l'admirer et qui provoquent en elle une sorte de vanité. Quand nous sommes seuls, en revanche, elle est toujours aussi simple, directe et gentille.

Il ne cache pas que la présence de Wiera donnerait un sens au goût exotique des fruits, aux couchers de soleil sur Luluabourg, aux terrains inondés et rouges du Kasai vus du ciel. Sa fantaisie et *son énergie motrice* lui manquent beaucoup.

Ils avaient été unis par un passé pour beaucoup inconcevable, pour d'autres qui n'avait pas été le leur, mais en tout cas profondément partagé. Après tout ce qu'ils ont traversé pendant la guerre, il n'avait plus peur de rien, là-bas on l'appelait l'intrépide.

Après ce que nous avons vécu, écrivait-il à Wiera, *les peurs et les difficultés qu'on rencontre ici sont des enfantillages, sans compter qu'ici je gagne ma vie et j'ai une assurance.*

Ta dernière lettre fut pour moi un choc. J'étais alors sérieusement malade – pour la deuxième fois de ma vie (NOTE DE WIERA : *sic ! Qu'est-ce qu'il faut comprendre de ses lettres précédentes ? Espèce de sale menteur !!! Dans la prochaine, il me dira qu'il n'a jamais été malade de sa vie) et c'est pourquoi je me sens d'autant plus impuissant à l'idée d'un probable voire indispensable déplacement afin de venir témoigner. En même temps, j'étais conscient que le fond de l'affaire ne dépend pas de cela. J'ai eu comme l'impression que ma présence et mon témoignage en Israël pourraient seulement jouer en ta défaveur dans ton affaire* (NOTE DE WIERA : *???*). *J'avais peur d'écrire cela, car je me demandais si, si violemment impliquée tu n'allais pas prendre ma décision comme une esquive de ma part. Je trouve cela quelque peu dommage que tu n'aies pas eu l'instinct de te dire quelle manœuvre risquée ce serait de me faire venir et de me mettre sous les projecteurs.* (NOTE DE WIERA : *il n'a pas honte, le lâche.*)

En 1963 il déclara : *Bien sûr, je peux témoigner dans ton procès, devant Dieu le Père lui-même. Pense à moi et parle-moi pendant ton voyage. J'aimerais entendre ton « rire si puissant ».*

Et encore : *Ton utérus m'inquiète.*

Dans ta lettre, tu exprimes ta foi en la justice, l'honnêteté et la raison. Heureusement que tu es loin, sinon j'aurais certainement envie de te prendre dans mes bras contre ton gré. Les vieux messieurs idolâtrent les jeunes femmes si sages et si naïves.

Ma chérie, ne crois pas que ton honneur soit entaché. D'ici, vu d'Afrique, le cercle magique du mensonge se dessine très clairement. Ne joue pas les Don Quichotte.

Et encore : *Comment ça marche à la douane quand on envoie des choses par la poste en France ? Bois, raphia, ivoire.*

Et puis, c'est devenu encore plus dur pour moi que tu ne te manifestes plus. J'ai compris que tu m'en voulais ou que tu étais fâchée contre moi. J'ai toujours pensé et je pense encore que ce n'est pas dans ton intérêt d'intenter ce procès, mais évidemment j'aimerais t'être utile dans toutes les situations. (NOTE DE WIERA : *Non, petit fumier ! Tu avais peur des Juifs, parce qu'ils t'auraient bien coincé s'ils t'avaient demandé de montrer ta bite circoncise !*)

Comment se fait-il qu'ils aient gardé tous les deux ce secret pendant autant d'années ? Et pourquoi considéraient-ils cela comme un secret ? Ils se turent.

Ce sujet ne faisait ni partie de leur quotidien ni de leurs conversations. Elle savait. Elle devait savoir qu'il était juif. Depuis quand ? Est-ce que passer la guerre sous sa protection aurait été plus dangereux en ayant connaissance de cela ?

Son père, Jerzy Rubinsztejn, fils de Leïba et de Sima née Jezierska, fut confirmé en 1920, à l'âge de trente-quatre ans. Ce doit être à ce moment-là qu'il changea de nom pour prendre le nom de jeune fille de sa mère, qu'il utilisa tout comme ses deux fils.

Kazimierz Jezierski a beaucoup voyagé. Il est allé partout en Europe, il a vu la moitié de l'Afrique, il pensait aller en Australie, même pour s'y installer définitivement, ou au Vietnam, au Yémen ou encore au Liban. Il n'a jamais manifesté l'envie d'aller en Israël. Ni quand Wiera y habitait et donnait ses concerts ni plus tard. La terre des Juifs n'était pas pour lui synonyme de Terre promise.

Pour revenir à la situation actuelle, je pense qu'il n'y a rien de plus dangereux que passer à côté de la vérité (NOTE DE WIERA : *Pour qui ? Il n'y a que toi qui l'évites et ça te fait peur ! Moi, je n'ai peur de rien. C'est peu et pourtant c'est tout – chantai-je un jour ! Pauvre chou, je suis trop grande pour toi. Moi, je ne serais jamais allée raconter que tu es juif*) *car malheureusement depuis le début et par la force des choses, cette affaire est menée de telle façon qu'ils n'ont quasiment rien à perdre et c'est toi qui en subiras les conséquences et qui auras les choses les plus amères à avaler. Quand une personne dépose un dossier au tribunal, elle se met dans une position où n'importe quel voyou peut lui poser des questions insidieuses qui n'ont aucun rapport avec l'affaire mais qui peuvent mettre en jeu sa « credibility », c'est-à-dire que si l'on peut prouver qu'elle a menti, tout le reste de sa déposition peut être considéré comme faux. Si j'ai bien compris ta lettre, tu préfères coller à une vérité non retouchée et je suis d'accord avec toi. Je ne refuserai pas cette « coupe d'avilissement » qui est le prix à payer pour faire avancer cette affaire. Je pense que ce sera pour moi une façon de prendre une part, aussi infime soit-elle, à tes problèmes. En partant de ce principe, toutes les décisions sont entre tes mains.*

De tous les talents, il ne t'en manque qu'un – connaître des gens.

Il faut : *se désengager – avec modération ! Et étouffer son instinct de lutte !*

Il se prenait à rêver : *J'aimerais t'emmener à Santa Fe, comme dans une de tes premières chansons. Peut-être que tu te rappelais que rire de la bêtise humaine est le seul moyen de se sortir de la situation.*

Il la prévient qu'il pourrait exprimer des opinions tout à fait opposées à celles qu'elle considère comme raisonnables ou réalistes. Il considère sa vie active terminée, ce qui lui permet de garder ses distances vis-à-vis des gens et de leur frénésie, le protéger des erreurs typiques de jeunesse ou de ceux qui ne vieillissent jamais. *C'est de toi dont il est question.*

Il est rationnel.

Je n'ai pas l'impression que pendant l'Occupation les formalités de mariage aient eu une valeur juridique. Par conséquent, ce que tu as écrit ne peut heureusement rien prouver, car il n'y a pas eu de mariage religieux catholique ni aucun autre. (NOTE DE WIERA : *sic ! Le mariage a eu lieu à Lwów, mais c'était un mariage civil. Je n'étais pas pressée d'aller à l'église et déjà à l'époque je détestais la synagogue.*)

S'ils se sont mariés, c'était devant un fonctionnaire qui sous l'Occupation soviétique a validé leur union pour la vie. Cette union leur a permis de pratiquer la grammaire de la communauté qui était un moyen de survie pendant les années de guerre. Une femme mariée pouvait peut-être plus facilement survivre ? Certainement la femme d'un homme qui n'était pas condamné à mourir. Se sont-ils mariés effectivement ? Je ne sais pas. Je n'ai pas trouvé de documents le confirmant.

Ils sont peut-être encore cachés dans des archives en Ukraine.

Jusqu'au bout elle parla de lui en disant « mon mari », même s'il semble plus réaliste quand il disait qu'il n'y avait pas de tampon officiel validant leur union, tant civil que religieux, comme il le confirma après la guerre dans les déclarations faites à la Sécurité.

Et pourtant dans leurs lettres ils semblent plus proches l'un de l'autre que quiconque. Il lui confie ses soucis de visa, mais aussi ses problèmes stomatologiques, il discute avec elle des dilemmes de la vieillesse, elle lui donne les détails sur sa ménopause, lui demandant des conseils intimes pour l'âme et la gynécologie. Geste d'une exceptionnelle familiarité.

Il répond patiemment à ses questions quand elle lui demande comment alléger les effets de l'âge chez les femmes balzaciennes, comme les bouffées de chaleur, l'extrême nervosité, les insomnies. Il dit que cela passe tout seul au bout de quelques années. Il se souvient avec émotion que jeune fille elle rougissait déjà facilement et que cela la déprimait. Il essayait de plaisanter en lui disant qu'elle allait rajeunir. Il lui conseilla une thérapie hormonale, mais à condition de trouver un bon spécialiste.

Ce n'est pas triste de vieillir, écrit-il, *mais de se sentir jeune.*

Je pense que tu es jeune, tout simplement, et c'est une torture pour toi d'être confrontée au calendrier.

En 1964, il fêta son cinquantième anniversaire au Congo. *En définitive,* sa *vie entière avait déjà défilé ; une aventure intéressante quoique brève.* Selon lui, il ne lui reste qu'une courte prolongation. Etre confronté à de nouveaux buts, de nouveaux objectifs ne peut qu'être démoralisant. Il ne voit pas non plus pourquoi il devrait arrêter de jouer. C'est maintenant qu'il peut profiter pleinement des choses pour lesquelles il n'avait pas de temps dans sa jeunesse. Il lui raconte fier et amusé qu'il fait des progrès en natation, au tennis, et qu'il prépare sa licence de pilote dans l'aviation civile.

En 1974 il écrivait :

Il faut que je te dise qu'il y a quelques mois Isia est venue aux Etats-Unis et que notre mariage a été célébré ici, au bureau de l'état civil peu de temps après. J'ai fait tout – peut-être pas – mais en tout cas beaucoup pour la dissuader de passer un cap aussi dangereux, mais je n'y suis pas parvenu.

Je t'embrasse,

Kazik (manuscrit, au stylo)

Il épousa la jeune femme qui, sur une photographie d'avant-guerre, était assise sur les genoux de son frère dans le jardin de Podkowa Leśna, près de Varsovie. Isia Latoń n'était alors âgée que de quelques années, elle avait des nattes blondes et une jolie frimousse. Une longue amitié liait les familles Jezierski et Latoń. Quand ils se marièrent en 1975, elle était veuve et mère de deux fils. Elle avait dix-sept ans de moins que son mari.

Diplômée de chimie, elle travaillait à l'Institut d'hématologie. Affectueuse, charitable, sereine, elle aimait les gens et était facile à vivre. Le jardin était sa passion. Et Podkowa, son endroit préféré sur terre. Ses voisins et ses amis se souviennent du soin qu'elle savait porter aux plantes. Elle était particulièrement fière de son imposant datura, ce petit arbuste avec ses fleurs blanches en forme de trompette. Elle trouvait ces trompettes angéliques, même si cette plante possède des propriétés narcotiques et qu'on l'appelle communément l'herbe du diable ou la pomme poison. Elle s'occupait des oiseaux qui venaient à toute époque de l'année se nourrir dans la mangeoire. Quand elle vivait avec Kazik en Amérique, elle se mit à envoyer des colis alimentaires en Pologne. Elle aimait se sentir utile et avait de l'empathie. Elle mourut jeune, survécut quelques années à son second mari.

Kazimierz Jezierski est mort en 1994 à Podkowa Leśna.

Note de Wiera au crayon noir au bas d'une feuille :

2000. Je suis tombée par hasard sur cette lettre. Ça fait déjà quelques années que tu es dans ta tombe. J'ai eu un haut-le-cœur en la lisant, parce que je l'avais oubliée. La nausée est passée et je suis contente d'avoir pu me venger (c'est un grand mot). Apparemment, quand j'étais en Pologne peu de temps avant ta mort, tu attendais, tu espérais que je te téléphone. Ne pouvant plus attendre, tu as envoyé ta femme qui ne savait pas que tu avais été marié avec moi. J'ai décroché le téléphone chez des amis communs, et d'un geste du doigt j'ai montré que je ne voulais pas te parler. On t'a transmis l'information.

Je te le dis, à toi, à tes cendres, à tout ce qui reste de toi. Mais je n'arrive pas à me faire à l'idée que j'ai été si bête et aveugle.

Et pourtant, elle ne s'est pas débarrassée de cette correspondance. Des dizaines de lettres, de cartes postales liées par un ruban fané, comme il se doit. Un joli paquet. Des vœux de nouvel an et d'anniversaire. Dans une boîte à thé noire, elle gardait à part des timbres-poste. Ses préférés étaient les timbres d'Afrique avec des plantes et des animaux. Des chimpanzés, des girafes, des paons et d'autres oiseaux exotiques, des perroquets chatoyants, des palmiers et des cactus en fleur.

On pourrait ranger les cartes postales dans cet ordre, par exemple :

1956, Berlin : Strausberger Platz.

Liebling ! Mein Herz lass dich grussen, pamiętasz ?

Mon amour ! Mon cœur, laisse-moi t'embrasser, tu te souviens ?

1963, Genève, vue sur le Mont-Blanc.

Je viens d'arriver, je ne sais pas où je vais être logé, ni où je vais travailler.

1966, Lisbonne.

Je viens d'arriver d'Amérique, je passe par Lisbonne pour vérifier l'authenticité et la couleur locale d'une de tes chansons.

1966, Montréal, au recto un petit chien, un genre de terrier, avec d'énormes yeux implorants.

Dans les yeux ci-joints au recto on peut lire toute l'intensité de mes sentiments pendant ce séjour parisien. Je n'écris rien de plus car je suis un vagabond épuisé.

1968, sur une carte avec l'avion de la Sabena – *Salutations de la route vers l'inconnu...*

CHAPITRE 16

Elle aime quand je lui apporte des disques où elle chante

Elle aime quand je lui apporte des disques où elle chante. Ou des bandes magnétiques, enregistrées à la radio ou pendant ses concerts.

Elle écoute attentivement. Applaudit parfois de joie.

« Là, c'est beau, vous entendez, ce registre aigu, vous entendez ? Vous voyez la couleur ! »

Plus souvent – sévère.

« Ici – ce n'est pas propre. C'est moi, ça aussi ? C'est affreux ! J'étais ivre, d'amour... ce "l" dental vélarisé, vous entendez ? Je suis chanteuse, c'est morphologique. Mais je ne vais plus chanter ! Plus jamais. J'ai vu sur scène la fameuse Mistinguett et je me suis juré de ne jamais chanter quand je serai vieille dame. »

Elle me le dit une fois en polonais et le répète en français. Cette phrase est l'écho d'une décision, pas d'un désespoir. Elle secoue la tête de plus en plus fort.

Soudain elle se fait pensive. Elle se tait. Comme si elle laissait résonner ses souvenirs.

« La vedette sort des coulisses, si vous voulez bien. Allez ouste, ouste. »

Elle chante encore.

La danse nous a emportés dans son tourbillon... Elle attend que je réponde...

« Je reconnais, je reconnais un peu, mais il n'y a pas de doute, l'oreille et vous, ça fait deux... »

Elle ne me ménage pas. Je m'insurge (en jouant le même jeu qu'elle). J'essaye de me rattraper en me remémorant une version d'une chanson alors populaire sous l'Occupation (*Une Hache, une pioche*), sur des paroles de Szlengel :

Une pioche, une scie, le petit motif d'un pantalon
C'est du passé, révolu pour de bon
Vous vous rappellerez dans un an
Le Sztuka et Wiera Gran...

« C'est une autre vie. Celle d'avant le cauchemar, dit-elle. Ce n'est peut-être pas la mienne ? »

Une coiffeuse de star, ou plutôt ses accessoires, qui se regardent dans deux miroirs. Celui ordinaire de toilette et le rond en cristal appuyé contre le mur.

Une petite boîte en métal rouge et jaune, du Transitol *pour le traitement des constipations*[1] – une cuiller à café avant le coucher.

Elastoplast.

Fond de teint liquide Estée Lauder, poudre libre Revlon.

Cirage à chaussures argenté, brillance longue durée.

Lait nettoyant.

Mascara pour les cils noir, ombre à paupières verte, correcteur pour yeux fatigués blanc. Faux cils.

Flacon de parfum *Audace*, de chez Rochas.

1. En français dans le texte.

Diadème à mettre sur les cheveux remontés sur le haut de la tête : bon marché, avec fausses perles, ornements en satin blanc et crème comme des boutons. Perles noires en ruban – bijou pour le cou. Boutons de manchettes imitation or.

Comprimés contre la migraine.

Pastilles antiseptiques Burow venant d'une pharmacie israélienne.

Sachets de poudre pour bains de bouche.

Chausse-pied, Paris, rue du Louvre.

Sur le sol, un gros tas d'anciennes affiches. Lourds attributs de la gloire. Le visage replié. Les yeux impassibles.

Parmi des coquillages épars une feuille intitulée « Exercices pour le visage » : o, a, e, i, o, u en inspirant. Un dessin du front, deux points au-dessus des yeux sur les sourcils, étirement et froncement de rides simultanés. Lèvres – faire le poisson tout en essayant de les étirer.

Cintres en bois signés : VERA GRAN.

Etui à lunettes couleur argent avec quatre adresses sur le molleton : Varsovie, Tel-Aviv, Caracas et Paris.

Elle écrivit au dos d'une enveloppe sans destinataire :

Si je devais perdre mes facultés intellectuelles (de quelque manière que ce soit !) ou si je mourais, je désire et je crois que vous respecterez ma dernière volonté – qu'on ne donne les clefs de mon appartement à PERSONNE en votre absence, sous aucun prétexte. NE JAMAIS LAISSER les clefs chez la concierge ni chez le gérant de l'immeuble (c'est une clique de fascistes italiens !) ni à aucun administrateur de biens ou notaire – tant que je n'aurai pas établi de procuration, et si je n'ai pas le temps de le faire (je suis en train de rédiger mon testament), toute autorité qui voudra entrer dans mon appartement devra se munir d'une autorisation officielle et vous la produire. J'inclus cette clause car je ne veux pas que mes papiers, documents et notes (je suis en train de trier et de jeter des choses) tombent entre de mauvaises mains. Merci de bien vouloir attacher cette lettre à mes clefs. Pour moi c'est essentiel, et un refus de votre part ne vous causera pas de problèmes, car vous avez une procuration écrite qui fait foi de ma volonté.

Par conséquent et pour des motifs égoïstes je souhaite que vous me surviviez et ce, très longtemps.

Elle ne savait pas à qui elle écrivait. Parfois elle avait l'impression qu'il existait des Justes qui non seulement la comprendraient mais sauraient aussi prendre sa défense. Qu'ils témoigneraient devant les plus hautes cours, la libérant ainsi de son chaos quotidien. Qu'ils lui tendraient la main, lui feraient traverser les eaux, lui manifesteraient leur soutien. Elle n'avait confiance en personne et pourtant elle était prolixe et croyait dans le pouvoir des mots.

Elle essaye de me convaincre de prendre une petite poupée de paille que quelqu'un lui avait un jour apportée de Pologne.

« Depuis quelque temps je suis prise d'une panique digne de la "fièvre du départ", j'anticipe le dernier voyage, le plus lointain. Celui dont on ne revient pas. Cela ne se manifeste pas par l'achat de cadeaux (là-bas, comment et qui pourrais-je satisfaire ?!), mais par un grand ménage "en prévision" de ce voyage. D'ailleurs, non seulement je n'ai pas envie d'acheter des choses, mais je n'ai pas envie non plus de distribuer ce que j'ai. Parce qu'en définitive, il n'y a personne qui le mérite ou à qui je pourrais faire plaisir. Plus précisément, personne de vivant. »

Une boîte en bois tomba d'une étagère. Un petit coffret, comme ces souvenirs des montagnes polonaises. Le contenu s'était répandu par terre. Dans la poussière et les vieux journaux.

« Aidez-moi, ordonna-t-elle, et surtout ne regardez rien, remettez le tout vite à l'intérieur.

— Vous voulez peut-être que je ne touche rien, pestai-je.

— Peut-être, rétorqua-t-elle, si elle y arrive... »

Elle s'adresse parfois à moi à la troisième personne.

J'essaye de repêcher de petits cailloux qui se sont éparpillés sous la table et le lit. Elle contrôle chacun de mes gestes. Elle me presse. Elle marmonne, trouve que je ne me donne pas assez de mal. Et quand je lui tends enfin la petite boîte, elle revêt son plus gentil masque et me montre le contenu.

« Les topazes sont des pierres sacrées, jaune orangé comme le feu, elles donnent de la force. Les améthystes... vous savez qu'en grec cela signifie remède contre l'ivresse ? Elles soignent contre toutes les dépendances. J'en ai toujours gardé près de moi. Au cas où. Elles libèrent de l'angoisse. Les jaspes, les malachites, les agates... »

Elle jongle avec une relative adresse avec ce savoir de princesse des ténèbres.

« Et ce petit pot ? »

C'est un pot de confiture de la marque allemande ZENTIS. Traditionnel. Un pot de confiture d'hôtel miniature à la fraise. Couvercle en métal.

« Elle peut l'ouvrir. »

Derrière le verre épais, on voit des morceaux d'ambre, aux angles aigus comme des cubes ou arrondis, plus ou moins gros. Il y en a beaucoup. Et quelques miettes aussi. Sur un petit lit de coton bleu.

Je dévisse. Sur le dessus, une petite feuille pliée en quatre rédigée à la main d'une écriture élégante. En lettres d'imprimerie. *Calculs biliaires extraits de ma vésicule biliaire à l'hôpital Wolski de Varsovie 1949* et sa signature : *Wiera Gran*. Au verso : *MES DENTS DE SAGESSE extraites à Paris en 1979*. Signé : comme ci-dessus.

Il y a plus d'une vingtaine de cailloux. L'un est serti d'un fil d'or se terminant par une boucle. Pour un pendentif.

« Je dois prendre mes médicaments. Pour les nerfs.

En 1942, je me suis fait attaquer par des Allemands, ils m'ont battue de façon atroce. J'ai une cicatrice sur le front et une sur la mâchoire. J'ai perdu mon fœtus et j'ai avorté. Après j'ai eu une longue maladie, j'ai eu les cheveux blancs, je me suis mise à perdre mes cheveux. J'ai aussi arrêté d'avoir mes règles. J'étais presque aveugle juste après la guerre – à cause des nerfs. C'est aussi à cause des nerfs que j'ai eu la diarrhée pendant des années, des trépidations et des palpitations. J'ai aussi eu souvent des douleurs à la langue. Le père de l'enfant a été tué dans le ghetto. »

Le père de l'enfant a été tué dans le ghetto – cette phrase m'est arrivée tard. Elle m'a médusée. Alors elle était enceinte dans le ghetto ? De son plein gré ou malgré elle ? Se sentait-elle fière ou honteuse ? Heureuse ou violée ? Avait-elle peur ? Et de quoi ? Des reproches, de la douleur, du rejet, de la perte ? Ou peut-être était-ce une source de joie, d'espoir ? Elle sentait la vie grandir en elle.

Elle cherche ses médicaments. A tâtons sur la table, à l'aveuglette. Elle les extirpe de petites fioles, bouteilles, récipients, petites feuilles pliées, avec une dextérité que je ne lui connaissais pas. Elle devait être aussi adroite quand elle composait ses ornements floraux et ses herbiers.

Une pause dans le travail intellectuel.

Silence.

Je me suis arrêtée.

« *Ponyala ? Skaji chto ponyala.* Vous avez compris ? Dites que vous avez compris. Mon Dieu, d'où elle sort celle-là ? Quand je fais des digressions, il faut donner un petit coup sec dans le téléphone et j'arrête, parce que c'est une maladie comme ça. *Karacho. Bout zdarova kak korova i blochaya kak svinia.* (Bien. Aie une santé de vache et sois belle comme un cochon.) »

Se vexer ? Maintenant ou un peu plus tard ?

Au sujet de Noël :

« J'ai tellement d'épines dans la tête que je n'ai pas besoin d'un sapin de Noël. »

Effectivement, à quoi ça sert ? Ça sert à quoi aux Juifs d'avoir une crèche et un Seigneur nouveau-né. Elle ne célébra sa naissance qu'une seule fois, pendant la guerre. Chose qu'elle n'a jamais voulu reconnaître.

Ses chaussures. Pas grandes, un petit pied mais plutôt large. Toutes à talons, sauf une paire de chaussons pour la maison, bleus en éponge avec des pompons. Comme il faut pour une dame. Des escarpins pointus, au bout légèrement arrondi. De bon goût. Usés. De marque. La plupart en cuir de qualité.

Fatiguées. Trop portées. Encore élégantes, mais un peu déformées. La plupart ont le bout rembourré avec du journal. Les plus claires sont visiblement sales, quelques-unes ont des traces de sueur au talon. Bien entretenues. Ressemelées. Mais les années de service se voient.

Des vernies noires, des noires avec bordure argentée, le talon ouvert, fermées par une petite lanière. Sortes de sandales sans talon, ouvertes au bout. En velours. Claires, crème, tressées, le talon ouvert et une lanière rose, fermées. En satin, saumon avec un petit nœud. Marron, imitation serpent. Une paire seulement avec des embauchoirs – argentées, imitation écailles de poisson, sans talon ni bout.

Elles mettaient en valeur ses chevilles, élançaient sa silhouette. Elles avaient couru le monde, les trottoirs, les planches, les sols de cafés et d'hôtels. Les salles d'attente.

On pourrait les mettre bout à bout, tracer une route. La route d'une promenade ou d'une fuite. Vers la scène.

Forment-elles la somme des routes de son destin ? Où l'ont-elles emmenée ?

Le livre qu'elle a écrit à la fin des années soixante-dix s'intitulait *Les Messagers de la calomnie*. Elle l'appelait parfois « le réservoir de sang ». C'était la voix du désespoir, l'ultime tentative pour clamer sa propre vérité.

« L'écriture fut une thérapie salvatrice. Cela m'a empêchée d'ouvrir le gaz. Et plusieurs fois j'ai failli le faire. Cela m'a complètement occupée, à fond. J'étais dans un état d'excitation quasiment fébrile.

Je ne pouvais pas dire toute la vérité, il fallait que j'en taise une partie, sinon, ils m'auraient massacrée pour de bon. Mais je n'oublierai pas et je ne pardonnerai pas.

Ce n'est pas la première fois qu'en réponse à mes opinions bien arrêtées je m'entends dire que je suis folle. Si exprimer la vérité, dire ce qu'on pense et ce qu'on ressent est une preuve de folie – je veux bien accepter cette étiquette. »

Elle fit de nombreuses tentatives pour proposer son livre à des maisons d'édition françaises et américaines. Elle rencontra des traducteurs, fit des requêtes, implora. Fit beaucoup d'efforts.

Elle téléphona à Jerzy Giedroyc, rédacteur de la revue polonaise parisienne *Kultura*, et elle tomba sur un mur de défiance en la personne de sa plus proche collaboratrice Zofia Hertzowa. Mais il s'avéra plus tard que Giedroyc avait entendu parler d'elle. Ils se rencontrèrent dans un café.

« Il m'a écoutée attentivement. Il buvait mes paroles. Il n'a pas dit un mot. Il a accepté de lire mon livre. Mais pas de le publier. Il était sûr que cela se terminerait en procès et il ne pouvait pas se le permettre. En tout cas, c'est l'explication qu'il m'a donnée. Il me proposa de castrer le livre, de supprimer les noms de famille et encore toutes sortes de techniques d'esquive. Je n'étais pas d'accord. »

(*Toute cette succession de jugements et d'appréciations est littérairement faible, trop détaillée et écrite avec une passion compréhensible, et elle pourrait être considérée comme de la calomnie et finir en procès.*)

Elle ne dormait pas, ne mangeait pas, fumait des cigarettes... elle écrivait. Elle publia ses souvenirs en 1980 à compte d'auteur, pour pouvoir se consacrer à leur promotion les années qui suivirent. Non seulement il fallait qu'ils existent, mais ils devaient être lus. Et sujets à discussion. Visibles. Elle n'abandonna pas la lutte, nourrie de la nécessité de convaincre le monde de son innocence.

Plus tard, elle fut très reconnaissante à Stefania Kossowska, la rédactrice des *Nouvelles*, qui consacra une page entière à la critique des *Messagers de la calomnie*.

Edmund Neustein, propriétaire d'une librairie à Tel-Aviv, refusa de vendre ce livre chez lui. Wiera affirme qu'il lui a écrit une lettre pleine de fureur dans laquelle il interdit même de mentionner son nom dans le cadre de la sortie de ce livre. Au début, elle se rappela tous ceux qui avaient fait les louanges de son texte, mais avec le temps elle commença à les cogner aussi, comme Henryk Grynberg à cause de sa pièce sur le café Sztuka publiée en 1997.

Elle se souvient de sa visite en 1993 au bureau de Varsovie de la Société des auteurs et des compositeurs pour la scène. Antoni Marianowicz, son président, l'écouta avec attention. Elle lui raconta les années trente et les histoires sous l'Occupation. Prudent, il ne croyait pas ces jugements qui tombaient comme des couperets, ni ces images ressorties du ghetto.

« Est-ce que vous êtes sûre que c'était LUI ? L'avez-vous vu porter une casquette de policier juif dans le ghetto ? »

Elle me répéta cela plusieurs fois.

« J'ai hurlé, dit-elle, j'ai hurlé : sûre, à cent pour cent ! Je l'ai vu, je l'ai vu de me propres yeux. Le président Marianowicz s'est retourné et ne m'a pas serré la main. Il a disparu. »

Ils ne se reparlèrent jamais plus.

Elle raconta cette histoire à de nombreuses personnes. Sylwia Karchmar, chez qui elle s'arrêtait pendant ses séjours à New York et dont les parents l'avaient traînée, petite fille, aux spectacles de Wiera Gran, était à chaque fois émue par ce récit entendu il y a quelques années à Manhattan.

« Wiera jouait cela comme une actrice dramatique du théâtre juif. Elle criait : “Je l’ai vu, c’est lui, c’est lui.” Et ensuite : “J’ai des documents !! J’ai des preuves !”

Je me souviens des mains du pianiste ! Je les avais regardées pendant tant de mois dans le ghetto, elles étaient tout près de moi, il suffisait que je tende le bras... »

Elle se sentait mal chez Sylwia, dans l’Upper West Side.

« Il y a trop de fenêtres ici, trop de lumière. Je n’arriverai pas à m’endormir, se plaignait-elle. Chez moi, il faut être dans le noir. Je ne peux pas être vue. »

Sylwia confectionna immédiatement des rideaux avec des draps... Elle allait tous les matins au travail, Wiera restait seule. Un soir, le portier rapporta qu’une drôle de personne en robe de chambre très courte faisait des allers et retours en ascenseur en tenant quelque chose roulé en boule dans la main. « C’est vous qui l’avez invitée ?, demanda-t-il. — C’est moi. »

Elle cherchait la poubelle.

Sylwia avait l’impression que Wiera se sentait coupable d’avoir survécu. Elle jouait les pauvres hères. Elle se laissait inviter, transporter, entretenir. Mais elle était à la fois arrogante et fière. Ambivalente. Bouleversée, elle se tordait les mains à la vue d’une mendiante dans la rue. Peut-être se voyait-elle en elle ? Le fait qu’elle ait survécu lui interdisait-il tout luxe ?

J’écoute Wiera, tout le temps Wiera. Sans cesse Wiera.

« Le mensonge est le sperme du crime. Son ferment, sa raison, la tentation. Vous êtes d’accord avec moi ? Je suis précise jusqu'à l'inconscience, dans chaque mot, difficile de me surprendre à mentir. Je ne supporte pas ce sperme, aucun d'ailleurs, mais surtout celui du mensonge ! Je vis constamment dans la douleur de la suspicion.

Une poète en Amérique après avoir lu mon livre m'a écrit une lettre dans laquelle elle me traitait de STIGMATISÉE ! Effectivement, on ne peut pas le dire autrement.

Il faut réellement être intellectuellement déficient pour rester comme moi confiante et aimante comme un veau de lait quand on a encaissé et qu'on continue à encaisser des coups pareils.

Il y avait toujours quelqu'un pour me marcher sur le cor appelé le cœur…

Si quelqu'un ne se comportait pas bien avec moi, je partais en catimini, sans me quereller. Calmement, sans faire de bruit. L'amitié, c'est un grand mot.

— C'est peut-être pour cela que vous êtes seule, il faudrait peut-être être plus douce ?

— Non, je n'ai pas besoin de gens avec qui je devrais être indulgente. Je suis seule et ce n'est pas nécessairement un mal. Je dois admettre que j'ai besoin des gens, mais mieux vaut être seule qu'avec des gens qu'on ne respecte pas. Ou en qui on n'a pas confiance. A chaque nouvelle personne que je rencontre j'ouvre un compte dans ma banque morale : foi, bienveillance, sympathie. Et ça fait longtemps que j'ai fait banqueroute. Mais cela n'empêche pas l'ouverture de nouveaux comptes, sans prendre de garanties de l'usager. »

Elle s'appuya sur plusieurs objets – une pile de papiers du côté de la table, une boîte sur le réfrigérateur, le mur, le cadre de la porte – pour atteindre la cuisine. Pour aller, comme elle aimait le dire, câliner la bouilloire. « Les bouilloires avaient un certain faible pour moi. » Elle parlait gentiment aux prises électriques qui se déboîtaient et si elle choisissait les mots qu'il fallait, au bout d'un quart d'heure on pouvait espérer avoir de l'eau chaude. Comme maintenant.

Elle voulait absolument me servir de la confiture qu'elle avait faite elle-même. A une époque, elle aimait bien avoir des invités. Du thé Earl Grey jaune et des fruits sucrés dans des verres en cristal.

« Je n'ai jamais fait des confitures comme ça, de toute façon je n'ai pas d'appareil "à couper" les carottes, ni le réflexe de les mélanger avec des cerises. Le bocal est resté au fond du petit placard au-dessus de la porte de la cuisine qui est juste fermé avec un petit cadenas. Il venait d'être fait quand on l'a rangé, pur comme du cristal. J'ai tout lieu de penser que cette mélasse est pleine de poison. Ça doit être la femme de ménage ou la fatma qui est une voleuse, ou Veronika Laveque. Elle a écrasé des cafards ou craché dedans – en se réjouissant à l'avance à l'idée que je mange ça. »

Elle n'en a pas mangé. Moi non plus, même si ça sentait bon. Elle se plaignait que le Cogne ou sa bande étaient venus pendant la nuit et qu'ils avaient fait dégouliner du miel partout.

Le Cogne, Lui, cet Ennemi répugnant. Celui qui épie sa vie. Ce persécuteur imaginaire.

« Maintenant, je me colle partout comme une mouche perdue (éperdue). Je viens d'aller chialer dans les toilettes. »

Elle s'était préparée pour la première du *Pianiste* de Polański. Non, elle ne pouvait pas y aller, mais elle voulait savoir où et quand c'était. Un bon endroit. La salle du Palais de Chaillot.

« Les Juifs vont parler de moi. Ils vont se réjouir de me voir humiliée et bâillonnée. Mais je vais peut-être me requinquer et je réussirai à donner une claque à Polański.

Je suis juive, ils sont juifs. J'étais dans le ghetto et eux aussi. On a les mêmes droits. Et les salauds seront toujours des salauds.

C'est ça ma maladie, je balance la vérité, dans la figure, en plein dans les yeux. Pour moi, le mensonge, c'est ce qu'il y a de pire au monde. On se prend des coups si on dit la vérité. Et moi, j'en prends plein la gueule. Je me prends des coups, de partout. Jusqu'au sang. »

Quelques jours plus tard, elle m'accueille sèchement. Que je suis en retard, que la baguette, c'est pas la bonne. La couleur du raisin, non plus. Elle en mangera, quoiqu'il n'y a pas encore si longtemps, elle avait dû recracher le gâteau au pavot apporté de Pologne, et même le miel qui devait être au sarrasin mais qui avait un goût d'eau de vaisselle.

Je sens l'angoisse monter en elle, je sens la réalité se distordre. Ses formes et ses images quotidiennes sortir du cadre. Le monde imaginaire enfler.

Elle n'attend pas, finies les convenances. Elle se dépêche de raconter.

« J'ai fichu dehors la fatma qui me sert de bonne, parce que je ne pouvais plus supporter de voir sa haine et son mépris ; elle a tout de suite repéré les affiches en hébreu sur les murs (nota bene comme si cette pourriture d'arabe ne savait pas qu'en Israël il y a des artistes de toutes les confessions et de toutes les nationalités !). Donc, comme elle savait que je ne pourrais rien prouver, elle ne s'est vraiment pas gênée pour me voler. »

Elle ronchonne tout haut que je suis trempée, qu'il faut que je me sèche les cheveux. Et puis elle va me les couper si je continue de les toucher, ça l'énerve. Et que c'est très magnanime de sa part, ça m'évitera la pneumonie, mais je dois rester avec elle quand ils vont passer ÇA à la télévision.

C'est pour ça qu'il est venu, le sorcier de la télé. Il a tournicoté un truc, fait des merveilles et ça s'est allumé. Peu importe s'il est de mèche avec EUX. Elle ne l'a pas lâché des yeux, il n'est jamais resté seul un instant.

Elle attend le quartier derrière les murs, Varsovie occupée, le son du piano au café Sztuka à la fin de l'automne 1941. Elle attend sa voix à elle, un de ses tubes, peut-être *Son premier bal...* ?

S'attendre soi-même. Sans résultat. Supprimée du film, du passé, sans valeur.

L'étoile qui lui ressemble n'a jamais existé derrière les murs du ghetto.

Son mal et son sentiment d'injustice furent d'autant plus forts après le succès mondial du film de Polański.

L'interprète du premier rôle, Adrien Brody, pleura en recevant sa statuette. Il remercia le pianiste éponyme, le modèle, le vrai survivant dont le destin imprima sa ligne au film. Il lui dédia cette récompense, sa propre réussite à l'écran. Il pleura toutes les guerres et leurs tragédies. Le public l'ovationna debout.

Władysław Szpilman atteignit là-bas l'honneur de la béatification, devint le symbole de la survie héroïque en temps de guerre. Elle bouillait. La peine, l'amertume, le sentiment d'injustice grandissaient en elle.

1961, petit cahier à carreaux.

Mon Dieu, comme mon âme me pèse aujourd'hui !!

Seul Kazik serait en état de me comprendre parce qu'il sait la vérité.

Où en est ma naturalisation ? (Problèmes avec mon extrait de naissance, les témoins, erreurs dans l'orthographe du prénom Wiera, toutes ces embrouilles... les nerfs...)

Je n'ai pas de patrie. On m'a coupé mes racines. On m'a enlevé ma nationalité. Mon Dieu, quand vais-je enfin arrêter d'être apatride !

Entre les vieux journaux et les justificatifs des différents employeurs qu'elle a eus à Paris, il y a sa carte de séjour, le seul document d'identité qu'elle possédait. Elle n'avait de passeport d'aucun pays. Tout ce qu'elle pouvait produire était ce papier plié en deux rédigé en français. Il qualifiait sa propriétaire d'apatride d'origine polonaise. Elle n'appartenait à nulle part. Elle vécut près d'un quart de siècle en tant qu'individu privé de patrie dans un endroit où il n'est pas aisé d'être étranger.

En 1993, dans un questionnaire d'assurance, à la rubrique « situation de famille » elle nota « enfant mort ».

Elle me fatigue de plus en plus. Elle est de plus en plus repoussante. Ses petites notes, ses miroirs, ses gants, ses manchettes, les photos et les boutons qui s'éparpillent partout, les collections de timbres-poste et de boîtes d'allumettes d'hôtel.

Ses vieilles lunettes. Les premières, les plus anciennes, celles des années cinquante, soixante sont coquettes. Pointues, en yeux de chat, mouchetées, décoratives. Et à mesure que le temps passe, plus grandes, plus larges, plus lourdes. De moins en moins accrocheuses. Un autre regard sur le monde. Beaucoup de lunettes de soleil, qui se ressemblent, comme des reproductions.

Ses disques (*à ma si chère et formidable collègue, Mieczysław Fogg*), ses dictionnaires, ses livres sur la guerre dédicacés. *Les étoiles ne s'éteignent jamais...* Puis elle ajouta : *Mais elles tombent sur la terre...*

Un tome jauni des poèmes de Julian Tuwim de 1943 aux éditions de la Bibliothèque de l'union des patriotes polonais. Il tient dans la main. Elle lui a recollé les pages qui tombaient. Fatigué par la folie des orages...

Des dizaines de turbans, de toques, de bérets, de bonnets. Pas un seul chapeau.

Un béret basque jaune avec doublure rouge.

Un rouge en cuir avec deux surpiqûres et une étiquette *Göteborg*.

Un bonnet en fourrure de phoque.

Une petite toque en velours avec appliques argentées.

Un turban noir en soie froissée, orné d'une cocarde sur le côté gauche.

Elle, partout.

CHAPITRE 17

C'est à Lailly-en-Val, dans les environs d'Orléans...

C'est à Lailly-en-Val, dans les environs d'Orléans, qu'on la transféra à la fin de l'année 2006 après un long séjour à l'hôpital. Elle était trop faible pour vivre seule. Ce château, une ancienne demeure de la noblesse, situé dans la vallée de la Loire, fut octroyé aux réfugiés polonais à la moitié du siècle dernier. De sa fenêtre, elle voyait des platanes touffus et un vieux pigeonnier, une lourde et imposante bâtisse coiffée d'une voûte en pointe.

« Là-bas, dans la tour, il y a un grand mouroir à oiseaux. Des générations entières en couches superposées. La documentation de la mort. Ils les ont appâtés pendant des années, comment, je ne sais pas. Ils arrivent les uns après les autres attirés par l'odeur des leurs. Ils ne sentent pas le piège. Ils se rassemblent. Et ensuite ils se posent les uns sur les autres. Des corps, des ailes, des os.

Il en arrive d'autres. Des multitudes. Ils sont enfermés là-bas sans air. La nuit seulement ils ouvrent les loquets, les font sortir, les laissent voler. Un moment. Je ne sais pas comment ils font ensuite pour les rappeler. Peut-être qu'ils reviennent tout seuls pour être ensemble, à côté, dans cette chaleur commune, avec leurs enfants, leur famille, à demi morts, peu importe, ensemble il ne peut rien leur arriver de grave. Les murs sont étanches. Les guérites bien gardées. Pas de verdure. Pas d'arbre. La porte claquée au flux de vie.

Le mouroir à gens est en dessous. Les oiseaux expirent étouffés plus près du ciel. C'est plus facile pour eux. »

A Lailly-en-Val, nous dansons la valse. Un disque d'avant-guerre. Elle chantait les mêmes chansons dans le ghetto. Ne plus faire attention à la mort. Elle savait lutter contre les fantômes. Une voix sensuelle, une robe dos nu, les applaudissements. Les échos d'un passé coloré dans le cadre du couvre-feu.

Elle, dans une robe de chambre rose fermée avec des épingles à nourrice, moi en noir. Elle m'arrive à la poitrine. Elle me tient d'une main crispée pour ne pas tomber, mais en même temps, elle s'efforce de guider, de donner le tempo. Elle essaye. Elle roule des yeux, coquette, elle veut séduire et elle pleure, parce qu'elle porte cinquante ans sur les épaules, et marcher c'est difficile, comme trouver le rythme pour ne pas avoir la tête qui tourne. Elle balbutie chaque pas de danse. Un sourire. Large, la joie, elle danse, nous dansons... Jadis elle voulait danser sur scène.

« J'ai les jambes qui meurent... les jambes en premier. La vermine me ronge de l'intérieur.

Mes jambes m'abandonnent... »

La danse comme un accomplissement. La danse comme une récompense. Oublier, s'oublier.

Une petite chambre. L'odeur étouffante de vieille dame. Comme celles d'autres vieilles dames, rien de particulier. Sans relent de parfum. Une humidité, plutôt. Un mélange de sueur, de sécrétions corporelles et de résignation. Les volets restés fermés depuis la nuit dernière. La pénombre. Une semi-obscurité pas naturelle dans ce début d'après-midi trompé par le changement de scène de jour en scène de nuit. Un lit et une table, les accessoires de base, les seuls indispensables, quand la fin approche. Un lavabo et une chaise avec un pot de chambre, qu'elle m'invite joyeusement à utiliser.

« Là, je ne peux pas vous aider, c'est en libre-service... », ironise-t-elle. Elle a encore de la force.

Elle ne se laisse pas photographier. Elle cache son visage de ses mains. Je fais la même chose. Nous sommes assises l'une en face de l'autre pendant un petit moment, à nous regarder à travers nos doigts. C'est elle qui se met à rire la première.

« Je suis un clown. Je suis obligée. Pour m'en sortir avec moi-même. Sinon le destin est trop dur. Un enfer. Vous savez ce que c'est l'enfer ? Vous ne savez pas, vous n'en avez aucune idée, pareil pour le ghetto. »

Aujourd'hui, pas un mot sur le persécuteur, dont il ne faut pas prononcer le nom, ni sur les Arabes, qui avaient investi sa maison et dont il était difficile de se débarrasser. Ils ont d'abord occupé la salle de bains, puis l'étagère au-dessus du lit. Une foule s'était installée là. Ils papotaient, faisaient les idiots, ronflaient. Quand la main de l'un d'eux tomba pour la première fois sur sa tête, elle appela la police. Mais ils refusèrent d'intervenir la nuit. On la prit de haut. Ce qui permit aux autres de se sentir chez elle comme chez eux. Saloperie.

A Lailly, ils se souviennent de Wiera comme d'un personnage haut en couleur, comme d'une femme avec de la classe. Apparemment, elle avait le droit de tutoyer tout le monde. Elle était arrivée en méchante sorcière, hurlant et les cheveux hirsutes. Elle s'apaisa avec le temps, quoiqu'elle aimât toujours dire des insultes. « T'as fini, connasse… ? », disait-elle à une jeune infirmière qui lui essuyait le derrière. « C'est l'amertume, expliquait-on. Elle est extravagante, peut-être, mais elle a une âme d'artiste. La vie s'était mal comportée avec elle. » Elle refusait les repas en commun. Elle ne participait pas aux activités en groupe, n'allait pas à la gymnastique ni aux exercices de mémoire, de peinture ou d'écriture de poèmes. Elle ne chantait pas. Elle ne voulait pas en entendre parler. Parfois elle fredonnait dans sa chambre.

Elle méprisait ses compagnons d'infortune. Elle ne voulait pas regarder les vieillards. « Une centaine de dégénérés difformes ! Qu'est-ce que j'ai fait pour mériter ça ?! »

Il n'était pas rare de la voir dans le parc relever les pans de sa robe de chambre pour leur montrer. Quoi ? Ses jambes, sa culotte, un secret de jeunesse ? « Pourquoi vous me faites tous ces trucs ? » – elle mignardait, pleurnichait, criait à pleine voix, et répétait avec délectation « bon sang de Christ ! ». Elle s'amusait du scandale que provoquaient ces mots articulés dans une bouche juive. Elle se plaignait que les Juifs sont des voleurs.

Elle criait à des réalisateurs : « Foutez le camp, allez-vous-en de ma fenêtre, maudits paparazzi ! Et ils sont venus jusqu'ici pour me retrouver ! »

Elle racontait le ghetto, comment elle chanta avec Aznavour. Elle avait l'impression d'être une étoile : « Pas question de manger en telle compagnie ! » Elle ne voulait être trop familière avec personne. Elle avait de la classe. Elle faisait tout pour être une dame. Elle parlait beaucoup de ses spectacles sur scène, elle montrait son album de photos.

C'était une langue de vipère. Elle disait que les chanteuses françaises couchaient. Piaf par exemple. Que cela faisait partie du code dans ce milieu.

Une autre pensionnaire, une femme grisonnante originaire de Radom, me saluera avec indifférence dans le hall avant le déjeuner et lorsqu'elle entendit que je m'occupais de Wiera Gran, je ressentis de l'animosité dans son attitude. Je me dis qu'elle était jalouse des autres femmes.

« Vous vous souvenez de Wiera Gran, Madame ?

— Je m'en souviens.

— Et vous pouvez me dire quelque chose sur elle ?

— Je ne peux pas. »

Silence. Regard défiant. Une rancœur agressive. Pas un mot.

Finalement, une femme allongée dans son fauteuil roulant qui me regardait articula distinctement, lentement :

« Et c'est vous Wiera Gran ? »

Déjà un nouvel endroit, le 27 mars 2007.

119 rue du Chevaleret, une petite chambre dans la maison des sœurs polonaises de la Charité où le poète romantique Cyprian Kamil Norwid est mort. Maison de repos Saint-Casimir.

« Qu'est-ce que vous avez volé, connasse ? »

Les cheveux relevés, attachés par un élastique rose, sa queue-de-cheval grise s'étale sur l'oreiller. Je remarque immédiatement sa main droite inerte. Je la caresse. Elle serre.

« Mamotchka, où es-tu ? Ils l'ont prise, il l'a prise, il la tirait par les cheveux. Il était à la chasse. Je sais que c'est lui. Est-ce que vous savez qu'on peut se contenter d'un seul cri, mais qu'après c'est le silence ?

Geld, Geld – il fallait le voir à la chasse. Les yeux mauvais, et cette façon de faire attention à ses mains. Irréprochable. Rien ne doit arriver à ces mains, elles joueront encore un jour Chopin.

Il était amoureux de moi. Il m'a composé le *Bal*, et après... Quel prix j'ai dû payer pour ça !

Un excellent pianiste, excellent accompagnateur, et gestapiste hors pair !

Ma mère, c'était tout pour moi. Il m'a pris mon cœur. Wiera, Wierotchka, il me suffisait de tendre la main pour prendre le nichon.

Tiepier zabyla (Maintenant j'ai oublié). Ah oui, il voulait me vendre à un bordel. Je n'étais pas d'accord. A vrai dire, je n'ai jamais été tentée par ce boulot.

Et d'ailleurs, je ne me vends pas pour rien. Je ne me suis jamais vendue pour rien.

« Maintenant commence ma catastrophe, la vraie catastrophe..., murmure-t-elle. Voilà de petits oiseaux. Ils se sont envolés. Ils reviendront. » Elle sourit. Calme.

« Je suis vivante. Vivante et pas parmi ces... cadavres.

— Lesquels ?

— Les morts. Je ne me rappelle plus les visages. Ni celui de maman, ni celui de mon petit garçon. Ils sont comme dans une nuée. Ils s'effacent. Je suis incapable de faire ressurgir une image familière. Et je ne reconnais pas ceux qui apparaissent dans le brouillard.

— Je ne suis pas encore devenue folle... *S ouma jechtchonie sochla*, mais *no ouje nie dalieko*, ce n'est plus bien loin.

— Et vous en avez l'intention ? »

Elle rit.

« Et toi, *svolotch* (salope) !

Une petite rue de Barcelone... Tout dans la vie a une fin – elle chante. Faut mettre la folle derrière les barreaux. Je crois que votre visite est terminée.

Je sens la faiblesse de Wiera grandir. Elle se révolte encore, elle joue encore l'indépendante. Elle se protège contre la sensibilité qu'elle voudrait manifester à ma vue. C'est seulement quand je sors qu'elle m'appelle, à la porte. Elle se fait cajoleuse, elle voudrait m'arrêter. Elle me remercie d'une voix câline. Dans toutes les langues qu'elle connaît. *Toda raba,* merci. *Muchas gracias*. Elle est plus silencieuse. Un élastique en tissu rose maintient ses cheveux en un chignon bien tiré, une vieille Barbie ratatinée, une poupée, une élégante artificielle. Cela nous attend tous, la fatalité de cette condition fait remonter des relents de pitié.

« La vie, ça pue, marmonne Wiera, un bouquet particulier de fumier. »

Six mois plus tard.

Un autre visage, muet. La bouche en creux. A cause des dents qui manquent. Elle fait sans cesse tourner sa langue. Elle moud, vérifie, cherche. Elle parle dans un murmure, de derrière la fenêtre arrive un bruit agressif – celui des trains qui passent. On a l'impression que tout est fort, même le tic-tac d'une montre. Les bruits attaquent, l'agression vient de l'extérieur.

La bouche béante. Les cheveux sur le menton. Les mains immobiles. Lourdes.

« Non, je ne suis pas devenue folle. Et c'est dommage.

Ça fait mal, bobooo, bobo – elle pleurniche, quand je lui touche la main. Bobo. Ça fait bobo !

— Allez, concentrez-vous.

— Je me concentre. Et je vais peut-être nous faire un petit caca. »

Ses mains. La droite est morte, lourde, noueuse. Mais la gauche faiblit aussi, elle ne fait plus les petits papillons. J'essaye de la réconforter. Ça fait bobo.

Tournée contre le mur. Elle porte une couche. Pauvre Wierotchka. Pauvre menotte, ma pauvre petite menotte. Elle parle d'elle-même comme une petite fille. *Imiela kogda tchest i khvalou, a tiepier mnoga gavna imieïet so vsekh storon !* (Avant elle avait les honneurs et la gloire, et maintenant plein de merde de partout !)

Elle fredonne, fredonne à demi. Se lamente. *Mon tiroir que j'ai fermé à clef.*

« Un de mes tubes, vous vous souvenez ? La scène, l'éclat des projecteurs. C'était mon pain quotidien. Mais on peut faire sans pain.

Je suis seule ici ? Ou peut-être on est deux ? La pauvre petite à côté de moi s'est endormie. Elle a l'impression... *Yei kajetsia, chto ona miejdou artistami* (Elle a l'impression d'être entre artistes).

Il faut savoir écrrrire. *Vsio i nitchevo* (Tout et rien). Moi, je ne jette rien, pas la moindre chose. J'ai tout ça dans un tiroir.

— Est-ce qu'on peut voir ?

— De loin. Là-dedans, il y a beaucoup de pages noires et beaucoup de lettres noires. Il faut savoir y survivre. Les lettres noires. Il faut les avoir gravées dans la peau. »

Ecrites. Inscrites. Marquées au fer.

« J'ai mes petites ruses mentales. Derrière la fenêtre, des trains, pourquoi cette chambre justement, cet hospice, et l'Umschlagplatz, et Treblinka, les trains, le roulement monotone, éreintant... J'entends des petits pas, bobo, bobo, merde, si c'est moi qui prépare le dîner, je ferai un tzimmes. Ça fait longtemps que je n'ai pas fait la cuisine. »

Non seulement elle est faible, mais sa pensée est rompue, il lui manque des mots, elle chantonne une vieille comptine *un petit train s'en va, s'en va dans la campagne*, vers un destin inconnu, comme là-bas, comme avant, les trains en direction de la mort, elle ne sourit pas, *petit train sois gentil*, roulement monocorde, *sois gentil, avec les petites filles de Varsovie.* La rame de métro approche de la station Bibliothèque François-Mitterrand. Elle redevient enfant. Les cheveux gris, elle serre fort son oreiller à rayures.

Elle chante, elle fredonne, marmonne en russe : *Kak priatno vietcherami...* (*Comme les soirées sont agréables...*). *Z nacheï malenkoï... jenoï* (*Avec notre petite... femme*). Des échos de Vertinski. L'accent mou. Elle regarde sur le côté, puis au plafond. Elle voit sans cesse quelque chose. Qui est là ? S'il vous plaît ! Qui est-ce ? Il n'y a personne. *Podajdi, te iechtchio ne znaïech, a ia iouje vijou.* (*Attends, tu ne sais pas encore, mais moi... moi, ça y est, je vois*). *Ia doumala, chto vidne moï slioze.* (*Elle pensait qu'on verrait mes larmes*).

« On remue la main ? *Motilek* ? »

Elle essaye de faire danser sa main comme avant. Elle l'appelle du diminutif russe, *motilek*, le petit papillon. Elle n'a plus de force pour la pantomime des mains. Anesthésiées.

Le même élastique rose tient sa queue-de-cheval. Une vieille petite fille qui porte des couches. Bagarreuse, non, plus maintenant, seulement les cheveux accrochés comme pour jouer à la corde à sauter, comme pour aller dans les prés un après-midi d'été, quand elle ne connaissait pas le goût de la cendre. Ensuite, tout avait cet arrière-goût amer : « les petits Youpins brûlent, madame le docteur, regardez madame, là-bas, il y a les petits Youpins qui brûlent. »

Fleurs en chatons, petits chatons gris, la nature encore silencieuse, dépourvue d'intelligence. Elle regarde par la fenêtre, ouverte sur un champ, elle voit des buissons, des arbres, elle ne veut rien voir d'autre. Pas de sombre lueur à l'horizon, pas d'horizon, ni de fumée, elle ne voit pas le feu. Elle ne les voit pas non plus sauter par les fenêtres ouvertes, ni brûler. Elle ne voit pas les torches humaines.

Le manège non plus. Elle ne l'entend pas, ne le voit pas tourner. Le froissement des robes bleues à pois, le tourbillon excité du monde dans son élan et sa course, car le printemps a ouvert les yeux, car le soleil porte l'espoir, et tout n'est pas encore perdu puisque les saisons continuent de tourner.

Une chanson mécanique, un disque rayé, en avant la musique, syllabes sifflantes, rythmées, *l'infidèle l'abandonne*, des tubes. Pas les siens, des tubes inconnus. Interdit de chanter. Elle ne connaît pas les notes. Elle n'a rien à voir avec tout ça. Elle n'a pas de voix. Elle n'arrive pas à la faire sortir.

« Madame le docteur, vous êtes toute pâle… »

« Ils brûlent, brûlent. »

Les yeux fatigués, pleins de larmes, embrumés, ne voient plus rien, larmes, ou non-larmes, les larmes sont la miséricorde, ici tout n'est que misère. Mi-ombre, mi-ténèbres. Mi-présence, non-présence…

« Où est-elle passée, cette dame qui était là pendant un certain temps, et qui régnait ici…

Le tiroir : maman et papa sont là-dedans, mais moi je n'aime pas avoir à me briser le cœur sans cesse. »

Elle soulève la main, tout le bras, avec difficulté, mais jusqu'au front quand même, dans un mouvement lent qui imite un geste de scène, répété. Etudié, ancré depuis des années dans ce corps, de moins en moins docile. Ce geste qui jadis devait fasciner, attirer, séduire, n'est maintenant que l'expression de la peur. Elle veut se cacher, se protéger du monde. Avant elle disait : me voilà, admirez ; maintenant : fichez-moi la paix. Assez.

« Quand vous reverrai-je ? *Vosmojno chto nikogda* (Peut-être jamais). »

Le contour des yeux blanc, la peau si diaphane, qu'on y voit son intérieur, les couloirs, les canaux, les toiles d'araignées. Wierotchka, *idi spat', idji v kibini matèr* (Va te coucher, va au diable). Elle suce du chocolat comme une tétine, la petite fille de Liba. Elle s'endort.

Je suis venue la voir, je suis venue mourir. Je l'ai tenue dans mes bras, je l'ai prise en moi. On s'enlisait et on se relevait ensemble. Comme dans un berceau. La chute et l'envol, dans cet ordre-là. S'enfoncer et donner un coup de talon.

Elle se réveillait et le printemps s'épanouissait.

Elle me reconnaît à ma voix. Ou alors c'est l'impression que j'ai. Je me penche sur elle. Je l'enlace.

Je lui tiens les mains. La droite. Bouffie et crispée. Molle. Près de moi, plus près du lit. Je la soulève délicatement de mes deux mains, comme un nid, je lui détends doucement les doigts. Elle fait la grimace. Ils ne se laissent pas faire facilement, *celui-là l'a plumé, celui-là l'a fait cuire,* ils étaient longs avant, agiles, les ongles polis, manucure soignée. « Serrez fort ma main. » J'enroule ma main autour de la sienne. Je la relève et je l'étire, je la relève et je l'étire. La douleur se calme, elle se laisse bercer. J'essaye à nouveau de l'ouvrir. Elle se détend à peine. En cône. L'odeur est plus forte.

Je repose délicatement la main droite, un bout de couette roulé à l'intérieur pour lui montrer ou lui rappeler l'espace d'un instant qu'elle savait le faire.

Elle savait bouger. Elle était capable de se déplacer et de danser avec grâce. Une de ces deux ballerines oubliées. Il y a quelques mois encore, elle était capable de m'attraper sous le bras, de mener la danse, de se cacher devant l'appareil photographique.

Ces mains que je connais depuis des années étaient douces et savaient sentir le rythme. Ornées d'une améthyste, d'un petit diamant, de perles. Elle leur avait appris à ondoyer en volutes dans l'air, comme des animaux marins ravissants et graciles. Des méduses lascives. Faire le petit papillon ? – elle voulait encore faire du charme, alors.

La gauche, c'est différent. Fine comme avant, étalée comme une étoile de mer, plus calme qu'auparavant. Fatiguée ou paresseuse ? Le petit papillon ? Elle ondule des doigts, douce acrobatie. Elle essaye sur une mélodie ancienne, c'est lourd, ça ne flotte plus. Ça ne l'écoute plus.

Les yeux. Ils arrêtent, de plus en plus profondément, de plus en plus hermétiquement, la lumière et les images. Ils étouffent la clarté qui vient du monde. Abandonnée.

Une chemise à petites fleurs bleu-vert. La couche remontée sous les seins. Elle arrivait à trouver une meilleure position si elle se faisait plus petite, infantile. « Wierotchka, le nabot. » Elle a toujours été petite, la grande Wiera. Il en fallait du toupet pour porter un surnom pareil. Gran. Grand. Grande. Grande. Petite. Grande.

Photographier la vieillesse. Photographier la mort. Elles font la même grimace résignée.

Sœur Aniela, qui resta aux côtés de Wiera dans son agonie, dit qu'elle n'avait pas peur. Elle était prête à mourir. Elle croyait en Dieu, affirme la sœur. Peut-être à sa façon, à l'israélienne, mais elle était croyante.

Les sœurs de la Charité prièrent en son nom et pour elle, à côté d'elle. Il leur semblait qu'elle reconnaissait *Notre Père...* A moi, en ma présence, peut-être était-ce pour elle-même, elle parlait de la liberté face à l'ultime vérité qu'est la mort. « Si tu es Dieu, murmurait-elle sans son dentier – on craignait qu'elle s'étouffât avec – et donc si tu étais Dieu... tu ne m'aurais pas fait ça. Et puisque... et puisque ça s'est passé comme ça, ça veut dire que tu n'es pas Dieu. »

« Je ne suis allée à aucun enterrement de ma vie. Qu'est-ce qu'on fait à un enterrement ? C'est absurde. Enlacer la terre ? Pour quoi faire ? »

Elle ne se rappelle pas la mort de son père. Elle n'était pas présente lors du départ de sa mère. Elle ne sait pas où elle s'est fait prendre – dans la rue ou chez elle – ni comment et quel jour on l'embarqua dans le train sur l'Umschlagplatz. Et quand a-t-elle su, déjà sur place, à la station de Treblinka ou ensuite dans la chambre à gaz de cinquante mètres carrés, dans la cohue et les sanglots, que c'était la dernière route ? Parfois, au lieu de dire « Treblinka », elle disait « Trawniki[1] ».

1. Trawniki : annexe du camp de concentration de Lublin-Majdanek.

Les trains du ghetto de Varsovie finissaient-ils aussi leur course là-bas ? Et cela aurait-il pu être mieux ou pire ? Pour la peur, pour les couleurs de l'agonie ? Le destin de ses sœurs n'a pas plus de forme ou d'extrémité. Elle les a vues pour la dernière fois ensemble le matin du 2 août 1942 alors qu'elle quittait le ghetto. Elle se souvient qu'il faisait très chaud.

Son petit garçon de trois mois est mort de faim. Elle n'a jamais dit l'avoir accompagné au cimetière.

Disparus aussi les hommes et les chiens. Tout aussi insignifiants.

Jamais de larmes à l'évocation de toutes ces morts. Sauf celle de sa maman.

« On n'a pas le même regard sur le monde, vu de haut, me dit-elle il y a un certain temps. Dans la position debout, ou même assise. Tout simplement, par la fenêtre, dans la rue, sur un banc. La scène, c'est le paradis, il ne faut pas exagérer avec ces privilèges. Ce n'est pas un dû, ça ne l'était pas. A l'horizontale, vu des escarres, c'est comme vu du cercueil. Brûlez-moi, éparpillez-moi au pied d'un arbre, que les chiens me pissent dessus. Ça me fera chaud à l'âme. Et puis voilà. »

Elle s'enfonça sur elle-même, sans coquetterie, à la fois avec lassitude et soulagement. En elle. Sa dernière planque. Un bunker où pour la première fois en un demi-siècle la peur ne lui laissera pas ses stigmates.

12 décembre 2007

12 décembre 2007, cimetière de Pantin en banlieue parisienne. Trois semaines après l'enterrement.

Il n'y a rien. Pas de plaque, pas de fleurs, pas un signe. La terre argileuse et marron qui s'imprègne colle aux chaussures, l'aspire. Perdue, j'essaye d'identifier la tombe. Je compte les numéros selon les instructions du fonctionnaire spécialisé dans la mort : 122-20-24. Plusieurs fois. Je ne trouve pas.

Je ne l'entends me souffler aucun indice, pas de voix, pas d'écho.

Je me tiens enfin devant le carré indiqué. Nu. Pas la moindre trace, pas de nom. Au fond, quelle différence. Ses proches, non plus, n'ont pas de tombe.

Remerciements

J'ai passé plusieurs années avec Wiera. Les dernières années de sa vie. Pas tous les jours, il y eut des pauses, plus ou moins longues, parfois de plusieurs mois, mais pendant tout ce temps elle ne cessa d'être présente. Comme après son départ, elle est restée avec moi. Cela fait bientôt trois ans.

Nos rapports furent incroyablement forts et lourds émotionnellement. A la fois pleins d'affection et de réticence. Pleins de ce besoin impérieux qu'avait Wiera de se défendre contre ses ennemis, réels ou imaginaires, et contre elle-même.

Il me fut souvent difficile de porter tout cela.

J'admire sa combativité et sa détermination. J'ai essayé de l'écouter et de la soulager. Sans la participation de Wiera Gran, ce livre n'aurait pas existé. Sans sa permission, sa présence, ces conversations de plusieurs heures, ces monologues, je n'aurais pas pu approcher son monde et son secret.

Je suis reconnaissante au sort de m'avoir donné cette possibilité.

Andrew Green, l'unique héritier de Wiera, fit en sorte que j'aie accès après sa mort aux documents qu'elle avait laissés. Il m'a autorisée à les utiliser et à choisir tout ce que je considère comme important (livres, partitions, disques, photographies, correspondance) et qui permet de mieux la comprendre.

Je n'ai pas écrit une biographie. Je voulais raconter son histoire pour qu'elle soit mise à l'épreuve par quelqu'un qui – comme moi – n'a pas vécu la guerre, mais qui par le fait d'implications familiales n'est toujours pas « sortie du ghetto » depuis des années. Ce n'est pas une monographie des réussites artistiques de Wiera Gran, ce sont mes rencontres avec elle, des comptes personnels du temps de l'holocauste, qu'il ne m'a pas été donné d'éprouver et qui est invariablement présent dans chacun des choix que je fais dans la vie.

J'ai commencé par rechercher des témoins de son destin. Pour me rapprocher d'elle, la connaître autrement. J'ai essayé à de nombreux étages du temps, dans différentes périodes et dans plusieurs pays.

C'était un défi difficile. Souvent compliqué, car – paradoxalement – pour Wiera et d'autres comme elle, la guerre n'était pas totalement synonyme de la fin de l'enfer. Les survivants, les victimes d'Hitler n'ont jamais cessé de lutter. Ils se sont empêtrés dans un enchevêtrement d'accusations réciproques dont il fut difficile de trouver une sortie sur le côté clair.

J'ai constamment eu le sentiment d'avancer à travers la matière bourbeuse de sa mémoire, vacillante et changeante, rappelée à la vie souvent dans des contextes contradictoires et à des fins très diverses. Les interprétations des événements antérieurs changent de forme selon un plan inconnu de nécessités inconscientes.

Plusieurs fois je ne savais pas si j'étais en présence de la vérité ou de l'une de ses nouvelles incarnations.

A Varsovie, j'ai encore eu l'occasion de m'entretenir avec une amie de Wiera de l'école de danse Irena Prusicka – la ballerine et auteure satirique Stefania Grodzieńska (aujourd'hui décédée). Elle la connut le plus longtemps, elles se fréquentèrent dans leur jeunesse et encore quelques années après la guerre. Après le départ de Wiera elles restèrent également en contact. C'est un témoignage important du chemin qu'elles ont emprunté ensemble.

C'est la grande actrice Nina Andrycz qui me raconta la toute jeune et phénoménale Wiera du Paradis d'avant-guerre.

Marcel Reich Ranicki, à l'époque jeune traducteur pour la commune et critique de la *Gazette juive*, l'a vue dans le ghetto. Je me suis entretenue avec lui et sa femme dans leur appartement de Francfort-sur-le-Main. Teofila Langnas se souvenait également avoir vu Wiera dans les spectacles qu'elle donnait au café Sztuka dans le ghetto. Nous avons évoqué la vie quotidienne dans le quartier fermé et les choix que celle-ci imposait. Et la soif d'art, malgré tout.

Les participants à l'insurrection du ghetto de Varsovie et ses habitants connaissaient Wiera Gran, mais tous ne s'en souvenaient pas volontiers. Pour le temps et l'attention qu'ils m'ont consacrés, je veux remercier : Ala Edelman, Marek Edelman, Kazik Ratajszer (Simha Rotem), Israel Gutman, Jerzy Szapiro.

Wiera était un personnage qui ne laissait que très rarement indifférent. Elle était tout autant aimée que détestée. Femme de caractère, elle provoquait des sentiments exacerbés allant de l'admiration à un ressentiment hostile. J'en ai parlé avec des personnes qui l'ont rencontrée tout au long de sa vie ainsi qu'avec des gens qui la connaissaient de réputation. Outre les gens cités plus haut :

A Varsovie : Olga Johan.

A Katowice : Jerzy Płaczkiewicz.

A Paris : Jerzy Giedroyc (décédé depuis), Bronisław Horowitz (également décédé), Maria Sartowa, sœur Aniela de l'ordre des sœurs de la Charité de la maison de repos Saint-Casimir.

A Lailly-en-Val : Marek Szypulski.

A Tel-Aviv : Natan Gross, Henryk Weksler (Ran Kislev), Alksander Klugman.

A New York : Sylwia Karchmar.

Ces rencontres furent aussi diverses que les témoignages qu'elles suscitèrent. Plus ou moins bienveillants, plus ou moins compréhensifs, révélateurs, pleins d'enthousiasme, d'admiration ou d'irritation, d'embarras, d'interrogations.

A tous mes interlocuteurs – gardiens de souvenirs, créateurs de ma mémoire et de mon passé rapiécés – MERCI.

Pour la précision et la valeur de leurs consultations, je veux manifester ma reconnaissance aux historiens suivants : Marian Fuks, Andrzej Kunert, Jacek Leociak, Dariusz Libionka, Anna Mieszkowska, Paweł Szapiro, Piotr Wróbel.

Je remercie Barbara Engelking-Boni pour m'avoir accompagnée dans ce projet depuis ses balbutiements, pour toutes ces longues conversations et sa bienveillante sollicitude concernant ce livre.

J'ai également reçu un soutien moral très généreux de la part de mes amis. Ils sont restés compréhensifs et vigilants quant à mon obsession vis-à-vis du destin de Wiera Gran. Ils n'ont pas été avares de temps ni de paroles, ils ont essayé de chercher avec moi des réponses aux questions les plus importantes.

Sans eux, cela aurait été bien plus difficile.

Pour les encouragements et les manifestations de soutien pendant ces années de travail sur le livre je tiens à remercier : Magda Bosakirska, Elżbieta Bugajska, Annick Jakobowicz, Awa Junczyk-Ziomecka, Sharon Kanach, Joanna Lasserre, Irena Majchrzak, Ewa et Zbyszek Stachniak, Mirosław Supruniuk.

Pour la lecture pertinente de fragments et leurs commentaires précieux : Justyna Jancewicz, Marta Ruszecka et Jerzy Żurek.

Anna Wróbel et Małgorzata Smorąg-Goldberg se sont montrées d'une patience d'ange pendant ces dix mois voire plus que nous avons passés ensemble engagées dans ce travail et d'une générosité qui a rendu possible l'existence de ce projet sur le marché français et américain.

Je remercie Karolina Dzięciołowska pour son aide à la documentation.

Mes éditeurs, Wydawnictwo Literackie à Cracovie et Grasset à Paris, ont montré des nerfs d'acier et un soutien sans faille dans toutes les situations difficiles. Pour leurs encouragements, leur motivation et leur confiance je remercie particulièrement Małgorzata Nycz et Ariane Fasquelle. Ainsi que mon agent new-yorkaise Carol Mann.

Pour sa présence infaillible au cours des derniers mois de travail qui furent les plus difficiles je remercie spécialement Angelika Kuźniak.

Sans tous ces gens, ce livre aurait pu ne jamais se terminer.

Je remercie mes proches pour leur compréhension.

Je tiens à manifester mon souvenir reconnaissant aux maisons qui m'ont accueillie pendant l'écriture du livre. En l'occurrence :

La Villa Mont Noir, la Fondation Marguerite Yourcenar, Pink Soda (Danuta et Andrzej Pawłowski, Canada), Herzliya Artists' Residence (Israël), la Villa Hellebosch (Vollezele, Belgique).

29 mars 2010.

TABLE

1. Pour les mites, le mieux c'est les citrons 9
2. Elle m'avait promis sa robe 27
3. C'était un immeuble massif 57
4. Quel goût a la faim ? 81
5. Elle quitta le quartier juif le 2 août 1942 117
6. Tu étais au service de la gestapo ! 139
7. Je peux vous raconter quelque chose... 163
8. Les codes de survie dans le ghetto et à l'extérieur 181
9. Dans la déclaration faite ci-dessus, je n'ai dit que la vérité 203
10. Elle ne l'appela jamais « mon pianiste » 225
11. Les Juifs rêvaient d'avoir leur Mata Hari 241
12. Au ministère de la Sécurité publique 257
13. Le train de Marseille entra en gare 279
14. Ils menacèrent de venir au spectacle en pyjama rayé des camps 309
15. C'est la dernière lettre 339
16. Elle aime quand je lui apporte des disques où elle chante 357
17. C'est à Lailly-en-Val, dans les environs d'Orléans 375

12 décembre 2007 389

Remerciements 391

Composé par Nord Compo Multimédia
7, rue de Fives, 59650 Villeneuve-d'Ascq

Cet ouvrage a été imprimé en France
par CPI Bussière
à Saint-Amand-Montrond (Cher)
en décembre 2010

N° d'Édition : 16477. — N° d'Impression : 103504/4.
Dépôt légal : janvier 2011.